Marcus · Die faule Gesellschaft

Hermann Marcus

Die faule Gesellschaft

Wie die Deutschen arbeiten

Droste Verlag Düsseldorf

1. Auflage: September 1973
2. Auflage: Oktober 1973
3. Auflage: Januar 1974
4. Auflage: Februar 1974
5. Auflage: März 1974
6. Auflage: März 1974

Schutzumschlaggestaltung: Hannes Jähn, Köln
Gesamtherstellung Clausen & Bosse, Leck
ISBN 3 7700 0337 3

Inhaltsverzeichnis

Über die Faulheit – ein Vorwort 6

Die Fleißigen und die Faulen 9

Produktiv oder unproduktiv – das ist hier die Frage · Immer weniger arbeiten für immer mehr · Die sogenannten Gastarbeiter – unser Problem · Tarifliche und effektive Arbeitszeiten in der Bundesrepublik · Bosse, Bauern, Arbeiter und die viel beneideten Lehrer · Arbeitszeit und Leistungsniveau · Die ach so Vielgeplagten – arbeiten sie wirklich so viel ? · Last not least – Politik und Arbeit

Der wuchernde Bürokratismus 49

Die personelle Entwicklung des öffentlichen Dienstes – eine traurige Bestandsaufnahme · Der höhere Dienst wachse, blühe und gedeihe · Fürstlich bezahlte Unproduktivität – die Beamtenbesoldung · Privilegien an allen Ecken und Enden · Instanzen, nichts als Instanzen · Karriere per Alter oder Parteibuch · Der deutsche Beamte – noch schlechter als sein Ruf?

Mästen auf fremde Kosten 97

Der Handel hat seine Meriten · Besonnte Vergangenheit – die preisgebundenen Markenartikel · Teuer – der Arzneimittelhandel · Undurchsichtig – der Nahrungsmittelhandel · Gewinnreich – der Gebrauchtwagenhandel

Vom Sand im industriellen Getriebe 133

Wie gut oder wie schlecht ist das deutsche Management? · Was Bilanzen von Großunternehmen verraten · Schwache Stellen in großen und kleinen Betrieben · Die Unternehmensberater – wozu werden sie eigentlich engagiert? · Managerschulen – Schaumschlägerei oder doch mehr? · Arbeitnehmer unter der Lupe · Das ungelöste Probleme – die Rationalisierung der Büroarbeit

Subventioniert in alle Ewigkeit 181

Auf dem Agrarmarkt ist nichts normal · Nicht Mangel droht, sondern Überfluß · Geht es den deutschen Bauern eigentlich wirklich so schlecht? · Das Ende vom Lied – Staatsrentner in alle Ewigkeit

Der Aufstand der Faulen 199

Utopien und Gefahren der Bildungsreform · Der unheilvolle Drang zum Höheren · Praktische Qualifikationen sind unbeliebt · Die deutschen Hochschulen im Dschungel von Gremien und Kompetenzen · Leistungsabbau ist Trumpf · Rot – röter – am rötesten oder das Bündnis zwischen Radikalen und Faulen

Die faule Gesellschaft – ein Nachwort 235

Über die Faulheit – ein Vorwort

Vom Ethos der Arbeit kann leicht predigen, wer nicht sehr viel zu arbeiten braucht oder in der glücklichen Lage ist, eine Arbeit zu verrichten, die ihm Freude macht. Und vom Sinn der Arbeit läßt sich leicht schwärmen, wenn man anderen vorschreiben kann, was und wie sie zu arbeiten haben und davon außerdem noch profitiert. Wer hart arbeiten muß, wird weniger geneigt sein, in der Arbeit den allein seligmachenden Mittelpunkt des Lebens zu sehen, besonders dann nicht, wenn er eine Arbeit leisten muß, die ihn nicht befriedigt. Es kommt also, wie man sieht, ganz auf den Standort an, um in der Arbeit eine Lust oder eine Last zu erblicken, und man sollte sich daher vor allzu begeisterten Lobliedern auf die Arbeit hüten, wenn man nicht Gefahr laufen will, sich in ein Gestrüpp von Heuchelei und ideologischer Schönfärberei zu verstricken.

Das heißt: Wer mit der Faulheit hart zu Gericht geht, sollte deswegen nicht gleich die Arbeit glorifizieren. Und das ist, um Mißverständnissen von vornherein vorzubeugen, auch nicht Zweck und Aufgabe dieses Buches. In diesem Buch wird weder über das Wesen von Fleiß, Muße und Faulheit philosophiert, noch werden tiefschürfende Betrachtungen über die Zusammenhänge zwischen dem Sinn der Arbeit und dem Sinn des Lebens angestellt. Es geht darin ausschließlich um Tatsachen, Tatsachen, die mit dem Fleiß, und Tatsachen, die mit der Faulheit der Menschen zusammenhängen, zwangsläufig und unlösbar aus dem einen oder dem anderen hervorgehen. Gleichgültig, welchen moralischen Rang man der Arbeit beimißt, und welchen ethischen Sinn man ihr zuspricht. Die Menschen leben nun einmal im allgemeinen von der Arbeit, nicht davon, daß sie faul sind. Und wenn es mit rechten Dingen zugeht, müßten sie eigentlich um so besser leben, je mehr sie arbeiten und um so schlechter, je fauler sie sind, unbeschadet des Umstandes, daß sie über mehr Zeit verfügen und es um so bequemer haben, je fortgeschrittener die Volkswirtschaft ist, in der sie leben. An dieser goldenen Regel vermögen selbst jene (vielbeneideten) Leute nichts zu ändern, die es zustande bringen, nichts zu tun und trotzdem ein herrliches Leben zu führen. Denn auch sie könnten dieses Leben nicht führen, wenn nicht andere für sie arbeiten würden.

Solange die Faulheit eine Reaktion auf den Fleiß ist, ist sie ein natürliches menschliches Phänomen, das seine äußerst angenehmen Seiten hat. Zu einem gesellschaftlichen Problem wird sie erst dann, wenn sie den Charakter eines vorübergehenden Zustandes verliert und sich zu einer Mentalität entwickelt, die in wachsendem Ausmaß die Gesellschaft beherrscht. Dies geschieht gegenwärtig in der Bundesrepublik. Eine Gesellschaft, in der sich ein solcher Vorgang vollzieht, droht, eine faule Gesellschaft zu werden, und zwar zunächst im eigentlichen Sinne des Wortes, das heißt im Sinne des Gegenteils von fleißig. Wie wir allerdings sehr rasch feststellen werden, hängt eng damit zusammen, daß an ihr auch in einem anderen Sinn vieles faul ist. Faulheit kann nicht ungestraft zu einem Idol werden. Eine Gesellschaft, die es allzu vielen ihrer Angehörigen gestattet, faul zu sein, und die allzu viele sogar zur Faulheit zwingt, weil zum Beispiel die Arbeit, von der sie lebt, schlecht organisiert ist, eine solche Gesellschaft hat den Bezug zur Wirklichkeit verloren und bewegt sich in einem gefährlichen Raum der Selbsttäuschung und des Selbstbetruges. Sie hat die Maßstäbe dafür verloren, was machbar und was nicht machbar ist, was erreicht werden kann und was jenseits des Erreichbaren liegt.

Wir werden im folgenden erfahren, was diese Gesellschaft sich alles glaubt leisten zu können: eine Verteilung der Arbeit auf die einzelnen gesellschaftlichen Gruppen und Schichten, die jeder Gerechtigkeit spottet, einen staatlichen Verwaltungsapparat, dessen träge Ineffizienz den wirtschaftlichen Fortschritt bedroht, einen volkswirtschaftlichen Verteilungsapparat, der in vielen Bereichen so unproduktiv und so unnütz wie nur möglich ist, ganze Berufsstände, die auf Kosten der Allgemeinheit künstlich hochgepäppelt werden, eine Bildungsreform, die das Gleichgewicht zwischen Ausbildung und Arbeit vollends zerstört, und selbst im Herzstück unserer Wirtschaft, der Industrie, ist Sand im Getriebe.

Mit dem System dieser Gesellschaft hat das alles wenig zu tun, weil es weder typisch für dieses System noch systemimmanent ist. Und es muß daher klar gesagt werden: Es gehört bei uns seit vielen Jahren zur großen Mode, die negativen Seiten unseres Gesellschaftssystems herauszustellen, sie zu kritisieren und nach Strich und Faden zu verdammen. Davon, was dieses System an positiven Dingen hervorbringt, und welche Erfolge es für die Gesellschaft im ganzen und für den einzelnen aufzuweisen hat, hört man seltener. Man schweigt darüber, weil man es entweder für selbstverständlich hält oder bagatellisiert es bewußt, weil man es aus oft durchsichtigen Gründen nicht für wünschenswert hält, es den Menschen im Bewußtsein zu halten. Auch in diesem Buch wird Kritik geübt, wird auf vieles hingewiesen, was falsch, ja unerträglich ist. Aber diese Fehler, diese Unerträglichkeiten liegen nicht am System. Sie liegen an den Menschen, die dieses System tragen, und die nicht einsehen oder nicht einsehen wollen, daß sie eine Wirtschaftsordnung, deren Wirksamkeit sie nicht bestreiten können und deren Früchte sie auch ungehemmt genießen, durch ihr persönliches Verhalten zu ruinieren im Begriffe sind.

Die Fleißigen und die Faulen

Produktiv oder unproduktiv – das ist hier die Frage · Immer weniger arbeiten für immer mehr · Die sogenannten Gastarbeiter – unser Problem · Tarifliche und effektive Arbeitszeiten in der Bundesrepublik · Bosse, Bauern, Arbeiter und die viel beneideten Lehrer · Arbeitszeit und Leistungsniveau · Die ach so Vielgeplagten – arbeiten sie wirklich so viel? · Last not least – Politik und Arbeit

Sich regen bringt Segen
(Altes deutsches Sprichwort)

Produktiv oder unproduktiv – das ist hier die Frage

Die Deutschen stehen in dem Ruf, ein besonders tüchtiges und fleißiges Volk zu sein. In diesem Ruf sonnen sie sich gern auch selbst. Und wenn man die Entwicklung der letzten zwanzig Jahre betrachtet, kann man ihnen das nicht verargen. Sie haben aus dem Trümmerfeld, das ihnen der Zweite Weltkrieg hinterlassen hat, eine Wirtschaftsmacht aufgebaut, die sie zu einer der stärksten Industrienationen und zur zweitgrößten Handelsnation der Welt gemacht hat[1]. Sie haben nach dem Krieg mehr neue Wohnungen gebaut als jede andere Nation der Welt und sie besitzen, nach den Vereinigten Staaten von Amerika, die meisten Kraftfahrzeuge, Fernseher, Rundfunkgeräte, Waschmaschinen und Kühlschränke unter allen Völkern der Erde. Diese Wohlhabenheit kann sich sehen lassen. Mit einem Volkseinkommen von 9332,– DM je Einwohner und einem Durchschnittseinkommen von 21 299,– DM je Erwerbstätigen stand die Bundesrepublik im Jahre 1971 an der Spitze einer Pyramide, zu deren Füßen sich minderbemittelte Nationen mit einem Pro-Kopf-Sozialprodukt von wenigen hundert Mark begnügen müssen.

Der Stolz der Deutschen über diesen Wiederaufstieg, der oft als »deutsches Wunder« bezeichnet wird[2], ist also durchaus berechtigt, denn es gehört schon zweifellos eine beachtliche Portion von Tüchtigkeit und Fleiß dazu, sich aus einem Zusammenbruch wie dem von 1945 zu den stolzen Höhen emporzuarbeiten, auf denen wir jetzt wandeln.

1 Von der Weltausfuhr im Jahre 1970 (Wert 1 142 Mrd. DM) entfielen auf die Vereinigten Staaten von Amerika 14 Prozent, auf die Bundesrepublik 11 Prozent. Pro Kopf gemessen übertrumpft die Bundesrepublik aber sogar auch noch die Vereinigten Staaten. Auf jeden Deutschen (Bundesrepublikaner) kamen Ausfuhrmengen im Wert von 2083,– DM, auf jeden Nordamerikaner Ausfuhrmengen im Wert von 780,– DM.

2 Genau besehen sollte diese Bezeichnung nur gebrauchen, wer die Deutschen weder für besonders tüchtig noch für besonders fleißig hält. Wenn es mit dem vielbesungenen Fleiß und der oft gerühmten Tüchtigkeit der Deutschen seine Richtigkeit hat, wäre es doch eigentlich eher ein Wunder gewesen, wenn den Deutschen der Wiederaufstieg *nicht* gelungen wäre. Aber dies nur nebenbei.

Damit ist natürlich nicht gesagt, daß alle Deutschen wirklich so tüchtig und so fleißig sind, wie sie selbst von sich und wie andere es von ihnen annehmen. Daß sie alle gleichermaßen zum Wiederaufstieg beigetragen haben, und zwar »jeder auf seinem Platz«, können wirklich nur Politiker behaupten, die sich bei allen Leuten lieb Kind machen wollen und deshalb gewohnt sind, Feststellungen zu treffen, von denen sie nicht überzeugt zu sein brauchen. Die allgemeine Meinung unterscheidet da schon wesentlich subtiler, was u. a. daraus hervorgeht, daß keineswegs alle, sondern nur bestimmte gesellschaftliche Gruppen die Ehre genießen, zu den Baumeistern des »deutschen Wunders« gezählt zu werden.

So ist in diesem Zusammenhang viel vom deutschen Unternehmer und deutschen Arbeiter, dagegen selten vom deutschen Bauern und überhaupt nicht vom deutschen Wohnungsmakler die Rede. Das mag für die Bauern und Wohnungsmakler betrüblich sein, gibt aber präzis den unbestreitbaren Tatbestand wieder, daß die einzelnen gesellschaftlichen Gruppen in höchst unterschiedlichem Ausmaß zur gesamtwirtschaftlichen Leistung der Gesellschaft beitragen. Es gibt Tätigkeiten, die im Sinne dieser gesamtwirtschaftlichen Leistung produktiv und Tätigkeiten, die in dem gleichen Sinn unproduktiv sind. Und es gibt daher je nach der Tätigkeit, die sie ausüben, auf der einen Seite Menschen, die manuell oder intellektuell (oder beides zusammen) Arbeiten verrichten, die das gesamtwirtschaftliche Potential vermehren und auf der anderen Seite Menschen, deren Arbeit für das Zustandekommen des Sozialproduktes ohne jede oder nur von sehr geringer Bedeutung ist.

Je komplexer die jeweilige Volkswirtschaft und je höher das erarbeitete Sozialprodukt sind, um so größer sind auch die Differenzierungen, die zwischen und innerhalb dieser beiden Gruppen bestehen.

An der Tatsache, daß die einen viel, die anderen wenig und die dritten überhaupt nichts zur gesamtwirtschaftlichen Leistung einer Nation beitragen, wird sich, solange sich die menschliche Gesellschaft nicht in einen Ameisenstaat verwandelt

Beiträge einzelner Wirtschaftsbereiche zum Bruttosozialprodukt

	1960	1970	1971	1960	1970	1971
	Milliarden DM in jeweiligen Preisen			Anteil in %		
Land- und Forstwirtschaft	17	21	21	5,7	3,1	2,8
Warenproduzierendes Gewerbe [1]	165	376	414	54,4	54,2	53,5
Handel und Verkehr [2]	59	124	136	19,6	17,9	17,7
Dienstleistungen [3]	34	96	111	11,4	14,2	14,5
Staat, private Haushalte usw. [4]	27	74	88	8,9	10,6	11,5
Bruttoinlandsprodukt	302	684	760	100,0	100,0	100,0

1 Energiewirtschaft, Bergbau, verarbeitendes Gewerbe, Baugewerbe
2 Einschl. Nachrichtenvermittlung
3 Kreditinstitute und Versicherungsunternehmen, Wohnungsvermietung, sonstige Dienstleistungen (soweit von Unternehmen und freien Berufen erbracht)
4 Gebietskörperschaften und Sozialversicherung sowie häusliche Dienste und private Organisationen ohne Erwerbscharakter

Quelle: Statistisches Bundesamt, Fachserie N, Volkswirtschaftliche Gesamtrechnungen

hat, kaum etwas ändern. Was sich ändern kann, ist das Verhältnis zwischen den »produktiven« und »unproduktiven« Kräften der Gesellschaft, und allein auf dieses Verhältnis kommt es an. Wenn nämlich immer weniger Menschen »produktiv« arbeiten und der Kreis derjenigen, die einen nützlichen Beitrag zum sozialen Produkt leisten, immer kleiner wird, und wenn gleichzeitig immer mehr Menschen »unproduktiv« arbeiten und der Kreis derjenigen, die von der wirtschaftlichen Produktivität anderer leben, immer größer wird, kann das nicht ohne Folge für die Volkswirtschaft bleiben, in der sich ein solcher Prozeß vollzieht. Eine Volkswirtschaft mit wachsendem Umfang der Güterproduktion, zunehmender Arbeitsteilung, steigender Vielfalt der Austauschbeziehungen und einem hohen individuellen wie kollektiven Anspruchsniveau braucht zwar immer mehr Verwaltungsleistungen im weitesten Sinn, das heißt Leistungen, die nach der alten betriebswirtschaftlichen Terminologie unproduktiv, aber die Voraussetzung dafür sind, daß überhaupt produziert und das Produzierte verwertet werden kann. Aber mit wachsendem Sozialprodukt absorbieren diese Leistungen zwangsläufig einen immer größeren Teil der Erwerbsbevölkerung. Es steht auch außer Zweifel, daß gerade hochtechnisierte Industriegesellschaften unproduktive Tätigkeiten fördern, weil sie um so mehr Menschen gestatten, unproduktiv zu arbeiten, je höher ihr technischer Standard ist. Aber das Verhältnis zwischen »produktiven« und »unproduktiven« Tätigkeiten kann sich nicht schrankenlos zuungunsten der »produktiven« verschieben. Je stärker sich »unproduktive« Arbeit auf Kosten »produktiver« ausbreitet, um so mehr wird die Leistungskraft der Volkswirtschaft darunter leiden. Der Motor, der sie treibt, muß sich zwangsläufig immer langsamer drehen, und er muß schließlich ganz zum Stillstand kommen, wenn die »produktiven« Tätigkeiten von den »unproduktiven« total überwuchert werden.

Die wirtschaftliche Seite einer solchen Entwicklung ist klar und braucht hier nicht weiter erörtert zu werden. Weniger klar scheint der soziale Aspekt zu sein, der damit verbunden ist.

Man hat sich daran gewöhnt, den sozialen Charakter unserer Gesellschaft ausschließlich an der Frage zu messen, wie das Produkt der gesamtwirtschaftlichen Leistungen verteilt wird, das heißt, ob die Verteilung »gerecht« oder »ungerecht« ist. Die Frage, ob dieses Produkt auch »gerecht« oder »ungerecht« zustande kommt, wird dagegen kaum gestellt. Und während es zum guten progressiven Ton gehört, unentwegt und mit größter Sorgfalt darauf zu achten, wie groß die Stücke sind, die sich die einzelnen gesellschaftlichen Gruppen oder auch einzelne Personen aus dem Kuchen des Sozialprodukts herausschneiden, scheint es die wenigsten zu interessieren, wer diesen Kuchen überhaupt backt.

Nun wäre dies ja in der Tat uninteressant, wenn die Verteilung der Arbeit ein Spiegelbild davon wäre, wie Einkommen und Vermögen verteilt sind, wenn also größere Tüchtigkeit von vornherein mit größerem Einkommen identisch wäre, größerer Fleiß sozusagen automatisch mehr Vermögen garantieren würde. Jedermann weiß aber, daß dies nicht zutrifft. Ebensowenig wie größere Tüchtigkeit die ausschließliche Quelle größeren Reichtums ist, sind alle Armen deshalb ärmer, weil sie untüchtiger sind als die anderen. Wahrscheinlich können sich sogar gut verdienende Zeitgenossen oft mehr Faulheit leisten als weniger gut verdienende Mitmenschen, und wahrscheinlich müssen gerade diese besonders fleißig sein, damit sie nicht noch weniger verdienen als das ohnehin der Fall ist. Es wäre schon ein hervorragendes Zeugnis für unsere Leistungsgesellschaft, in der bekanntlich die Leistung an sich noch lange nicht das entscheidende Kriterium ist, wenn die Zahl derjenigen, für die sich größerer Fleiß und größere Tüchtigkeit in klingender Münze bezahlt machen, wenigstens ebenso groß wäre wie die Zahl derjenigen, für die sich weder das eine noch das andere rentiert.

Fest steht jedenfalls, daß die Trennungslinie zwischen faul und fleißig, zwischen untüchtig und tüchtig mitten durch die Einkommens- und Vermögensschichten hindurchläuft. Es ist daher eine höchst einseitige Betrachtung der Dinge, den Grad sozialer Gerechtigkeit ausschließlich unter dem Gesichtspunkt der Einkommens- und Vermögensverteilung zu beurteilen, die Verteilung der Arbeit dagegen außer acht zu lassen. Wer krasse Einkommensunterschiede für sozial ungerecht hält, sollte es nicht für sozial gerecht halten, daß verhältnismäßig wenige viel arbeiten müssen, um sehr vielen, die nicht annähernd so viel arbeiten müssen, ein angenehmes Leben zu ermöglichen.

Jeder vernünftige Mensch wird es als Verhängnis für den sozialen Fortschritt betrachten, wenn sich das Vermögen in den Händen weniger konzentriert und die Masse der Bevölkerung mehr oder weniger vermögenslos ist. Mit sozialem Fortschritt ist dann aber auch nicht zu vereinbaren, wenn die Zahl derjenigen, die »produktiv« für die Gesellschaft arbeiten, immer kleiner, und die Zahl derjenigen, die keinen nützlichen Beitrag zur gesamtwirtschaftlichen Entwicklung leisten, immer größer wird. Es ist schon recht merkwürdig: die gleichen Leute, die sich darüber aufregen, daß die wirtschaftlich Schwachen durch die wirtschaftlich Starken unterdrückt werden, finden sich seelenruhig mit der von Tag zu Tag wachsenden Unterdrückung der Tüchtigen durch die Untüchtigen ab. Und während die Ausbeutung der wirtschaftlich Schwachen durch die wirtschaftlich Starken weithin als Krebsübel der Menschheit gilt, scheint man die Ausbeutung der Fleißigen durch die Faulen, die sich tagtäglich vor unser aller Augen abspielt, als eine Art unvermeidbares Naturereignis hinzunehmen.

Wir sollten uns also – um auf das »deutsche Wunder« zurückzukommen – einmal aus der Nähe ansehen, wie viele Deutsche denn wirklich so tüchtig und so fleißig sind wie der Ruf, der ihnen in aller Welt vorauseilt. Wir sollten von denjenigen reden, deren Fleiß und deren Tüchtigkeit die Bundesrepublik ihren Wohlstand verdankt, und von denen, deren Tätigkeit hauptsächlich darin besteht, von dem Fleiß und der Tüchtigkeit anderer zu profitieren.

Wir werden, wenn wir zu diesem Zweck die Produktivität unserer Leistungsgesellschaft unter die kritische Lupe genommen haben, zu überraschenden Feststellungen kommen. Wir werden sehen, wieviel Leerlauf es im Räderwerk dieser Gesellschaft und wieviel Sand es im Getriebe ihrer sonst hervorragend funktionierenden Wirtschaft gibt, wieviel Untüchtigkeit neben viel Tüchtigkeit, wieviel Faulheit neben viel Fleiß existieren. Der katholische Sozialwissenschaftler Professor von Nell-Breuning hat die Vermögensverteilung in der Bundesrepublik als Skandal bezeichnet. Vielleicht werden wir, wenn wir schon bei dieser Vokabel bleiben wollen, erkennen müssen, daß die Verteilung der Arbeit in der Bundesrepublik noch weit skandalöser ist.

Immer weniger arbeiten für immer mehr

Von den 61,2 Millionen Menschen, die im Jahre 1971 in der Bundesrepublik Deutschland wohnten, werden von der bundesdeutschen Statistik 26,8 Millionen als Erwerbstätige, 9,3 Millionen als Rentner und 25,1 Millionen als Personen bezeichnet, deren Lebensunterhalt, wie es im gepflegten Amtsdeutsch heißt, überwiegend durch Familienangehörige gesichert wird. Die Grenzen zwischen diesen drei Gruppen sind fließend. So gibt es unter den Personen, die auf die wirtschaftliche Unterstützung durch Familienangehörige angewiesen sind, 2,1 Millionen Ehefrauen und 700 000 Kinder von Rentnern, so daß genau gesehen nicht 9,3 Millionen, sondern 12,1 Millionen Personen in der Bundesrepublik direkt oder indirekt von Rentenbezügen leben [1]. Von den Rentnern wiederum war etwa eine halbe Million noch erwerbstätig, darunter allein 260 000 in der Land- und Forstwirtschaft [2] und fast 100 000 in Industrie und Handwerk, und zu den Erwerbstätigen zählen andererseits auch 1,7 Millionen Personen, die so wenig verdienen, daß ihr Lebensunterhalt überwiegend von Familienangehörigen bestritten wird.

Nimmt man an den offiziellen statistischen Angaben die entsprechenden Korrekturen vor, dann kommt man auf die Zahl von rund 24,4 Millionen Menschen, die ihren Lebensunterhalt überwiegend durch eigene Erwerbstätigkeit sichern, und auf die Zahl von rund 37 Millionen Menschen, die direkt oder indirekt von der Arbeit anderer leben.

1 Über die Hälfte aller Rentner (5,1 Millionen) waren Versichertenrentner der gesetzlichen Rentenversicherung (Empfänger von Altersruhegeld, Berufs- und Erwerbsunfähigkeitsrente). Mehr als 2,1 Millionen, fast ausschließlich Frauen, bezogen eine Hinterbliebenenrente der gesetzlichen Rentenversicherung. Insgesamt lebten also 7,2 Millionen oder drei Viertel aller Rentner überwiegend von Renten der gesetzlichen Rentenversicherung, vielfach in Verbindung mit einer oder mehreren anderen Renten. Rund 800 000 waren Pensionsempfänger aus öffentlichen Kassen und rund 400 000 auf Sozialhilfe als überwiegende Unterhaltsquelle angewiesen.

2 Die hohe Zahl der in der Land- und Forstwirtschaft noch erwerbstätigen Rentner ist auffallend. Stellen sie doch mehr als ein Zehntel aller in der Land- und Forstwirtschaft beschäftigten Personen und fast die Hälfte aller noch erwerbstätigen Rentner dar. In dem Zwang, noch in einem Alter arbeiten zu müssen, in dem sich andere zur Ruhe setzen, spiegelt sich nicht nur die Abwanderung jüngerer Jahrgänge aus der Landwirtschaft in andere Wirtschaftsbereiche, sondern auch die Altersversorgung der Bauern wider, die bis vor kurzem noch recht kläglich war. Aber das wird sich mit öffentlicher Hilfe ja bald ändern.

Struktur der Beschäftigten in der Bundesrepublik

	Insgesamt (1000)	davon überwiegender Lebensunterhalt durch: Erwerbstätigkeit (1000)	Arbeitslosenunterstützung (1000)	Rente (1000)	Angehörige (1000)
Erwerbstätige	26 596	24 360	/	523	1 713
Erwerbslose	206	–	59	28	119
Zusammen:	26 802	24 360	59	550	1 832
+ Nichterwerbspersonen	34 379	–	–	9 226	25 153
= Wohnbevölkerung	61 181	24 360	59	9 776	26 985
darunter Frauen					
Erwerbstätige	9 547	8 223	/	241	1 083
Erwerbslose	107	–	22	12	73
Zusammen:	9 654	8 223	22	253	1 157
+ Nichterwerbspersonen	22 330	–	–	5 491	16 840
= Wohnbevölkerung	31 984	8 223	22	5 743	17 996

Quelle: Jahrbuch des Statistischen Bundesamtes 1972, Stand April 1971

Von den rund 27 Millionen Menschen, die wirtschaftlich von Familienangehörigen abhängig sind, waren im Jahre 1971 etwa 14 Millionen Kinder unter 14 Jahren und 2,2 Millionen Jugendliche im Alter zwischen 15 und 20 Jahren. Abzüglich der rund 400 000 Studenten, die zur Zeit an den westdeutschen Hochschulen studieren, verbleiben also etwa 10,4 Millionen Erwachsene, deren Lebensunterhalt ganz oder überwiegend von Familienangehörigen bestritten wird.

Die weit überwiegende Mehrheit von ihnen, nämlich 10,1 Millionen, sind Frauen im Alter zwischen 20 und 60 Jahren, der verhältnismäßig kleinere Teil, nämlich 300 000, Männer im Alter von mehr als 20 Jahren. Bei den Frauen handelt es sich – verständlicherweise – um (mehr oder weniger) brave Ehefrauen, die ausschließlich im Haushalt tätig sind. Weniger klar ist, was die Männer machen, die unter diese Rubrik fallen.

Man kann nur vermuten, daß sie aus Alters- oder Gesundheitsgründen keiner Arbeit nachgehen, ohne einen Anspruch auf eine Alters- oder Berufsunfähigkeitsrente zu haben. Vielleicht sind aber auch unter ihnen einige, die das Prinzip der Gleichberechtigung so konsequent verfolgt und in die Praxis umgesetzt haben, daß sie ihre Ehefrauen für sich arbeiten lassen.

Aus allen diesen Zahlen schälen sich zwei bemerkenswerte Tatsachen heraus. Der Anteil der Rentenbevölkerung an der gesamten Wohnbevölkerung, der im Jahre 1960 bei 15 Prozent lag, ist inzwischen auf mehr als 20 Prozent gestiegen, und die Erwerbsquote, das heißt der Anteil der Erwerbspersonen an der gesamten Wohnbevölkerung, liegt bei knapp 40 Prozent. Während also auf der einen Seite der Prozentsatz derjenigen wächst, die auf die Leistungskraft und das Leistungsvermögen der aktiv im Wirtschaftsprozeß stehenden Menschen angewiesen sind, ist der Prozentsatz gerade dieses Personenkreises rückläufig. Man kann ohne zu übertreiben ruhig sagen, daß seit Kaiser Wilhelms Zeiten noch niemals so verhältnismäßig wenige für so verhältnismäßig viele Deutsche gearbeitet haben. In den nächsten Jahren werden es, wenn nicht alle Zeichen trügen, noch weniger sein.

Anteil der Erwerbspersonen an Wohnbevölkerung in Prozent

	1882	1925	1939	1961	1970	1971
Erwerbspersonen insgesamt	42	51	52	48	40	40
davon:						
Selbständige	26	16	13	12	10	10
Mithelfende Familienangehörige	10	17	16	10	7	6
Beamte und Angestellte	7	17	22	30	36	37
Arbeiter	57	50	49	48	47	47

Quelle: Statistisches Jahrbuch 1972

Bei gleichbleibender Erwerbsquote würde zwar auf Grund der natürlichen Bevölkerungsentwicklung die Zahl der erwerbstätigen Deutschen bis 1975 um 160 000 Personen [1] und in der Zeit von 1975 bis 1980 sogar um 720 000 Personen [2] zunehmen.

Leider steht aber schon heute fest, daß die Erwerbsquote nicht gleich bleiben, sondern zurückgehen wird. Wenn auch nur ein Teil der geplanten Bildungsreform mit ihren hoch- und weitgespannten Bildungszielen verwirklicht wird, muß nämlich damit gerechnet werden, daß dem Arbeitsmarkt infolge der verlängerten Ausbildungswege und des erhöhten Bedarfs an Bildungspersonal bis 1975 mindestens 600 000, bis 1980 mindestens 1,3 Millionen Menschen entzogen werden. Die auf Grund der natürlichen Bevölkerungsbewegung zu erwartende Zunahme der Erwerbspersonen wird also nicht nur restlos absorbiert werden, sondern es wird darüber hinaus zu einem Defizit an Ewerbspersonen kommen, das im Jahre 1975 bei 440 000 und im Jahre 1980 bei 580 000 Personen liegen dürfte. Es ist außerdem zu erwarten, daß die Erwerbstätigkeit von Personen im Alter von mehr als 55 Jahren sinken wird, weil sich die Altersversorgung vor allem in den freien Berufen und in der Landwirtschaft verbessern dürfte. Die Zahl der Personen, die dadurch aus dem Erwerbsleben ausscheiden werden, kann für das Jahr 1975 auf mindestens 130 000 und für das Jahr 1980 auf mindestens 100 000 Personen geschätzt werden. Alles in allem genommen werden im Jahre 1975 etwa 570 000 und im Jahre 1980 etwa 680 000 weniger Deutsche erwerbstätig sein als heute. Da sich gleichzeitig – bei anhaltendem Wirtschaftswachstum – der Bedarf an Arbeitskräften weiter erhöht haben wird, werden dem Arbeitsmarkt in der Bundesrepublik im Jahre 1975 voraussichtlich fast eine dreiviertel Million und im Jahre 1980 fast eine Million Arbeitskräfte fehlen. Daran dürfte sich auch dann nicht sehr viel ändern, wenn

1 Diese Zahl ergibt sich aus einer Zunahme der männlichen Erwerbspersonen um 250 000 und einer gleichzeitigen Abnahme der weiblichen Erwerbspersonen um 90 000.

2 Diese Zahl ergibt sich aus einer Zunahme von 500 000 männlichen und 220 000 weiblichen Erwerbspersonen.

die Erwerbstätigkeit der Frauen stärker zunehmen sollte[1]. Aus eigenen Arbeitskraftreserven könnte dieses Defizit nur gedeckt werden, wenn es gelänge, die Arbeitsproduktivität entsprechend, und das heißt in einem bisher nicht gekannten Ausmaß, zu steigern.

Das wäre grundsätzlich möglich. Wir werden noch sehen, wie viele Hunderttausende in der Bundesrepublik völlig nutzlosen und unproduktiven Tätigkeiten nachgehen und wie viele Hunderttausende zwar nützlich, jedoch höchst unrationell arbeiten. Aber der Weg, der zu diesem Zweck beschritten werden müßte, wäre mit erheblichen Schwierigkeiten und Unbequemlichkeiten gepflastert. Er wäre nicht nur mit der Umstrukturierung ganzer gesellschaftlicher Gruppen verbunden, sondern würde auch von vielen einzelnen ein intensiveres Verhältnis zur Arbeit, die Umstellung auf ein neues berufliches Denken und Handeln verlangen. Und das wäre natürlich zuviel verlangt. Es wäre auch, so wie die Dinge liegen, aussichtslos. Man wird daher erst gar nicht den ernsthaften Versuch wagen, latente Arbeitskraftreserven des eigenen Landes durch die Eindämmung unproduktiver Tätigkeiten zu mobilisieren, sondern wird sich des gleichen bequemen Mittels bedienen, das man schon bisher immer angewandt hat, um die Lücken des Arbeitsmarktes zu schließen. Man wird erneut Hunderttausende von ausländischen Arbeitskräften ins Land holen.

Die sogenannten Gastarbeiter – unser Problem

Die Zahl der ausländischen Arbeitskräfte in der Bundesrepublik ist von 72 900 im Jahre 1954 über rund eine Million im Jahre 1967 auf 1,8 Millionen im Jahre 1970 und 2,3 Millio-

1 Ob das wirklich der Fall sein wird, ist fraglich. Es gibt Argumente, die dafür, und Argumente, die dagegen sprechen. Der Trend geht zwar dahin, daß Frauen eine bessere Ausbildung erhalten, besser bezahlt werden, interessantere Berufe ergreifen können und daher auch in wachsendem Umfang berufstätig werden. Diesem Trend sind aber Grenzen gesetzt allein schon durch die große Zahl der verheirateten Frauen mit Kleinkindern, die nicht berufstätig sein können oder es mit Rücksicht auf ihre familiären Verpflichtungen nicht sein wollen.

nen im Jahre 1972 gestiegen. Jeder zehnte Arbeitsplatz im Bundesgebiet ist heute mit einem sogenannten Gastarbeiter besetzt, und in einigen Branchen wie im Baugewerbe, in der Kunststoff- oder der Gummi- und Asbestverarbeitung beträgt der Ausländeranteil fast 20 Prozent. Eine mittelfristige Ziel-

Zahl der ausländischen Arbeitskräfte in der Bundesrepublik

Jahr	Gesamtzahl	davon Frauen *
1954	72 900	–
1956	98 800	–
1958	127 100	–
1960	279 400	–
1962	655 500	117 300
1964	932 900	206 900
1966	1 314 000	332 400
1967	1 023 700	295 500
1968	1 014 800	299 500
1969	1 372 100	402 700
1970	1 838 900	533 500
1971	2 169 700	615 000
1972	2 317 000	675 700

* Für 1954 bis 1960 liegen keine Zahlen vor

projektion des Deutschen Gewerkschaftsbundes hält es für selbstverständlich, daß die Zahl der ausländischen Arbeitnehmer in der Bundesrepublik im Jahre 1975 mindestens 2,7 Millionen ausmachen wird, und das Erlanger Institut für Arbeitsmarkt- und Berufsforschung nimmt mit der gleichen Selbstverständlichkeit an, daß im Jahre 1980 mehr als 3 Millionen ausländische Arbeitskräfte im Bundesgebiet beschäftigt sein werden. In wenigen Jahren wäre dann jeder fünfte, in Ballungsräumen sogar jeder dritte Arbeitnehmer in der Bundesrepublik ein Ausländer. Spätestens zu diesem Zeitpunkt, wahrscheinlich aber schon früher, wird sich erweisen, daß man Schwierigkeiten nur so lange aus dem Weg gehen kann, bis die Probleme, die sie aufwerfen, unausweichlich eine Lösung erfordern. Die Beschäftigung ausländischer Arbeitnehmer in der Bundesrepublik steuert mit wachsender Beschleunigung diesem Punkt zu, und es wäre daher an der Zeit, die Karten offen auf den Tisch zu legen. Denn es gibt wenig andere Bereiche unseres gesellschaftlichen Daseins, in denen mit Biedermannsmienen so unaufrichtig diskutiert, mit so falschem Zungenschlag argumentiert und so hartnäckig am Kern der Sache vorbeigeredet wird wie bei allem, was mit der Ausländerfrage in der Bundesrepublik zu tun hat.

Bei den ausländischen Arbeitskräften handelt es sich – nennt man das Kind beim Namen – in der überwiegenden Mehrheit um Menschen, deren Mentalität sich stärker von der der Deutschen unterscheidet als man wahrhaben will. Sie entstammen gewöhnlich einem sozialen Milieu, das durch einen sehr niedrigen Lebensstandard gekennzeichnet ist, und die wenigsten von ihnen verfügen über eine berufliche Ausbildung, die sie befähigt, in der Bundesrepublik den Beruf auszuüben, den sie in ihrer Heimat erlernt haben. Sie werden unter diesen Umständen überwiegend in Hilfs- oder Anlerntätigkeiten eingesetzt, die keiner besonderen beruflichen Qualifikation bedürfen, und ihre sozialen Aufstiegschancen sind allein schon durch ihre mangelhaften Sprachkenntnisse gering. Ob als Arbeiter im Tiefbau oder als Streckenarbeiter bei der Bundesbahn, ob als Handlanger beim Hochbau, als Müllarbeiter oder Straßenfeger, als Kellner oder Zimmermädchen: die Jobs, die die meisten ausüben, sind schwere und schmutzige Arbeiten, die zu verrichten kaum noch ein Deutscher bereit ist. Das sind, fern aller Theorien, die nüchternen Tatsachen, und wenn es das charakteristische Merkmal eines kolonialen Systems ist, andere Völker für sich arbeiten zu lassen, dann befinden sich die ausländischen Arbeitnehmer in der Bundesrepublik, aller schönen Worte entkleidet, in einem zumindest halbkolonialen Zustand[1]. Dieser Zustand war, auch darüber sollte man sich nicht das mindeste vormachen, ganz offensichtlich beabsichtigt, und

1 Selbst unter solchen Auspizien bedeuten allerdings die Verhältnisse, unter denen sie in der Bundesrepublik arbeiten, gemessen an den Verhältnissen, aus denen sie kommen, für die Ausländer einen enormen wirtschaftlichen und sozialen Fortschritt – einen größeren, als man sich im allgemeinen vorstellt. Wie eine vor kurzem durchgeführte Repräsentativumfrage der Bundesanstalt für Arbeit ergab, hatten nur 9 Prozent der ausländischen Arbeiter in der Bundesrepublik einen Monatsverdienst von weniger als 1000 Mark, 33 Prozent erreichten einen Bruttolohn zwischen 1200 und 1500 Mark und 32 Prozent verdienten mehr als 1500 Mark im Monat.

er entspricht dem Zweck, dem er dienen soll. Denn als man die ausländischen Arbeitskräfte ins Land zu holen begann, geschah dies nicht, weil man ihnen helfen wollte, sich aus einer wirtschaftlich miserablen Lage zu befreien und ihnen ein menschenwürdiges Leben zu ermöglichen. Man holte sie ins Land, weil die deutsche Wirtschaft sie brauchte. Sie sollten, nicht mehr und nicht weniger, Arbeitsplätze besetzen, die mit Deutschen nicht mehr besetzt werden konnten, und in ihre Heimat zurückkehren, wenn sie diesen Zweck erfüllt hatten. Sie sollten jedenfalls alles andere als seßhaft werden, und es galt als allgemein akzeptierte Konzeption, daß die Bundesrepublik kein Einwandererland war und es auch nicht werden sollte.

Davon kann heute keine Rede mehr sein.

Auf der einen Seite wächst die Zahl der Gastarbeiter, die ihre ursprüngliche Absicht, möglichst bald wieder in ihre Heimat zurückzugehen, aus vielerlei Gründen aufgegeben haben und bestrebt sind, ihre Familien in die Bundesrepublik nachkommen zu lassen. Nach einer Erhebung der Bundesanstalt für Arbeit waren bereits im Jahre 1969 über 40 Prozent aller ausländischen Arbeitskräfte mehr als 4 Jahre im Bundesgebiet ansässig, unter ihnen 13 Prozent länger als 7 Jahre. Die Zahl der Familienangehörigen von Gastarbeitern, die in die Bundesrepublik eingewandert sind, hat die Millionen-Grenze überschritten, und allein seit 1968 hat sich die Zahl der im Bundesgebiet lebenden Gastarbeiterkinder verdoppelt. Sie beträgt zur Zeit etwa 900 000.

Auf der anderen Seite hat sich auch die Auffassung der Deutschen geändert.

Man beginnt die Gefahren zu erkennen, die darin liegen, daß Millionen von Gastarbeitern in eine Gettosituation gedrängt werden und mitten in Deutschland große Gruppen von Halbanalphabeten und ein spätindustrielles Proletariat entstehen, die zu sozialen und politischen Unruheherden ersten Ranges werden können. Und man besinnt sich außerdem darauf, eine Gesellschaft zu sein, die ihre sozialen und humanitären Verpflichtungen auch gegenüber anderen Völkern kennt. Die ausländischen Arbeitskräfte sollen daher nicht mehr kurzfristig in Arbeitsprozesse eingegliedert, sondern voll in die bundesrepublikanische Gesellschaft integriert werden. Was das bedeutet, ist klar. Man will sie mit ihren Familien zusammenführen und zu diesem Zweck ihre Frauen und Kinder in die Bundesrepublik hereinholen, man will ihnen und ihren Familien anständige Wohnungen bauen, will ihren Kindern gute Schulen errichten, sich auch um ihre berufliche Weiterbildung kümmern und kulturelle Institutionen für sie schaffen – alles in allem Vorhaben, die edlen Motiven und dem Bewußtsein sozialer und humanitärer Verpflichtungen entspringen.

Leider haben diese Vorhaben eine fatale Seite. Sie vermengen handfeste kaufmännische Kalkulationen mit sozialen Illusionen, harte Realitäten mit humanitären Wunschvorstellungen und entfernen sich auf diese Weise so weit von der Wirklichkeit, daß ihr Ergebnis nur ein totales Fiasko werden kann.

Zunächst muß man wissen, daß die jetzt von allen Seiten geforderte Integration buchstäblich auf Kosten der Deutschen geht. Was an finanziellen Mitteln aufgewandt wird, um es den ausländischen Arbeitnehmern in der Bundesrepublik so wohnlich wie nur möglich zu machen, vermindert von einem bestimmten Punkt ab die Mittel, die der Vermehrung des eigenen Wohlstands dienen. Dieser Punkt, an dem die Beschäftigung von ausländischen Arbeitskräften zwar weiterhin das Wachstum des Sozialprodukts fördert, die Erhöhung des allgemeinen Lebensstandards aber bremst, wird unweigerlich erreicht, wenn die für die Ausländer erforderlichen zusätzlichen Arbeitsplatz- und Infrastrukturinvestitionen die für den Pro-Kopf-Verbrauch verfügbare Gütermenge verkleinern, wenn das von den ausländischen Arbeitskräften erbrachte Mehr an Arbeitsleistung von deren zusätzlichem Bedarf an Gütern und Dienstleistungen aufgebraucht wird. Das Münchner Stadtplanungsreferat hat ausgerechnet, daß die jährlichen Einnahmen der Stadt München aus der Beschäftigung von Ausländern zur Zeit etwa 100 Millionen Mark betragen, der Integrationsbedarf für sie jedoch 2,5 Milliarden Mark ausmacht. Und das Bayerische Innenministerium hat an einem kleinen Beispiel plastisch dargelegt, wie problematisch selbst an sich verständliche Forderungen nach sozialer Betreuung der ausländischen Arbeitskräfte sind. Für eine Schule in Schwaben wurden drei türkische Lehrer gesucht. Das türkische Konsulat benannte drei Lehrer, zwei von ihnen hatten vier Kinder, einer von ihnen drei. Allein für die Lehrerkinder wurde daher zusätzlich eine halbe Schulklasse gebraucht.

Die Integration ausländischer Arbeitskräfte bringt aber nicht nur eine Reihe von solchen und ähnlichen Erscheinungen mit sich, sie hat für die Deutschen auch noch eine andere, nicht weniger peinliche Konsequenz.

Ausländische Arbeitskräfte sind so lange erwünscht, solange sie minder qualifizierte, schlechter bezahlte und sozial weniger geachtete Arbeitsplätze einnehmen und es dadurch den Deutschen ermöglichen, in höher qualifizierte, besser bezahlte und sozial angesehenere Tätigkeiten aufzurücken. Sie sind gern gesehen, solange sie Tätigkeiten verrichten, an denen die Deutschen kein Interesse haben. Das wird sich aber schlagartig ändern, wenn sie als Konkurrenten um Arbeitsplätze auftreten, die von den Deutschen selbst begehrt werden. Ausländische Arbeitnehmer, die nach Höherem streben, sich finanziell und sozial zu verbessern wünschen und auch die Möglichkeit dazu bekommen, müssen mit der Zeit nicht nur zu höchst unerwünschten Personen werden. Sie erfüllen auch nicht mehr den Zweck, zu dem man sie ins Land geholt hat.

Die Alternative, die sich daraus ergibt, ist klar. Und sie ist in jeder Weise unerfreulich.

Wenn die ausländischen Arbeitnehmer wirklich voll und ganz in die bundesrepublikanische Gesellschaft integriert werden, gehen die Vorteile verloren, die die Deutschen aus der Beschäftigung ausländischer Arbeitskräfte ziehen. Noch schlimmer: die Vorteile verwandeln sich in unübersehbare Nachteile, weil die integrierten Gastarbeiter mehr für sich als für die Deutschen arbeiten und weil sie sich außerdem zu lästigen Konkurrenten deutscher Arbeitnehmer entwickeln. Wenn die Deutschen die ausländischen Arbeitnehmer im Status von Hilfs- und angelernten Arbeitern halten, ihre sprachlichen und beruflichen Kenntnisse gerade so weit aufbessern, daß sie die ihnen übertragenen Arbeitsfunktionen anstandslos erfüllen können, und im übrigen alles vermeiden, was zu einer weitergehenden Integration führen könnte, dann handeln sie zwar in ihrem ureigensten Interesse, nicht aber den humanitären und sozialen Vorstellungen gemäß, denen sie sich ja angeblich verpflichtet fühlen. Diesem Dilemma könnten sie sich nur entziehen, wenn sie selbst produktiver und mehr arbeiten und dadurch erreichen würden, daß die Zahl der ausländischen Arbeitskräfte in der Bundesrepublik verringert statt vergrößert werden könnte.

Aber gerade daran ist wohl, so wie die Dinge heute liegen, nicht zu denken. Und so scheint den Deutschen nichts anderes übrigzubleiben, als sich entweder weiter als moderne Kolonialherren zu betätigen und damit ihren eigenen Wohlstand zu sichern, oder sich als Wohltäter anderer Völker zu geben und damit selbst an Wohlstand zu verlieren.

Tarifliche und effektive Arbeitszeiten in der Bundesrepublik

Natürlich gibt es – wie könnte es anders sein – auch darüber Zahlen, wie viel oder wie wenig die Deutschen arbeiten. Die Angaben über die Arbeitszeiten in der Bundesrepublik, die vom Statistischen Bundesamt, von den Arbeitgeberverbänden und Gewerkschaften nicht immer einträchtig zusammengetragen werden, sagen viel, zugleich aber auch wenig aus. Sie geben präzis bekannt, wie viele Stunden am Tag oder in der Woche die Deutschen in Werkshallen und Büros verbringen, lassen aber nichts von der Intensität erkennen, mit der gearbeitet wird. Was diese Intensität betrifft, werden wir bei näherer Betrachtung noch unser blaues Wunder erleben. Sieht man aber einmal davon ab, daß in einer Stunde viel oder wenig gearbeitet, viel oder wenig geleistet werden kann, liefert auch die bloße Summierung der Arbeitsstunden Anhaltspunkte dafür, wie sich in Deutschland die Arbeit auf die einzelnen Wirtschafts- und Berufsgruppen verteilt, steckt die rein statistisch erfaßte Arbeitszeit immerhin das Feld ab, auf dem die Deutschen mit unterschiedlichem Eifer ihre Arbeit verrichten oder bleiben lassen.

Jeder Mensch, selbst derjenige, der dazu neigt, in der Arbeit den allein seligmachenden Sinn des Lebens zu erblicken, wird es begrüßen, wenn die Arbeitszeiten verkürzt werden und mit möglichst kurzen Arbeitszeiten ein Höchstmaß an gesamtwirtschaftlichen Leistungen erbracht wird. Betrachtet man die Verkürzung der Arbeitszeiten als eine Art Gradmesser für die sozialen Auswirkungen des technischen Fortschritts und damit als Maßstab für den sozialen Fortschritt selbst, dann kann man mit ruhigem Gewissen feststellen, daß wir, besonders in den letzten fünfzehn Jahren, ein gutes Stück weitergekommen sind. Die tarifliche Arbeitszeit wurde in fast allen Wirtschaftsbereichen konsequent, schnell und mit einer geradezu verblüffenden Gleichmäßigkeit herabgesetzt. Verblüffend ist diese Gleichmäßigkeit deshalb, weil man meinen sollte, daß sich die Arbeitszeit in einem marktwirtschaftlichen System nicht autonom regulieren läßt, sondern zumindest in gewissen Grenzen abhängig sein müßte von dem Grad der Rationalisierung, den ein Wirtschaftszweig erreicht hat und der dadurch erzielten Produktivität, von der unterschiedlichen Anziehungskraft, die die einzelnen Wirtschaftszweige infolge unterschiedlicher Verdienstmöglichkeiten auf die Arbeitnehmer ausüben und dem dadurch bedingten unterschiedlichen Arbeitsvolumen.

Das alles fiel aber offenbar nicht ins Gewicht.

Im Jahre 1955 lag die tarifliche Arbeitszeit im gesamten Bundesgebiet fast durchweg bei 47 Stunden, ob es sich nun um Produktionsgüterindustrien wie die Eisen- und Stahlindustrie oder die chemische Industrie, um Investitionsgüterindustrien, wie der Fahrzeug- und Maschinenbau, um Konsumgüterindustrien, wie die Textilindustrie, die Bekleidungsindustrie und die Zuckerindustrie, oder um die Bauwirtschaft handelte. Im Jahre 1970 war in allen diesen Industrien die tarifliche Arbeitszeit auf 40 Stunden gesunken, und es gibt heute kaum noch ein Tarifgebiet, in dem sie darüber liegt [1]. Die Tarifpoli-

1 Zu den Ausnahmen gehört die keramische Industrie mit 41¼ und die erdölverarbeitende Industrie mit 42½ tariflichen Wochenarbeitsstunden.

tik nahm, wie man sieht, zu keinem Zeitpunkt besondere Rücksicht auf die wirtschaftliche Effizienz der einzelnen Wirtschaftszweige, und in den Verhandlungen um die tarifliche Arbeitszeit spielte kaum jemals eine Rolle, ob es sich um technisch hochentwickelte oder zurückgebliebene, um rentable oder weniger rentable Branchen handelte. Die Gewerkschaften waren einzig und allein darauf bedacht, daß in der Branche, für die sie zuständig waren, nicht mehr, nach Möglichkeit weniger gearbeitet werden mußte als in den anderen, und sie waren, wenn sich dies nicht realisieren ließ, zumindest bestrebt, die Abstände zwischen den einzelnen Branchen möglichst klein zu halten.

Das ist ihnen auch weitgehend gelungen, wenngleich zunächst nur auf dem Papier, das bekanntlich geduldig ist. Die Wirklichkeit sieht etwas anders aus.

Zwar hat sich auch die effektive Arbeitszeit[1] im Laufe der letzten Jahre sukzessive und zum Teil erheblich verkürzt, jedoch weder in dem Ausmaß noch in dem Gleichschritt wie die tarifliche Arbeitszeit. Während die effektive Arbeitszeit beispielsweise im Maschinenbau von 42,6 Wochenstunden im Jahre 1960 nur auf 41,4 Wochenstunden im Jahre 1970 zurückfiel, ist sie in der Chemie im gleichen Zeitraum von 42,3 auf 38,3 Wochenstunden, in der Gummi- und Asbestverarbeitung von 41,6 auf 37,6 Wochenstunden, in der Mineralölverarbeitung von 44,0 gar auf 36,5 Wochenstunden gesunken. Die Zahl der effektiv geleisteten Arbeitsstunden schwankt daher, wie man alle Jahre wieder feststellen kann, von Branche zu Branche beträchtlich. Im Jahre 1970 zum Beispiel waren, zumindest am äußeren Aufwand an Arbeitszeit gemessen, die Leute in der Nahrungs- und Genußmittelindustrie am fleißigsten. Sie brachten es auf 45,6 effektiv geleistete Wochenarbeitsstunden gegenüber einem Durchschnitt von 40,5 Wochenarbeitsstunden in der gesamten Industrie. Am kürzesten wurde im gleichen Jahr

1 Das Statistische Bundesamt in Wiesbaden führt regelmäßige Befragungen über die wöchentliche Arbeitszeit durch, die effektiv in den einzelnen Wirtschaftsbereichen und den einzelnen Berufsgruppen geleistet wird. Arbeitsbereitschaften und Überstunden zählen dabei zur geleisteten Arbeitszeit. Krankheit, Urlaub u. ä. werden als Arbeitsausfälle, nicht als Arbeitszeiten gewertet.

Effektiv geleistete Wochenarbeitsstunden

	1960	1970	Obst- und Gemüseverab. 1970 = 100
Gesamte Industrie	42,2	40,5	89
Energiewirtschaft	43,7	40,0	88
Steinkohlenbergbau	39,0	32,9	72
Eisen- und Stahlindustrie	41,7	39,4	86
NE-Metallindustrie	42,6	39,8	87
Chemie	44,3	38,3	84
Mineralölverarbeitung	44,0	36,5	80
Gummi- und Asbestverarb.	41,6	37,6	82
Zellstoff und Papier	44,6	41,5	91
Maschinenbau	42,6	41,4	91
Stahlbau	43,8	42,8	94
Fahrzeugbau	41,3	39,4	86
Elektrotechnik	41,2	38,6	85
EBM-Industrie	42,3	41,6	91
Holzverarbeitung	43,2	42,0	92
Druckereigewerbe	43,2	40,2	88
Nahr.- u. Genußmittel	44,2	42,9	94
dar.: Obst- u. Gemüse	45,9	45,6	100
Fleischverarb.	45,5	43,4	95
Fischverarbeitung	43,8	45,4	100
Brauereien	42,3	40,5	89
Tabakverarb.	38,7	37,0	81
Hoch- und Tiefbau	43,0	43,5	95
Textilgewerbe	40,7	40,0	88
Schuhindustrie	40,0	39,2	86
Bekleidungsgewerbe	39,4	39,0	86

Quelle: Statistisches Bundesamt, Reihe 15/I, Preise, Löhne, Wirtschaftsrechnungen

in der Mineralölverarbeitung gearbeitet. Hier war die effektive Arbeitszeit um ein ganzes Fünftel kürzer als beispielsweise in den Betrieben der Obst- und Gemüseverarbeitung. Und ähnliche gewaltige Differenzen bestehen zwischen den Arbeitszeiten im Hoch- und Tiefbau und denen in der Tabakverarbeitung, zwischen den Arbeitszeiten im Stahlbau und denen in der Chemie.

Nicht weniger ausgeprägt als innerhalb der industriellen Branchen sind die Unterschiede innerhalb der großen Wirtschaftsbereiche. Bei diesem Vergleich schneidet die Land- und Forstwirtschaft sichtlich am schlechtesten ab. Sie kam im Jahre 1970 auf eine durchschnittliche Arbeitszeit von 51,4 Wochen-

Durchschnittlich geleistete Wochenarbeitsstunden im Jahre 1970

Wirtschaftsbereich	männlich	weiblich	insgesamt
Landwirtschaft	57,2	46,1	51,4
Industrie und Handwerk	43,4	37,0	41,8
Handel und Verkehr	46,7	38,5	43,3
Dienstleistungsgewerbe	45,3	39,1	42,1
Alle Wirtschaftsbereiche zusammen	45,2	39,2	43,0

Quelle: Statistisches Bundesamt, Wirtschaft und Statistik 3/71

stunden, während in der Industrie und im Handwerk 41,8 Wochenstunden, im Handel und Verkehr 43,3 Wochenstunden und im Dienstleistungsgewerbe 43,0 Wochenstunden gearbeitet wurde. Die runden 10 Stunden in der Woche, um die die Arbeitszeit in Industrie und Handwerk kürzer war als in der Land- und Forstwirtschaft, ergeben für das ganze Jahr gut 500 Stunden, die ein Landwirt durchschnittlich länger arbeiten mußte als ein Arbeiter in der Industrie. Bei einem normalen 8-Stunden-Tag entspräche das einem Mehr von 60 Arbeitstagen. Auch der auf den ersten Blick nicht sehr bedeutsam erscheinende Unterschied zwischen den effektiven Arbeitszeiten in der Industrie und denen im Handel oder Dienstleistungsgewerbe wächst sich auf ganz schöne Zeiten aus, wenn man ihn unter dem Aspekt des vollen Jahres sieht. Aus den eineinhalb Stunden Differenz pro Woche werden rasch 78 Stunden im Jahr und das bedeutet – auf der Basis eines 8-Stunden-Tages – immerhin fast 10 Arbeitstage, die im Jahre 1970 pro Mann und Nase im Handel länger gearbeitet wurde als in der Industrie.

Der Politologe Thomas Ellwein aus Frankfurt ist der Überzeugung, daß schon im Jahre 1980 in der Bundesrepublik nur noch 4 Tage in der Woche gearbeitet werden wird. Angesichts der Tatsache, daß es heute für mehr als ein Drittel aller Beschäftigten in der Bundesrepublik nicht einmal die 40-Stunden-Woche gibt, ist dies allerdings eine mehr als kühne Prognose. Bisher haben ganze 6 deutsche Unternehmen die 4-Tage-Woche eingeführt: die Canfield Company GmbH in Geretsried-Gartenberg (mit 370 Mitarbeitern), das Chemiewerk Jesta, München (67 Beschäftigte), die Maschinenfabrik HAGEMA, Beckedorf bei Bremen (100 Mitarbeiter), die Kerzenfabrik Asp-Holmblad, Norderstedt bei Hamburg (100 Beschäftigte), und die Marmeladenfabrik Schwartauer Werke, Bad Schwartau (1000 Mitarbeiter). Von der Schwartauer Marmeladenfabrik abgesehen, handelt es sich um kleine Unternehmen, die nur noch von Montag bis Donnerstag arbeiten und damit – bei vollem Lohnausgleich – wöchentlich auf 37,5 Arbeitsstunden kommen. Produktivität und Arbeitsmoral sollen angeblich durch die 4-Tage-Woche stark gesteigert, Fehlzeiten und Krankenstand verringert und die Fluktuation der Belegschaft gesenkt worden sein. Von den Betriebsangehörigen selbst werden als Vorteil die längere Freizeit, Zeit für Besorgungen am freien Freitag, konzentriertes Arbeiten und eine Verbesserung des Betriebsklimas, als Nachteil die Umstellung auf einen längeren Arbeitstag (durchschnittlich 9 Stunden und 20 Minuten, davon 1 Stunde Pause) bezeichnet. Vor allem Arbeiterinnen beklagen sich darüber, daß sie abends so müde sind, daß sie kaum noch im Haushalt tätig sein können.

Die Gewerkschaften halten nicht viel von der 4-Tage-Woche, weil sie, wie der Deutsche Gewerkschaftsbund erklärt, nicht ein Jahrhundert lang um den 8-Stunden-Tag gerungen haben, um sich jetzt einen 10-Stunden-Tag einzuhandeln. Es geht außerdem nicht nur um die reine Arbeitszeit. Mit Pausen, An- und Abmarschwegen kommt häufig ein 12-Stunden-Tag zusammen.

Gegen den 10-Stunden-Tag wenden sich auch die Mediziner. Professor Dr. Lehnert, Leiter des Zentralinstituts für Arbeitsmedizin in Hamburg, vertritt die Auffassung, daß nach 8 Stunden 95 % der maximalen Leistungen erreicht sind und der Mensch danach so erschöpft ist, daß er nur mit äußerster Willensanstrengung weiter arbeitet und nicht mehr produktiv ist. Und in die gleiche Kerbe schlägt Professor Dr. Müller-Limroth, Leiter des Instituts für Arbeitsphysiologie der Universität München, der zu der Feststellung kommt, daß sich »der Körper bei einer Pause von 3 Tagen nur langsam wieder auf die Arbeit umstellen kann und daher zweimal im Jahr 4 Wochen

Urlaub für die Gesundheit besser sind«. Umgekehrt hält Dr. Helmut Hermann, Vorsitzender des Landesverbandes der Werksärzte Hamburgs, das 3-Tage-Wochenende, das sich aus der 4-Tage-Woche ergibt, für falsch, weil die Leute das lange Wochenende kaum zur richtigen Erholung nutzen. »Viele schlagen sich den Bauch voll und liegen auf der faulen Haut. Andere benutzen den zusätzlichen freien Tag, um anstrengende Autotouren zu unternehmen.« Man muß ihm Recht geben, wenn man hört, was die Leuten mit ihrem 3-Tage-Wochenende anfangen. Vier von zehn benützen die Zeit, um mehr fernzusehen, sechs von zehn »werkeln im Haus herum«, jeder dritte bummelt und jeder zwanzigste gesteht, daß er sich langweilt[1].

Bosse, Bauern, Arbeiter und die viel beneideten Lehrer

Wie ungleich die Last der Arbeit in Deutschland verteilt ist, sieht man aber so richtig erst im Detail.

Zunächst kommt es darauf an, wo einer arbeitet.

In der Landwirtschaft ist der Anteil derjenigen, die sich einer »normalen« Arbeitszeit von 40–45 Wochenstunden erfreuen können, außerordentlich gering (15 Prozent), während der Anteil derjenigen, die mehr als 46 Stunden arbeiten, über 60 Prozent liegt. In der Industrie dagegen gibt es verhältnismäßig mehr »Normalarbeiter« (70 Prozent) als im Durchschnitt der gesamten Wirtschaft (60 Prozent), und der Anteil derjenigen, die sich mehr als 46 Stunden in der Woche plagen müssen, ist mit knapp 20 Prozent niedriger als in jedem anderen Wirtschaftsbereich (im Handel und Verkehr machen diese Fleißigen der Fleißigen fast 30 Prozent, im Dienstleistungsgewerbe fast 25 Prozent aus).

Noch wichtiger als die Tatsache, wo jemand arbeitet, scheint für die Last der Arbeit die berufliche Stellung zu sein, ob man

1 Aus einer Befragung des Allensbacher Instituts für Demoskopie, 1972.

Es arbeiten von je 100 Erwerbstätigen	Wochenstunden 0–23	24–39	40–45	46–54	55–69	70 und mehr
in der Landwirtschaft	13	10	15	17	20	25
in Industrie und Handwerk	5	5	70	14	5	1
in Handel und Verkehr	8	9	55	14	10	4
im Dienstleistungsgewerbe	10	9	57	13	7	4
in allen Wirtschaftsbereichen zusammen	7	7	59	14	8	5

Quelle: Statistisches Bundesamt, Wirtschaft und Statistik 3/71. Ergebnis des Mikrozensus für die Woche vom 19. bis 25. April 1970

also als Selbständiger, Beamter, Angestellter, Arbeiter oder als sogenannter mithelfender Familienangehöriger tätig ist. Weitaus am fleißigsten sind danach, mehr oder weniger der Not gehorchend, die Selbständigen, die es im Durchschnitt aller Wirtschaftsbereiche auf fast 55 effektiv geleistete Wochenarbeitsstunden bringen. Gemessen an ihnen sind die Angestellten mit einem Schnitt von 41,3 und die Arbeiter mit einem Schnitt von 40,9 Wochenarbeitsstunden schon nahezu »faul« zu nennen und auch die mithelfenden Familienangehörigen fallen mit ihren durchschnittlich 45,7 Wochenarbeitsstunden erheblich ab.

In welchem Ausmaß die Selbständigen länger arbeiten als die übrige erwerbstätige Bevölkerung zeigt sich besonders daran, daß mehr als die Hälfte mehr als 55 Wochenstunden arbeitet, davon fast ein Viertel sogar mehr als 70 Wochenstunden, und nur jeder vierte von ihnen auf Arbeitszeiten kommt, die kürzer als 40 Wochenstunden sind. Im Gegensatz dazu arbeitet der größte Teil der Angestellten und Arbeiter, nämlich gut zwei Drittel, wöchentlich höchstens 40 bis 45 Stunden, nur jeder fünfte von ihnen strapaziert sich mehr als 46 Stunden in der Woche und genau einer von hundert bringt es auf mehr als 70 Wochenarbeitsstunden. Wie ein Loblied auf den Fleiß der Selbständigen klingt dementsprechend die Feststellung, daß von 100 Erwerbstätigen, die zwischen 55 und 69 Stunden in der Woche arbeiten, 40 Selbständige und nur 25 Arbeiter, 19 Angestellte und 3 Beamte sind, und daß von 100 Superfleißigen, die mehr als 70 Stunden in der Woche arbeiten, 54 zur Kategorie der Selbständigen gehören und lediglich 10 zur Kategorie der Arbeiter, 9 zur Gruppe der Angestellten und 2 zur Gruppe der Beamten. Bei einem Anteil von etwa 10 Prozent, den die Selbständigen an der Gesamtzahl der Erwerbstätigen haben, sind das schon recht beachtliche Relationen.

Es arbeiten von je 100 Erwerbstätigen	Wochenstunden					
	0–23	24–39	40–45	46–54	55–69	70 und mehr
Selbständige	8	5	13	20	30	24
Beamte	4	6	72	12	5	1
Angestellte	6	7	69	12	5	1
Arbeiter	7	7	68	13	4	1
Mithelfende Familienangehörige	18	15	15	20	15	17

Quelle: Statistisches Bundesamt, Wirtschaft und Statistik, 3/71. Ergebnis des Mikrozensus für die Woche vom 19. bis 25. April 1970

In den Spuren dieses überdimensionalen Fleißes der Selbständigen wandelt nur eine Gruppe, der vermutlich auch gar nichts anderes übrigbleibt, nämlich die schon erwähnten sogenannten »mithelfenden Familienangehörigen«[1].

Auch sie kommen zwar bei weitem nicht an die Zahl der Wochenstunden heran, die die Selbständigen zusammenbringen. Immerhin arbeitet aber fast ein Fünftel von ihnen in der Woche zwischen 46 und 54 Stunden und fast ein Drittel mehr als 55 Stunden. Von 100 Erwerbstätigen, die das Kreuz von mehr als 70 Arbeitsstunden in der Woche auf sich nehmen, ist jeder vierte solch ein braver fleißig mitarbeitender Familienangehöriger. Jeder dritte arbeitet dafür weniger als 39 Stunden in der Woche und das gleicht die Sache etwas aus.

Der Glanz des Fleißes, der die Selbständigen umstrahlt, verblaßt allerdings etwas – das muß der Gerechtigkeit halber fest-

1 Bei den weiblichen Familienangehörigen, die in der Landwirtschaft tätig sind, kann es wegen der hier besonders engen Verflechtung von Beruf und Haushalt vorkommen, daß die für den Haushalt aufgewandte Zeit mit zur Arbeitszeit gezählt wird.

gestellt werden –, wenn man sich ansieht, welche Berufe die Superfleißigen unter ihnen ausüben.

Diejenigen, die zwischen 55 und 59 Stunden in der Woche arbeiten, finden sich zwar ziemlich gleichmäßig in allen Wirtschaftsbereichen, also sowohl in der Land- und Forstwirtschaft als auch in der Industrie, im Handel und im Dienstleistungsgewerbe. Von den Selbständigen, die mehr als 70 Stunden in der Woche arbeiten, sind aber gut die Hälfte Landwirte und nur 13 Prozent Industrieherren, 17 Prozent Bosse von Handelsfirmen und 21 Prozent als Unternehmer im Dienstleistungsgewerbe oder in freien Berufen tätig. Das Übermaß an Fleiß, das die Kategorie der Selbständigen auszeichnet, konzentriert sich demnach zu einem guten Teil auf jene Gruppe der Erwerbstätigen, die ohnehin schon, auch im groben Durchschnitt, mehr arbeiten muß als die übrige arbeitende Bevölkerung.

Effektiv geleistete Wochenarbeitsstunden je Person im Jahre 1970

	Selbständige	Mithelf. Familienangehörige	Beamte	Angestellte	Arbeiter	Zusammen
Land- und Forstwirtschaft	59,8	47,0	47,8	47,5	47,0	51,4
Produzierendes Gerwerbe	52,0	39,5	/	41,7	41,1	41,8
Handel und Verkehr	53,6	42,3	42,0	41,0	41,8	43,3
Dienstleistungen	53,1	46,5	43,4	41,6	37,9	42,1
Alle Wirtschaftsbereiche zusammen	54,9	45,7	43,0	41,3	40,9	43,0

Quelle: Statistisches Bundesamt. Ergebnis des Mikrozensus für die Woche vom 19.–25. April 1970

Ein spezielles Kapitel sind die Arbeitszeiten der Lehrer. Um entgegen der populären Vorstellung von ihrer beneidenswert reich bemessenen Freizeit zu beweisen, wie überbelastet sie seien, schrecken zwar die Lehrer auch vor kompliziertesten

Zahlenspielen nicht zurück[1]. Aber so kompliziert scheinen für den unbefangenen Betrachter die Dinge gar nicht zu sein. Fest steht, daß die Lehrer an den Gymnasien und Oberschulen 24 Stunden in der Woche[2], und die Volksschullehrer 29 Unterrichtsstunden in der Woche als Pflichtstunden erteilen müssen, die Stunde zu 45 Minuten gerechnet. Das macht, unter Berücksichtigung der schulfreien Ferienwochen, für die Lehrer an den Oberschulen 960 Unterrichtsstunden und für die Volksschullehrer 1160 Unterrichtsstunden im Jahr aus. Umgerechnet auf das für alle übrigen öffentlichen Bediensteten geltende 47wöchige Arbeitsjahr entfallen damit auf die einen 20, auf die anderen 25 Unterrichtsstunden in der Woche.

Nun besteht die Tätigkeit der Lehrer nicht ausschließlich im Erteilen von Unterricht. Sie müssen sich auf den Unterrichtsstoff vorbereiten, Korrekturen lesen und sich auch mit verschiedenen Verwaltungsarbeiten beschäftigen. Bei den Lehrern an den Oberschulen nimmt diese Tätigkeit außerhalb des eigentlichen Unterrichts zweifellos viel Zeit in Anspruch, und gewöhnlich geht man davon aus, daß für die Tätigkeit außerhalb der Unterrichtszeit ebenso viele Stunden benötigt werden, wie für den Unterricht selbst. Wir kommen damit bei den Lehrern an den Oberschulen zunächst auf eine Arbeitszeit von 45 bis 48 Wochenstunden, die sich allerdings um mindestens 3 Wochen-

1 Das geschah z. B. bei einer Befragung des Hessischen Philologenverbandes, die überraschenderweise ergab, daß die Lehrer selbst in den Schulferien eine durchschnittliche Wochenarbeitszeit von 43 Stunden hätten. Die Überraschung legt sich allerdings, wenn man erfährt, wie dieses Ergebnis zustande kam. Ein Lehrer beispielsweise gab an, in einer Woche 70 Stunden beschäftigt gewesen zu sein, da er – im Rahmen einer Forschungsexkursion auf der schönen Insel Helgoland – jeden Tag um fünf Uhr früh aufstehen mußte, um den Muschelstand zu beobachten. Unter solchen Aspekten ist natürlich auch die Reise eines Turnlehrers nach Spanien oder der vierwöchige Aufenthalt eines Geographielehrers im Schwarzwald nicht als Erholung, sondern als »unterrichtsbezogene Weiterbildung« und somit als Arbeitszeit zu betrachten.

2 Diese Anzahl von Pflichtstunden ermäßigt sich bei Lehrern, die das 50. Lebensjahr erreicht haben, auf 22 Wochenstunden, und bei Lehrern, die 60 Jahre alt geworden sind, auf 20 Wochenstunden – eine einmalige Regelung, wie mir scheint. Mir ist zumindest kein anderer Beruf bekannt, für den festgelegt ist, daß sich die Arbeitszeiten mit zunehmendem Alter automatisch verkürzen.

stunden verringert, weil die außerhalb des Unterrichts aufgewandte Zeit für Korrekturen oder Verwaltungstätigkeiten als Unterrichtsstunden angerechnet und von der Zahl der Pflichtstunden abgezogen wird. Unter Zugrundelegung eines normalen Arbeitsjahres bei Berücksichtigung der unverhältnismäßig langen Schulferien (12 Wochen), reduziert sich diese Arbeitszeit nochmals auf insgesamt 35 bis 37 Arbeitsstunden in der Woche. Sie liegt damit erheblich unter der sonst in unserer Leistungsgesellschaft üblichen Arbeitszeit.

Was für die Lehrer an den Oberschulen gilt, gilt in noch größerem Umfang für die Volksschullehrer. Bei ihnen erübrigt sich eine ständige Vorbereitung auf den Unterrichtsstoff, und auch mit Korrekturarbeiten sind sie weniger belastet. Die 29 Unterrichtsstunden, die sie als Pflichtstunden in der Woche erteilen müssen, stellen daher praktisch ihre effektive wöchentliche Arbeitszeit dar. Umgerechnet auf das 47-Wochen-Arbeitsjahr der öffentlichen Bediensteten sinkt die Zahl ihrer Wochenarbeitsstunden gar auf 25. Daß die Volksschullehrer zu den besonders strapazierten Bundesbürgern gehören, wird man unter diesen Umständen beim besten Willen nicht behaupten können. Kein Wunder, daß der Andrang zu diesem Beruf so groß ist. Und kein Wunder auch, daß sich die Aktivität vieler Volksschullehrer häufig auf außerschulischen Gebieten Luft macht. Überall findet man sie: in Veranstaltungen quer durch die Themen der Zeit als Redner vom Dienst, als Vorsitzende politischer, kultureller und sonstiger Vereine, kurz überall dort, wo ein wacher Kopf und viel Zeit erforderlich sind.

Eine im öffentlichen Dienst der Bundesrepublik einmalige Spezialität muß außerdem erwähnt werden. Jeder Lehrer, der über seine Pflichtstunden hinaus Unterricht erteilt, erhält für jede Stunde dieses sogenannten nebenamtlichen Unterrichts 22,– DM brutto. Er kann in der Woche bis zu 8 solcher nebenamtlichen Unterrichtsstunden geben und auf diese Weise sein Gehalt monatlich um rund 700,– DM aufbessern. Für Dienste also, die er im Rahmen einer durchaus üblichen Arbeitszeit leistet, wird er auch noch zusätzlich und nicht schlecht bezahlt.

Arbeitszeit und Leistungsniveau

Weniger abhängig als vom Arbeitsbereich und von der beruflichen Stellung scheint die effektive Arbeitszeit vom Leistungsniveau der Arbeit zu sein. Die darüber vorliegenden Informationen [1] lassen weder erkennen, ob diejenigen, die durch bessere Berufsausbildung und entsprechend höhere fachliche Qualifikation auf den oberen Stufen der Leistungspyramide rangieren, durchweg auch fleißiger sind als alle übrigen, noch gestatten sie den gegenteiligen Schluß. Das einzige, was man mit einiger Sicherheit feststellen kann, ist die Tatsache, daß sich in der Leistungsgruppe der Hilfsarbeiter, also jener Gruppe, in der die geringsten Anforderungen an Berufsausbildung und fachliche Qualifikation gestellt werden, die effektiv geleistete Arbeitszeit im Laufe des letzten Jahrzehnts am wenigsten verkürzt hat. In dieser Gruppe wurde im Schnitt der letzten Jahre um höchstens 1–2 Wochenstunden kürzer gearbeitet als vor 10 Jahren, während in den Leistungsgruppen der Facharbeiter und der angelernten Arbeiter der Abbau der effektiven Arbeitszeit häufig bis zu 4 Wochenstunden, mitunter sogar bis zu 6 Wochenstunden ausmacht. Diese Entwicklung brachte aber nur eine stärkere Angleichung der einzelnen Leistungsgruppen mit sich, da vor 10 Jahren in der niedrigsten Leistungsgruppe durchweg auch am kürzesten gearbeitet wurde. Dies ist jetzt nicht mehr immer der Fall und nur insoweit scheint sich im Laufe der Entwicklung höhere berufliche Qualifikation auch in bezug auf die Arbeitszeit ausgezahlt zu haben.

Bei den Angestellten ist allerdings eher das Gegenteil zu beobachten. Dort ist die effektive Arbeitszeit sehr oft um so länger, je höher die Qualifikation des Angestellten ist. Leitende Angestellte z. B. schaffen es leicht, täglich 1 bis 2 Stunden

1 In der Erhebung des Statistischen Bundesamtes über effektiv geleistete Arbeitszeiten werden bei den Arbeitern drei Leistungsgruppen unterschieden. Die Einordnung in diese Gruppen richtet sich nach der Berufsausbildung und -Erfahrung, wobei die Leistungsgruppe 1 weitgehend die Facharbeiter, Leistungsgruppe 2 die angelernten Arbeiter und Leistungsgruppe 3 die Hilfsarbeiter umfaßt.

Durchschnittlich geleistete effektive Arbeitszeit

		Leistungsgruppen 1	2	3	Zus.
Gesamte Industrie					
Wochenstunden	60	43,0	42,9	42,6	42,9
Wochenstunden	70	41,5	41,0	41,2	41,3
%		− 3,5	− 4,4	− 3,3	− 3,7
Energiewirtschaft					
Wochenstunden	60	44,1	43,3	42,0	43,9
Wochenstunden	70	40,2	39,3	39,2	40,1
%		− 8,8	− 9,2	− 6,7	− 8,7
Steinkohlenbergbau					
Wochenstunden	60	38,8	40,0	38,6	39,0
Wochenstunden	70	33,3	32,5	31,4	32,9
%		−14,5	−18,7	−18,7	−15,6
Eisen/Stahlindustrie					
Wochenstunden	60	42,0	41,5	42,0	41,8
Wochenstunden	70	40,0	39,2	39,3	39,5
%		− 4,8	− 5,5	− 6,4	− 5,5
NE-Metallindustrie					
Wochenstunden	60	43,5	43,3	42,1	43,2
Wochenstunden	70	41,0	39,7	40,0	40,2
%		− 5,7	− 8,3	− 5,0	− 7,0
Chemie					
Wochenstunden	60	42,7	43,4	41,8	43,0
Wochenstunden	70	39,3	38,8	39,9	39,1
%		− 8,0	−10,6	− 4,5	− 9,1
Mineral					
Wochenstunden	60	43,3	42,1	42,4	42,5
Wochenstunden	70	38,9	37,9	38,9	38,4
%		−10,2	−10,0	− 8,3	−10,0
Maschinenbau					
Wochenstunden	60	43,2	42,6	42,2	43,0
Wochenstunden	70	42,3	41,1	40,7	41,8
%		− 2,1	− 3,5	− 3,4	− 2,8
Fahrzeugbau					
Wochenstunden	60	41,6	41,1	41,1	41,4
Wochenstunden	70	39,9	39,4	40,3	39,8
%		− 4,1	− 4,1	− 2,0	− 3,9
Elektrotechnik					
Wochenstunden	60	42,5	42,7	42,4	42,6
Wochenstunden	70	40,7	39,7	39,8	40,2
%		− 4,2	− 7,0	− 6,0	- 5,6
EBM-Industrie					
Wochenstunden	60	44,5	42,8	41,8	43,2
Wochenstunden	70	43,0	42,6	42,5	42,7
%		− 3,4	− 0,5	+1,7	− 1,2

Durchschnittlich geleistete effektive Arbeitszeit

		Leistungsgruppen 1	2	3	Zus.
Holzverarbeitung					
Wochenstunden	60	44,1	43,6	42,5	43,8
Wochenstunden	70	42,9	42,5	42,1	42,7
%		- 2,7	- 2,5	- 1,0	- 2,5
Textilgewerbe					
Wochenstunden	60	42,6	42,7	41,9	42,6
Wochenstunden	70	42,0	42,2	41,7	42,0
%		- 1,4	- 1,2	- 0,5	- 1,4
Druckereigewerbe					
Wochenstunden	60	43,9	44,7	43,7	44,0
Wochenstunden	70	40,8	41,1	40,3	40,8
%		- 7,1	- 8,1	- 7,8	- 7,3
Nahrungs- und Genußmittel					
Wochenstunden	60	46,5	48,0	47,1	47,0
Wochenstunden	70	44,5	45,1	43,4	44,4
%		- 4,3	- 6,0	- 7,9	- 5,5
Obst/Gemüse					
Wochenstunden	60	50,5	51,2	49,2	50,3
Wochenstunden	70	49,2	50,0	47,8	49,0
%		- 2,6	- 2,3	- 2,8	- 2,6
Fleischverarbeitung					
Wochenstunden	60	47,2	47,9	46,8	47,1
Wochenstunden	70	44,7	45,8	43,9	44,7
%		- 5,3	- 4,4	- 6,2	- 5,1
Brauereien					
Wochenstunden	60	43,3	43,6	41,0	42,7
Wochenstunden	70	41,1	39,7	39,0	40,6
%		- 5,1	- 9,0	- 4,9	- 4,9
Tabak					
Wochenstunden	60	41,5	41,8	40,9	41,4
Wochenstunden	70	38,1	37,6	37,7	37,8
%		- 8,2	-10,0	- 7,8	- 8,7
Bau					
Wochenstunden	60	43,2	43,2	42,5	43,0
Wochenstunden	70	43,4	44,2	43,0	43,5
%		+0,5	+2,3	+1,2	+1,1

über die normale Arbeitszeit hinaus im Büro zu bleiben und so auf 20 bis 40 Überstunden im Monat zu kommen. Diese Überstunden werden bekanntlich nicht gesondert honoriert, sondern sind im Gehalt mit eingeschlossen. Eine längere Arbeitszeit münzt sich daher nicht in ein höheres, sondern in ein niedrigeres Einkommen um, denn das Gehalt reduziert sich bei entsprechender Umrechnung des effektiven Stundenverdienstes bei 10 Überstunden im Monat auf 92,5 Prozent, ist bei 20 Überstunden im Monat 85 Prozent und bei 40 Überstunden im Monat nur noch 70 Prozent wert. Durch eine längere Arbeitszeit nehmen also diese Angestellten faktische Einkommensminderungen beträchtlichen Ausmaßes in Kauf, die nur ihnen und sonst niemanden in der ganzen deutschen Wirtschaft zugemutet werden.

Die ach so Vielgeplagten – arbeiten sie wirklich so viel?

Viele dieser Zahlen scheinen zu beweisen, daß es in Deutschland eine Menge Leute gibt, die viel zu tun haben.

Bei näherer Betrachtung – die nächsten Kapitel dieses Buches werden das im einzelnen beweisen – stellt sich allerdings sehr bald heraus, daß der Schein trügt. Denn viele Deutsche haben vor allem viel damit zu tun, unentwegt zu verkünden, wieviel sie zu tun haben. Sie stöhnen laut und vernehmlich unter der Last einer Arbeit, die sie gar nicht leisten. In Wirklichkeit haben sie nicht mehr zu tun als Millionen von Durchschnittsbürgern vor, neben und hinter ihnen, und das ist nicht immer sehr viel. Sie gehören oft entweder zu jener beklagenswerten Sorte von Menschen, die so unrationell arbeitet, daß sich unter ihren Händen auch die einfachsten Verrichtungen zu wahren Sysiphusarbeiten auswachsen. Oder sie zählen zu jenen nicht weniger unglückseligen Typen, die sich auch dort zu schaffen machen, wo es gar nicht notwendig wäre, und die wie ein Magnet Arbeiten jedweder Art an sich ziehen, auch solche, die eigentlich von anderen gemacht werden sollen.

Diese Typen finden sich auf allen hierarchischen Stufen der Arbeitswelt, unter den hochdotierten Bossen von Weltfirmen ebenso wie unter den schlecht bezahlten Angestellten in kleinen Betrieben. Man sollte über sie weder selbstgefällig lächeln noch abfällig urteilen. In einer Gesellschaft, die sich noch immer mit Stolz als Leistungsgesellschaft bezeichnet, macht sich von vornherein verdächtig, wer wenig oder gar nichts zu tun hat. Daher werden selbst diejenigen, die ganz offensichtlich und unübersehbar eine – wie man so schön zu sagen pflegt – »ruhige Kugel schieben«, energisch dagegen protestieren, wenn ihre geruhsame Tätigkeit auch als solche benannt wird. Es gehört hierzulande schon eine gute Portion Zivilcourage dazu, offen zuzugeben, daß man, schlicht gesagt, faul ist und diesen Zustand auch schön findet. Durch die Einbildung, etwas zu leisten, wird das Selbstbewußtsein ebenso gehoben wie es durch die Vorstellung erschüttert wird, von den anderen für faul gehalten zu werden. Bei den Deutschen führt das so weit, daß Arbeiter, die im Zuge einer Automation mit Kontrollfunktionen betraut werden, Schuldkomplexe bekommen, weil für sie nur körperlich harte Arbeit wirkliche Arbeit ist[1]. Ihnen ist einfach unbegreiflich, daß im Zeichen des technischen Fortschritts Faulheit, Bequemlichkeit, Gelassenheit und Geduld oft höher bewertet werden als bisher hochgehaltene Tugenden wie Fleiß, Muskelkraft und Initiative.

Der Glaube, daß in der Bundesrepublik viel, heftig und mit Inbrunst gearbeitet wird, ist – unter diesen Umständen kein Wunder – recht verbreitet, vor allem unter Leuten, die die Welt der Arbeit mehr von der theoretischen als von der praktischen Seite her kennen. So vertritt beispielsweise Universitätsprofessor Klosterkötter allen Ernstes die Meinung, daß in der Bundesrepublik »die krasse Ideologie der Leistungssteigerungen per Saldo gefährlicher ist als alles, was die Arbeitswelt sonst an Gefahren bietet«. Wenn man solche Thesen hört, müßte man wirklich annehmen, daß das Arbeitsleben in der Bundesrepublik einem wahren Hexenkessel gleicht, in dem die Menschen wie Berserker arbeiten und von dem einzigen Wunsch besessen sind, die Leistungen anderer ständig zu übertrumpfen.

1 Der Werksarzt Wilhelm Neswetha hat mehrere Jahre hindurch an Chemiearbeitern untersucht, welche Auswirkungen die Verlagerung von rein physischer auf rein nervliche und psychische Beanspruchung hat. Diese psychische Beanspruchung, mit der die Menschen oft nicht fertig werden, besteht zu einem guten Teil darin, daß sie oft den ganzen Tag fast nichts zu tun haben, wenn sie zum Beispiel als Kontrolleure Instrumente beobachten müssen, die wenige oder gar keine Störungen anzeigen.

In Wirklichkeit sind die Deutschen von einem solchen Arbeitsfanatismus weiter entfernt denn je. Die überwältigende Mehrheit der Bürger ist mit Erfolg bestrebt, mit einem möglichst geringen Aufwand an Arbeitskraft und Arbeitszeit auszukommen und nur zu tun, was unbedingt nötig ist. Auf die Frage des Instituts für Demoskopie in Allensbach: »Kennen Sie das Gefühl, daß einem die Arbeit über den Kopf wächst?« antworteten 25 Prozent der Befragten mit »kenne ich oft«, 36 Prozent mit »ab und zu«, und 39 Prozent fühlten sich nicht und niemals überfordert. Dreiviertel aller Befragten gaben also mehr oder minder offen zu, nicht besonders viel zu arbeiten, und selbst bei dem einen Viertel, dem die Arbeit angeblich oft über den Kopf wächst, muß das, wie schon gesagt, nicht immer bedeuten, daß diese Leute auch wirklich viel zu tun haben.

Fest steht jedenfalls: Der Kreis derjenigen, die mehr Arbeit auf sich nehmen müssen, wird immer kleiner, der Kreis derjenigen, die es sich leisten können, nicht viel leisten zu müssen, immer größer. Die Ursache dafür liegt nicht etwa darin, daß sich das Arbeitsvolumen entsprechend erhöht hätte. Im Gegenteil. Das Arbeitsvolumen ist im Zuge des technischen Fortschritts eher kleiner geworden. Es sind nur immer weniger Leute bereit, ihren Anteil an der erforderlichen Gesamtleistung zu übernehmen. Von der Masse der Arbeitnehmer wird die Arbeit im wachsenden Umfang einer Minderheit zugeschoben, die ständig kleiner wird, weil auch in ihren Reihen immer mehr Leute diese zugeschobene Überbeanspruchung nicht mehr mitmachen. Das Fähnlein der letzten Aufrechten, das sind nicht nur die letzten Fleißigen, sondern offensichtlich auch die Dummen.

Die Zugehörigkeit zu diesem Fähnlein der letzten Fleißigen ist nicht an die Zugehörigkeit zu einer bestimmten gesellschaftlichen oder beruflichen Gruppe gebunden, sondern wird durch die individuelle, meist ideelle Einstellung zur Arbeit oder den Zwang der Arbeitsfunktion begründet.

So ist es, wie McClelland nachgewiesen hat, ein Vorurteil, daß Spitzenmanager normalerweise bis an die Grenze der Erschöpfung arbeiten. Wie alle Menschen mit ausgeprägtem Leistungsbedürfnis arbeiten sie nur dann mehr und härter als die anderen, wenn in der Situation »eine Herausforderung liegt beziehungsweise eine Möglichkeit zum Verlieren besteht«. Unter einem dauernden Streß stehen dagegen oft Arbeitskräfte, die ausgerechnet in sogenannten Leichtlohngruppen, also den niedrigsten Lohnstufen einrangiert sind, überwiegend Frauen. Hier geht der seelische und körperliche Kräfteverschleiß tatsächlich oft bis an die Grenze des Ertragbaren, wenn durch erhöhte Produktionsnormen und ein verschärftes Arbeitstempo das Doppelte und Dreifache an Leistung gefordert wird. »Die Tätigkeit der meisten Arbeiterinnen«, so der Betriebsratsvorsitzende einer Radio- und Fernsehfabrik in Hildesheim, »ist stupide, aber nervenzerfetzend. Bei uns läuft das Band mit den Geräten an Arbeitsplätzen vorbei, die 80 cm breit sind. Wer nach 40 cm nicht fertig ist, schafft es kaum noch. Das Ding kommt auf dich zu wie ein T 34, und du kannst nicht weglaufen.« Und der Alptraum einer Arbeiterin in einer Metallfabrik: »Ich arbeite am Wochenende in Gedanken weiter. Da ist doch immer die Furcht vor dem Leistungsdruck. Nachts wache ich oft auf vor Aufregung, ob ich's am nächsten Tag schaffe.«

Last not least – Politik und Arbeit

Zu dieser Form von Arbeit haben unsere Politiker jeglicher Couleur, ob Christdemokraten, Sozialdemokraten oder Freie Demokraten, schon längst kaum mehr eine Beziehung. Viele haben nur eine relativ kurze Zeit eine Tätigkeit ausgeübt, die man als normalen bürgerlichen Beruf bezeichnen könnte. Sie haben daher längst vergessen, was es für einen Arbeitnehmer bedeutet, einer regelmäßigen Arbeit nachzugehen, Tag für Tag in den Rhythmus einer bestimmten Arbeit eingespannt zu sein, sich der Eintönigkeit des Arbeitsablaufs und dem Leistungsdruck beugen zu müssen, dem Millionen Menschen in der Bundesrepublik täglich unterworfen sind.

Damit ist nicht gesagt, daß die Tätigkeit der Politiker nicht strapaziös, entnervend und aufreibend sein kann. Spezielle

Typische Berufspolitiker im Deutschen Bundestag

	Geb.-Datum	seit Lebensjahr	Funktion
Walter Arendt, Bundesminister	* 1925	23.	Gewerkschaftsfunktionär, Berufspolitiker
Willi Bäuerle MdB	* 1926	25.	Gewerkschaftsfunktionär, Berufspolitiker
Wilhelm Dröscher, MdB	* 1920	29.	Berufspolitiker
Hans-Dietrich Genscher, Bundesminister	* 1927	29.	Berufspolitiker
Kurt Gscheidle, Staatssekretär	* 1924	29.	Berufspolitiker
Karl Haehser, MdB	* 1928	19.	Parteifunktionär, Berufspolitiker
August Hanz, MdB	* 1925	28.	Parteifunktionär, Berufspolitiker
Hans Hörmann MdB	* 1926	28.	Gewerkschaftsfunktionär, Berufspolitiker
Hans Iven	* 1928	23.	Gewerkschaftsfunktionär, Berufspolitiker
Gerhard Jahn, Bundesminister	* 1927	23.	Parteifunktionär, Berufspolitiker
Heinrich Junker, MdB	* 1923	28.	Gewerkschaftsfunktionär, Berufspolitiker
Hans Katzer, fr. Bundesminister	* 1919	31.	Berufspolitiker
Konrad Kraske, Parteigeschäftsführer	* 1926	27.	Parteifunktionär, Berufspolitiker
Georg Leber, Bundesminister	* 1920	29.	Gewerkschaftsfunktionär, Berufspolitiker
Helmut Lenders, MdB	* 1922	30.	Berufspolitiker
Carl Otto Lenz, MdB	* 1930	29.	Berufspolitiker

	Geb.-Datum	seit Lebens-jahr	Funktion
Harry Liehr, MdB	* 1927	24.	Berufspolitiker
Ernst Majonica, MdB	* 1920	30.	Berufspolitiker
Hans Matthöfer, MdB	* 1925	28.	Gewerkschaftsfunktionär, Berufspolitiker
Wolfgang Mischnick, Fraktionsvorsitzer	* 1921	25.	Berufspolitiker
Adolf Müller (Remscheid) MdB	* 1916	31.	Gewerkschaftsfunktionär, Berufspolitiker
Friedrich Zimmermann, MdB	* 1925	30.	Parteifunktionär, Berufspolitiker
Willi Wolf	* 1924	28.	Gewerkschaftsfunktionär, Berufspolitiker
Hans Jürgen Wischnewski, Parteigeschäftsführer	* 1922	24.	Gewerkschaftsfunktionär, Berufspolitiker
Karl Wienand, MdB, Fraktions-geschäftsführer	* 1926	27.	Berufspolitiker
Herbert Wehner, Fraktionsvorsitzender	* 1906	24.	Berufspolitiker
Valentin Dasch, MdB	* 1930	22.	Kirchenfunktionär
Egon Franke	* 1913	32.	Parteifunktionär, Berufspolitiker
Wenzel Bredl, MdB	* 1924	23.	Gewerkschaftsfunktionär
Ernst Haar, MdB	* 1925	27.	Gewerkschaftsfunktionär, Berufspolitiker
Dieter Hussing, MdB	* 1936	23.	Kirchenfunktionär

Quelle: Handbuch des deutschen Bundestags

Anforderungen werden jedoch im allgemeinen nur an unsere Spitzenpolitiker gestellt, und auch da mit der Einschränkung, daß der Streß, dem sie ausgesetzt sind, gewöhnlich nur einige Jahre hindurch dauert. Von der Masse unserer Politiker kann man wohl nicht behaupten, daß sie sich überarbeiten. Angesichts der Vielfalt der Probleme, mit denen sie konfrontiert werden, laufen sie Gefahr, einer Sache nicht wirklich auf den Grund gehen zu können. Nur die sogenannte große Linie im Auge, verlernen manche schließlich, sich mit den Details einer Sache zu beschäftigen. Sie verlernen, systematisch zu arbeiten.

Unter diesen Umständen – könnte man argwöhnen – bietet sich die Politik für jeden, der keine Neigung mehr hat, sich dem Zwang einer geregelten Arbeit zu unterwerfen, als geradezu ideales Tätigkeitsfeld an. Selbst wenn ursprünglich eine echte politische Überzeugung die Triebfeder war, sich ausschließlich der Politik zu widmen, führt die hauptberufliche Beschäftigung mit der Politik in vielen Fällen bald dazu, darin vornehmlich einen angenehmen und einträglichen Job zu sehen. Der Berufspolitiker wird im allgemeinen wohl nicht eben gern ins »normale« Berufsleben zurückkehren. Lieber wird er Abstriche an seiner politischen Überzeugung hinnehmen, als die Konsequenz zu ziehen und der Politik als Beruf den Rücken zu kehren.

Die Fragwürdigkeit mancher politischen Entscheidungen resultiert nicht zuletzt daraus, daß die Verantwortlichen dafür jeden inneren Kontakt zur Welt der Arbeit verloren haben. Und auch die Tatsache, daß die Leistungsgesellschaft, für die sich die Deutschen noch immer halten, bereits mehr in der Einbildung als in der Wirklichkeit besteht, ist nicht zuletzt darin begründet, daß viele Leute, die an der politischen Spitze dieser Gesellschaft stehen, nicht mehr wirklich nachvollziehen können, was des kleinen Mannes Arbeit im Büro und am Fließband ist.

Der wuchernde Bürokratismus

Die personelle Entwicklung des öffentlichen Dienstes – eine traurige Bestandsaufnahme · Der höhere Dienst wachse, blühe und gedeihe · Fürstlich bezahlte Unproduktivität – die Beamtenbesoldung · Privilegien an allen Ecken und Enden · Instanzen, nichts als Instanzen · Karriere per Alter oder Parteibuch · Der deutsche Beamte – noch schlechter als sein Ruf?

Wie sich meine Frau einen Beamten denkt

Ein Beamter lebt lange.
Solange er lebt, hat er ein auskömmliches Gehalt.
Ist er krank, wird er vertreten. Je öfter, desto besser.
Badereisen sind garantiert.
Arbeit Schimäre.
Fehler sind gleichgültig, solange nur nach außen hin die eigene und des Standes Unfehlbarkeit gewahrt bleibt.

(Theodor Fontane)

Die personelle Entwicklung des öffentlichen Dienstes – eine traurige Bestandsaufnahme

Die Beamten genießen in Deutschland keinen sonderlich guten Ruf. Das Bild, das man sich im allgemeinen von ihnen macht, nähert sich, wie ein schriftstellernder Beamter selbst festgestellt hat[1], zunehmend einer Karikatur, so daß »schon längst kaum noch ein Beamter stolz darauf ist, der Allgemeinheit und nicht einem privaten Arbeitgeber zu dienen«. Und wenn man einer von Peter R. Hoffstädter und Werner H. Tack im Jahre 1963 durchgeführten sozialpsychologischen Untersuchung glauben darf, dann zeichnet sich ein Beamter in den Augen der Deutschen vor allem durch Müdigkeit, Mißmut, Starrheit und Passivität aus.

Jeder, der jemals mit Beamten zu tun hatte – und wer hat das nicht –, weiß, daß dieses Bild zutrifft – und auch wieder nicht. Auf allen Ebenen der staatlichen und kommunalen Verwaltung gibt es Beamte, die aktiv, Könner ihres Fachs und in ihrem bürokratischen Denken und Handeln alles andere als das sind, was sich die Deutschen unter einem Beamten vorzustellen pflegen. Aber so wenig sie selbst von der weit verbreiteten Geringschätzung der Beamten verschont bleiben, so wenig vermögen ihre unbestreitbare Tüchtigkeit und das Ansehen, das sie persönlich genießen, das allgemeine Urteil über die Beamten zu beeinflussen.

Wir werden sehen, daß dieses Urteil, mehr oder weniger negativ und nur selten positiv, nicht von ungefähr kommt. Der schlechte Ruf, in dem der Beamte und mit ihm zusammen die ganze staatliche Bürokratie stehen, hat seine Gründe. Um so erstaunlicher ist die Gelassenheit, mit der die Deutschen die ständige Vergrößerung der von ihnen so wenig geschätzten Verwaltungsapparate hinnehmen, und um so unverständlicher ist es, daß ausgerechnet dieser gesellschaftlichen Gruppe Privilegien gestattet werden, wie sie keine andere in der Bundesrepublik genießt. Die Masse der Bundesrepublikaner empfindet zwar starke Ressentiments gegenüber der staatlichen Büro-

1 Frieder Lauxmann, »Die kranke Hierarchie«. Stuttgart 1971.

kratie und ihren Trägern. Sie macht sich aber offenbar weder konkrete Vorstellungen über das Mißverhältnis, das sich zwischen Volumen und Leistungsfähigkeit der öffentlichen Dienste entwickelt hat, noch ist sie sich des Umfangs der Privilegien bewußt, die den Beamtenstand weit über die übrige arbeitende Bevölkerung hinausheben.

Die Beamten selbst sind natürlich die letzten, die an einer Klärung dieser Dinge interessiert sind, und viele von ihnen mögen sogar davon überzeugt sein, daß die Verhältnisse so, wie sie sind, richtig sind. Ihre Wortführer verstehen es jedenfalls meisterhaft, alles, was den Unfug der aufgeblähten Verwaltungsapparate oder den sozialen Sonderstatus der Beamten ins rechte Licht rücken könnte, zu bagatellisieren oder zu verschleiern, und sie sind auch wahre Meister darin, die unbestreitbaren Vorteile, die ihre Schützlinge genießen, vornehm zu verschweigen und die angeblichen Nachteile, unter denen sie zu leiden haben, um so nachdrücklicher in den Mittelpunkt des allgemeinen Interesses zu stellen. Man könnte das Geschick, mit dem sie dabei verfahren, respektieren, ginge es nicht um Fehlentwicklungen, die in krassem Widerspruch zu den Prinzipien stehen, auf denen unsere Gesellschaft aufgebaut ist, Fehlentwicklungen, die in immer stärkerem Maß die Produktivität unserer Volkswirtschaft beeinträchtigen und das soziale Gleichgewicht unserer Gesellschaft gefährden.

Im öffentlichen Dienst waren im Jahre 1955 2,4 Millionen, im Jahre 1960 2,6 Millionen und im Jahre 1970 3 Millionen Beamte, Angestellte und Arbeiter beschäftigt. Gegenüber den 20 Prozent, um die der Personalstand in Bund, Ländern und Gemeinden allein zwischen 1960 und 1970 gewachsen ist, nehmen sich die 7 Prozent, um die im gleichen Zeitraum die Zahl der in der gesamten deutschen Industrie beschäftigten Arbeiter und Angestellten zugenommen hat, mehr als bescheiden aus. Das Mißverhältnis tritt noch krasser zutage, wenn man den Vergleich auf Bund und Länder beschränkt oder sich ansieht, wie sich – im Vergleich zu einzelnen Industriebranchen – der Personalstand in den einzelnen Länderverwaltungen vergrößert hat.

Entwicklung des Personalstandes 1960–1970 in Prozent

Öffentlicher Dienst	
Baden-Württemberg	+ 50
Schleswig-Holstein	+ 42
Hessen	+ 49
Niedersachsen	+ 32
Bayern	+ 29
Nordrhein-Westfalen	+ 49
Industrie	
Gesamte Industrie	+ 7
Eisen- und Stahlindustrie	− 6
Maschinenbau	+ 12
Fahrzeugbau	+ 48
Elektrotechnik	+ 22
Chemie	+ 22

Quelle: Eigene Berechnungen und Statistisches Bundesamt

Man muß sich außerdem folgendes klarmachen: In den zehn Jahren, in denen sich die industrielle Belegschaft um die erwähnten sieben Prozent vergrößerte, wuchs die Industrieproduktion in der Bundesrepublik um 77 Prozent, erhöhte sich, bei einer Zunahme der Belegschaft um 12 Prozent, die Erzeugung des Maschinenbaus um 50 Prozent, wurde mit einer um jeweils 22 Prozent größeren Belegschaft die Produktion in der elektrotechnischen Industrie auf das Zweifache, und die chemische Produktion um 170 Prozent gesteigert. In der Eisen- und Stahlindustrie, die ihren Ausstoß um rund 40 Prozent erhöhte, ging die Zahl der Beschäftigten sogar zurück. Das ergab Produktivitätssteigerungen, die im allgemeinen zwischen 40 und 60 Prozent liegen, mitunter aber auch, wie in der Chemie, fast 100 Prozent erreichen.

Es liegt in der Natur der Sache, daß Produktivitätsfortschritte ähnlichen Formats in der öffentlichen Verwaltung nicht zu verwirklichen sind, auch wenn es gelänge, alle gegebenen Rationalisierungsmöglichkeiten auszuschöpfen. Nun war andererseits aber auch der öffentliche Dienst im Jahre 1960 personell sicher nicht unterbesetzt. Selbst wenn man daher von der Annahme ausgeht, daß die Effizienz der Verwaltungstätigkeit unverändert geblieben ist – und der öffentlichen Verwaltung daraus gar keinen Vorwurf macht –, wäre jede Vermehrung des staatlichen Personals nur dann gerechtfertigt, wenn von der staatlichen Verwaltung neue, das heißt zusätzliche Aufgaben übernommen würden.

Vergleicht man die Geschäftsverteilungspläne der Ministerien aus dem Jahre 1960 mit denen des Jahres 1970, so findet man allerdings wenig, was auf eine solche rein quantitative Ausweitung der staatlichen Aufgaben hinweisen würde. Von den Ländern zum Beispiel sind im Gegenteil eher Aufgaben abgegeben worden. Die tatsächlichen, wenn auch nicht immer rein formellen Kompetenzen haben sich vor allem in den Fällen nach Bonn verlagert, in denen die zur Durchführung bestimmter Aufgaben erforderlichen finanziellen Mittel die Finanzkraft der Länder überstiegen. In welchem Grad die Landesverwaltungen an Bedeutung verloren haben, drückt sich allein schon in den 16 Änderungen des Grundgesetzes aus, durch die seit 1949 legislative Landesbefugnisse auf den Bund übertragen worden sind und die dazu geführt haben, daß die Länderbürokratien in vielen Bereichen keine echten Aufgaben mehr haben und zu Scheintätigkeiten verurteilt sind. Einige Länderministerien, wie zum Beispiel die Wirtschafts- und Verkehrsministerien, sind weitgehend überflüssig geworden und fungieren zum großen Teil nur noch als Briefträger zwischen Bonn und den ihnen unterstellten Mittelbehörden. Die Bundesbehörden wurden zwar im Zuge dieser Entwicklung größeren Anforderungen gegenübergestellt, und einige von ihnen müssen sich seit einiger Zeit auch intensiver als zu Anfang der 60er Jahre Aufgaben widmen, deren Bedeutung für das Gemeinwohl man früher unterschätzt hatte oder die aus anderen Gründen vernachlässigt worden sind. Die personelle Ausweitung der Bundesbehörden geht jedoch weit über den sachlich bedingten Bedarf hinaus. Dies beweist allein schon die Tatsache, daß gerade diejenigen Ressorts, deren Aufgabenkreise sich tatsächlich vergrößert haben, wie der Verkehrs- und Nachrichtenbereich, personell am schwächsten gewachsen sind oder sogar, wie der Finanzbereich, einen Personalrückgang aufweisen. Auch beim Bund, das läßt sich eindeutig feststellen, steht daher das Personal, das im Laufe der letzten Jahre neu eingestellt wurde, in keinem Verhältnis zu den Aufgaben, die zusätzlich übernommen wurden.

Personalzuwachs innerhalb einzelner Ressorts der Bundesverwaltung

	1960	1970
Pol. Führung	13 891	18 910
Innere Verwaltung	3 751	4 810
Fin. Verwaltung	48 014	43 328
Auswärtige Angelegenheiten	4 442	4 970
Verteidigung	85 506	171 307
Öffentliche Sicherheit	3 577	4 720
Rechtsschutz	1 164	1 661
Verkehr und Nachrichten	22 807	23 491

Quelle: Wirtschaft und Statistik, Heft 5/71

Eine ähnliche Entwicklung wie bei Bund und Ländern hat sich bei den Gemeinden vollzogen. Das vollbeschäftigte Gemeindepersonal[1] ist von 646 000 Personen im Jahre 1961 auf 780 000 Personen im Jahre 1971, das heißt um rund 20 Prozent gestiegen. Noch stärker als die Zahl der Vollbeschäftigten hat die Zahl der Teilzeitbeschäftigten, nämlich von 56 000 auf 123 000, zugenommen. Da die Teilzeitbeschäftigten im allgemeinen mindestens 20 Wochenstunden arbeiten, können sie mit einem Gewicht von 50 Prozent der Zahl der Vollbeschäftigten zugezählt werden. Faktisch ist daher der Personalstand der Gemeinden in knapp zehn Jahren von rund 670 000 Personen auf rund 840 000, das heißt um ein Viertel, gewachsen. Das Verwaltungspersonal erhöhte sich dabei um 31 Prozent, während in den Wirtschaftsunternehmen der Gemeinden im Jahre 1971 um 27 Prozent weniger Personen beschäftigt waren als zehn Jahre zuvor[2]. Der Anteil des Verwaltungspersonals am gesamten Ge-

1 Zur Vermeidung von Mißverständnissen muß hier festgehalten werden, daß der Ausdruck »vollbeschäftigt« ein statistischer Terminus ist. Er besagt nur, daß die Leute, die unter diesen Begriff fallen, eine bestimmte Anzahl von Stunden in ihren Büros verbringen. Er besagt natürlich nicht, daß sie dort auch wirklich »vollbeschäftigt« im eigentlichen Sinn des Wortes waren oder sind.

2 Dieser Rückgang der Beschäftigten in den Gemeindeunternehmen ist

meindepersonal ist auf diese Weise von 82 Prozent im Jahre 1961 auf rund 90 Prozent im Jahre 1971 gestiegen, wobei diese Vermehrung eindeutig weniger auf die wachsenden Aufgaben der Kommunen im Schul- und Sozialwesen, als vornehmlich auf eine hemmungslose Aufblähung des reinen Verwaltungsapparates zurückzuführen ist.

Der höhere Dienst wachse, blühe und gedeihe

Neben der gewaltigen zahlenmäßigen Ausweitung des öffentlichen Dienstes, die sich vor den Augen der Öffentlichkeit vollzieht, ist – von der gleichen Öffentlichkeit weithin unbemerkt – ein anderer Prozeß im Gange, der für die Entwicklung des öffentlichen Dienstes nicht minder charakteristisch, in seinen Auswirkungen vielleicht sogar noch gravierender ist. Dieser Prozeß besteht in der systematischen Anhebung des Stellenniveaus innerhalb der staatlichen Verwaltungen, in der ständigen Vermehrung von Dienstposten der höheren Besoldungsgruppen und in der damit verbundenen Höhereinstufung von zahlreichen Beamten und Angestellten des öffentlichen Dienstes. Was sich in dieser Hinsicht seit einigen Jahren in der bundesdeutschen Verwaltung abspielt, hat Formen angenommen, die man in einer Gesellschaft, die sich gerne als »informiert«, wenn nicht gar als »aufgeklärt« bezeichnet, nicht für möglich halten sollte. Es gibt in der Bundesrepublik auch kaum einen anderen mit dem Segen des Deutschen Bundestags und der deutschen Länderparlamente versehenen gesetzlichen Tatbestand, der ohne Rücksicht auf das allgemeine Interesse so kraß und unverhüllt den speziellen Interessen einer bestimmten gesellschaftlichen Gruppe dient.

Die Besoldungsordnung für Beamte kennt zwei große Besoldungsgruppen, die Gruppe der sogenannten festen Gehälter

allerdings nur zu einem Teil durch erfolgreiche Rationalisierungsmaßnahmen bedingt. Zum Teil geht er auf die fortlaufende Privatisierung von Versorgungs- und Verkehrsbetrieben sowie von Unternehmen der Land- und Forstwirtschaft zurück.

(»B«) und die Gruppe der sogenannten aufsteigenden Gehälter (»A«). Im Gegensatz zur Besoldungsgruppe B, wo die Gehälter der einzelnen Besoldungsstufen – wie der Name schon sagt – auf einen bestimmten Betrag fixiert sind, zeichnet sich die Besoldungsgruppe A dadurch aus, daß es innerhalb der einzelnen Besoldungsstufen noch eine Anzahl von Dienstaltersklassen gibt, in die man in einem zweijährigen Turnus automatisch vorrückt und die jeweils immer eine entsprechende Erhöhung des Gehalts bedeuten. Die Besoldungsgruppe A unterscheidet ferner zwischen dem höheren Dienst, der eine abgeschlossene Hochschulbildung voraussetzt und dessen Eingangsstufe der Regierungsrat, dessen Endstufe der Ministerialrat ist, dem gehobenen Dienst, der mit dem Inspektor beginnt und mit dem Amtsrat beziehungsweise Oberamtsrat endet, dem mittleren Dienst, der Assistenten und Sekretäre bis hin zum Hauptsekretär umfaßt, und schließlich dem einfachen Dienst, zu dem Amtsgehilfen und Amtsmeister gezählt werden. Die Besoldungsgruppe der festen Gehälter (»B«) ist den Spitzen der Bürokratie vorbehalten. Auf ihren untersten Stufen rangieren Abteilungspräsidenten und die leitenden Ministerialräte, auf ihren obersten die Ministerialdirektoren und Staatssekretäre. Die Intensität, mit der die Anhebung des Stellenniveaus betrieben wird, zeigt sich also einmal in dem Umfang, in dem Planstellen der Besoldungsgruppe B vermehrt, zum anderen in dem Ausmaß, in dem innerhalb der Besoldungsgruppe A neue Planstellen des höheren Dienstes geschaffen, und schließlich ganz allgemein in den Veränderungen, die innerhalb der einzelnen Dienstgruppen zugunsten der höheren Dienstränge vorgenommen werden.

Ein schönes Beispiel dafür, wie systematisch die Planstellen vornehmlich in den höheren und höchsten Besoldungsstufen vermehrt wurden, bietet das Bundesinnenministerium. Aus 18 Beamten, die dort im Jahre 1960 nach den Besoldungsgruppen B (Feste Gehälter) bezahlt wurden, waren 1970 79 geworden, die zudem wesentlich höhere Positionen einnahmen als ihre weniger zahlreichen Kollegen im Jahre 1960. 7 Planstellen der Besoldungsstufe 8 im Jahre 1960 haben sich zu 11 Planstellen

Die Entwicklung des öffentlichen Dienstes 1960–1970 (Beamte)

	Höherer Dienst			Gehobener Dienst			Mittlerer Dienst			Einfacher Dienst		
	1960	1970	± %	1960	1970	± %	1960	1970	± %	1960	1970	± %
Bundesministerien		3 222			3 501			1 355			1 053	
Baden-Württemberg	11 340	19 897	+ 75	32 918	42 037	+ 28	16 641	18 182	+ 9	1 055	881	− 16
Bayern	12 641	19 653	+ 55	40 480	52 466	+ 30	23 555	25 262	+ 7	2 433	2 983	+ 23
Hessen	7 022	15 131	+ 115	22 035	28 332	+ 29	8 123	10 410	+ 28	692	633	− 9
Nordrhein-Westfalen	17 562	45 879	+ 161	60 234	87 441	+ 45	34 206	23 909	− 30	1 219	998	− 18
Niedersachsen	7 687	14 821	+ 93	31 666	37 246	+ 18	15 973	16 589	+ 4	915	665	− 32
Schleswig-Holstein	2 905	8 131	+ 180	11 523	10 734	− 7	6 142	7 047	+ 15	419	154	− 63
Rheinland-Pfalz	4 291	9 659	+ 125	12 377	17 191	+ 39	8 017	8 625	+ 8	1 122	416	− 53

Quelle: Eigene Berechnungen

der Besoldungsstufe 9 im Jahre 1970, 9 Planstellen der Besoldungsstufe 5 zu 15 Planstellen der Besoldungsstufe 6 (Ministerialdirigenten) und einer Planstelle der Besoldungsstufe 7 ausgewachsen. Und offenkundig brauchen sich immer weniger Ministerialräte mit dem Rang eines »einfachen« Ministerialrats (Besoldungsstufe A 16) zu begnügen, und können sich immer mehr mit dem Rang und der Besoldung eines »leitenden« Ministerialrats (Besoldungsstufe B 3) schmücken. Im Jahre 1960 gab es im Bundesinnenministerium keinen einzigen, im Jahre 1970 dagegen 49 nach B 3 besoldete Ministerialräte[1].

Da alle anderen Bundesministerien in ihren Bemühungen um ein höheres Stellenniveau auch nicht weniger erfolgreich waren, ist es nicht weiter verwunderlich, daß die Zahl der hohen und höchsten Beamten in allen Bonner Ministerien zusammen von 420 im Jahre 1960 auf 923 im Jahre 1970 emporgeschnellt ist, sich also in knapp 10 Jahren mehr als verdoppelt hat.

Nicht viel anders sieht es in der Besoldungsgruppe A (Gleitende Gehälter) aus. Typisch dafür ist das Bundesministerium für Ernährung und Landwirtschaft, das im Jahre 1960 115 und im Jahre 1970 200 Beamte im höheren Dienst beschäftigte, während das Personal des gehobenen Dienstes nur von 143 auf 147 wuchs und der Personalstand im mittleren Dienst sogar von 49 auf 45 zurückging. Nicht weniger aufschlußreich ist auch die Entwicklung im Bundeswirtschaftsministerium, in dem es 1960 im höheren Dienst 206 und 1970 um fast zwei Drittel mehr, nämlich 347 Beamte gab, während die Planstellen des gehobenen Dienstes nur von 269 auf 292 und des mittleren Dienstes von 54 auf 62 zunahmen. Im Bundesverkehrsministerium hat sich die Anzahl der im höheren Dienst hingebungsvoll tätigen Beamten verdoppelt (von 123 auf 252), während die Zahl der niedrigeren und daher auch nicht so begehrten Chargen im

1 Im Jahre 1971 waren 50 Prozent, im Jahre 1972 bereits 75 Prozent aller Bonner Ministerialräte nicht mehr nach A 16, sondern nach B 3 eingestuft. Das ist für die Betroffenen recht erfreulich. Der Sprung von A 16 nach B 3 bringt nämlich jedem von ihnen bis zu 800 Mark im Monat mehr ein.

gehobenen und mittleren Dienst 1970 kaum größer war als 1960. Und auch im Bundesverteidigungsministerium hat sich das Stellenniveau beträchtlich gehoben (wir können also, was die Verteidigungskraft der Bundesrepublik anlangt, völlig beruhigt sein). Die Zahl der dem höheren Dienst zugeordneten Beamten ist hier von 329 im Jahre 1960 auf 520 im Jahre 1970 gestiegen, wobei vor allem die Planstellen der Regierungsdirektoren (Besoldungsstufe A 15) eklatant (von 52 auf 206) vermehrt wurden. Von diesen Regierungsdirektoren kann man überhaupt sagen, daß sie sich – nicht nur im Bundesverteidigungsministerium – vermehrten wie der Sand am Meer. Von ihnen gab es

	1960	1970
im Bundeskanzleramt	keinen	27
im Presse- und Informationsdienst der Bundesregierung	einen	24
im Bundesinnenministerium	14	94
im Bundesfinanzministerium	24	137
im Bundeswirtschaftsministerium	13	142
im Bundesernährungsministerium	2	75

Neben einem solchen Drang nach oben nimmt es sich geradezu bescheiden aus, wenn sich die Zahl der Regierungsdirektoren im Bundesarbeitsministerium (von 12 im Jahre 1960 auf 61 im Jahre 1970) nur verfünffacht und im Bundesministerium für Verkehr (von 29 auf 90) nur verdreifacht hat.

Die im Jahre 1971 durchgeführte Besoldungsanpassung zwischen Bund, Ländern und Gemeinden hat im übrigen dafür gesorgt, daß das Laufbahnkarussell nicht zum Stehen kam, sondern sich eher noch rascher drehte. Allein im Bereich der Bundesverwaltung wurden im Rahmen dieser Beoldungsanpassung auf einen Schlag nicht weniger als 25 000 Beamte befördert, rückten gleichzeitig 11 190 Polizeivollzugsbeamte und Grenzschützer sowie 8086 Berufs- und Zeitsoldaten in höhere Besoldungsgruppen ein. Viele von ihnen nahmen dabei gleich zwei Besoldungsstufen auf einmal.

Was dem Bund recht ist, scheint den Ländern billig, gleichgültig, ob sie von Christdemokraten oder von Sozialdemokraten regiert werden. So heftig sich die Parteien sonst bekämpfen mögen, wenn es darum geht, den Beamtenapparat zu vergrößern und die Zahl der Ministerialräte, Ministerialdirigenten und Ministerialdirektoren zu vervielfachen, herrscht zwischen ihnen eitel Harmonie.

In Nordrhein-Westfalen wurden die Planstellen in der Besoldungsgruppe B (Feste Gehälter) in der Zeit zwischen 1960 und 1970 von 117 auf 414, in Baden-Württemberg von 60 auf 181, in Bayern von 95 auf 338, in Schleswig-Holstein von 24 auf 97, in Hessen von 36 auf 107, in Rheinland-Pfalz von 41 auf 159, und in Niedersachsen von 86 auf 187 erhöht. Das entspricht Steigerungen um 200 bis 300 Prozent.

In der Besoldungsgruppe A (Gleitende Gehälter) zeichnen sich die gleichen Tendenzen ab, die wir schon auf Bundesebene kennengelernt haben. Die Planstellen im höheren Dienst nahmen unverhältnismäßig stärker (überwiegend um 100 bis 180 Prozent) zu als im gehobenen Dienst, wo sie um höchstens 45 Prozent, und im mittleren Dienst, wo sie um höchstens 28 Prozent wuchsen, während gleichzeitig der einfache Dienst, ausgenommen in Bayern, sichtbar zusammenschrumpfte, in Schleswig-Holstein gar gleich um mehr als die Hälfte. Ausgerechnet dieses Land, der ärmsten eines, brachte auch die kräftigste Aufblähung des höheren Dienstes zustande. Gegenüber 2905 Beamten im Jahre 1960 hatten dort 1970 fast dreimal soviel, nämlich 8131 Beamte Planstellen von Regierungsräten, Oberregierungsräten und Regierungsdirektoren inne. Daß ein wesentlich größeres und außerdem wesentlich reicheres Land wie Baden-Württemberg die Planstellen des höheren Dienstes »nur« um 75 Prozent vermehrte, beweist nicht nur die Unbekümmertheit, mit der das Stellenniveau ohne Rücksicht auf die eigene Finanzkraft angehoben wurde, es beweist auch, daß diese Anhebungen ohne Rücksicht auf den echten Bedarf an höher qualifizierten Kräften erfolgte. Da die Länderverwaltungen grundsätzlich vor die gleichen Aufgaben gestellt sind, müssen auch die Anforderungen an die Qualifikation der Beamten innerhalb der einzelnen Länder etwa die gleichen sein. Allein aus der Tatsache, daß in einem Land die Planstellen des höheren Dienstes auf das Dreifache, in einem anderen Land auf das Doppelte und in einem dritten um die Hälfte vermehrt wurden, kann daher geschlossen werden, daß die Schaffung neuer Planstellen vor allem in den höheren Besoldungsstufen wenig oder gar nichts mit einem sachlich notwendigen Mehrbedarf an höher qualifiziertem Personal zu tun hat.

Im Gegenteil. Für die Begutachtung und Bearbeitung komplizierter Sachfragen werden in steigendem Maße qualifizierte Fachleute von außen herangezogen. Nach Feststellung des baden-württembergischen Rechnungshofes hat zum Beispiel das Stuttgarter Kultusministerium im Jahre 1968 für Arbeitskreise, Gutachten, Modellstudien und Forschungsaufträge 1,738 Millionen Mark ausgegeben. Das entspricht 90 Prozent der Bezüge der höheren Beamten des Kultusministeriums. Der Rechnungshof monierte diese Ausgaben mit der Begründung, daß hier Aufträge vergeben worden seien, die ebensogut und ohne Mehrkosten im eigenen Hause hätten ausgeführt werden können. Diese Kritik ist um so berechtigter, wenn man an die enorme personelle Ausweitung gerade des höheren Dienstes denkt.

Es gibt aber auch noch einen weiteren eindrucksvollen Beweis dafür, daß die strukturellen Verbesserungen des Stellenkegels nicht aus sachlichen Gründen vorgenommen worden sind.

Wenn Führungsaufgaben und der Umfang dispositiver Tätigkeiten wachsen, dann werden nicht nur mehr Beamte gebraucht, die mit diesen Führungsaufgaben betraut werden können, sondern auch mehr Beamte, die in praktische Verwaltungsarbeit umsetzen müssen, was auf den Führungsebenen geplant und entschieden wird. Normalerweise hätte daher die enorme Ausweitung des höheren Dienstes auch eine Vergrößerung des gehobenen, mittleren und einfachen Dienstes zur Folge haben müssen. Wie wir gesehen haben, kann von einer solchen »entsprechenden« Entwicklung keine Rede sein. Das zahlenmäßige Verhältnis zwischen den einzelnen Diensten hat sich vielmehr im Laufe der letzten Jahre unübersehbar und in immer stärkerem Ausmaß zugunsten des höheren Dienstes verschoben. Während der Anteil der im höheren Dienst tätigen Beamten an der Gesamtzahl der Beamten seit 1960 in Schleswig-Holstein von 14 auf 31 Prozent, in Nordrhein-Westfalen von 16 auf 29, in Rheinland-Pfalz von 17 auf 27 und in Hessen von 19 auf 28 Prozent gestiegen ist, sank in Nordrhein-Westfalen der Anteil des mittleren Dienstes von 30 auf 15 Prozent, ging in Schleswig-Holstein der Anteil des gehobenen Dienstes von 55 auf 41 Prozent zurück. Die Folge davon ist, daß kein Mensch, wie in einer obersten Bundesbehörde leidvoll festgestellt wurde, »bemerkt, wenn drei oder vier Regierungsdirektoren aus irgendwelchen Gründen monatelang ausfallen«, daß aber das ganze Amt zu erlahmen droht, wenn ein einfacher Amtsbote eine Woche lang an Grippe erkrankt ist.

Die Anhebung des Stellenniveaus entpuppt sich damit im wesentlichen als ein ebenso wirksames wie probates Mittel, die Einkommen der öffentlichen Bediensteten aufzubessern, probat vor allem deshalb, weil sich auf diese Weise Gehaltserhöhungen, um die man sich sonst in der Öffentlichkeit lautstark herumschlagen müßte, klammheimlich und ohne jedes Aufsehen verwirklichen lassen. Man kann nach außen hin sogar den Eindruck maßvoller Bescheidenheit erwecken und sich mit relativ geringen linearen Einkommensverbesserungen zufriedengeben, weil man sicher sein kann, durch strukturelle Verbesserungen höhere Einkommenssteigerungen zu erreichen, die noch dazu der Öffentlichkeit verborgen bleiben.

Typisch dafür, wie Beamtengehälter hochgeschraubt werden, ohne daß es die Öffentlichkeit bemerkt, ist auch die sogenannte Ministerialzulage. Diese Ministerialzulage wurde bis 1971 allen jenen amtlichen Würdenträgern gewährt, die in Bundes- oder Länderministerien tätig waren. Sie war als Aufwandsentschädigung deklariert und damit steuerfrei. Als sich – erstaunlich genug – an dieser Steuerfreiheit immer heftigere Kritik regte, wurde sie Anfang 1972 in eine »nicht ruhegehaltsfähige Stellenzulage« umgewandelt. Zugleich mit der damit verbundenen Abschaffung der Steuerfreiheit wurden die Sätze jedoch derart erhöht, daß die Lohnsteuer, die jetzt bezahlt werden muß, mehr als kompensiert wird. In Baden-Württemberg beispielsweise, wo die Stellenzulage auf 12,5 Prozent bestimmter Endgrundgehälter festgesetzt worden ist, macht sie für einen nach A 11 besoldeten Regierungsamtmann brutto 224,– DM, unter Abzug der Steuer netto 163,– DM aus. Nach der alten Regelung hatte besagter Regierungsamtmann eine Ministerialzulage in Höhe von 105,– DM bezogen. Ein nach A 14 besoldeter Oberregierungsrat erhält heute eine Stellenzulage von netto 273,– DM (frühere Ministerialzulage: 125,– DM), ein B 3-Ministerialrat netto 279,– DM (frühere Ministerialzulage: 150,– DM) und ein Ministerialdirektor in der Besoldungsgruppe B 9 netto 373,– DM (frühere Ministerialzulage: 225,– DM). Für den Oberregierungsrat und den Ministerialrat bedeutet die mit Lohnsteuer belastete Stellenzulage also eine Verdoppelung der früher gewährten steuerfreien Ministerialzulage, und auch Amtmann und Ministerialdirektor erhalten nach der neuen Regelung um rund ein Drittel mehr als früher. Für einige Beamtenränge ergaben sich daraus praktisch Gehaltserhöhungen, die bis zu 7 Prozent ausmachten.

Die gleichen Tendenzen wie bei den Beamten sind bei den Angestellten des öffentlichen Dienstes festzustellen.

So gab es im Lande Nordrhein-Westfalen im Jahre 1960 46 außertarifliche Angestellte, 6 Angestellte in den beiden höchsten Vergütungsgruppen Ia und Ib und 206 Angestellte in den nachfolgenden Vergütungsgruppen IIa und IIb. Im Jahre 1970 hatten sich die außertariflichen Angestellten auf 115 vermehrt, waren aus den 6 Angestellten der Vergütungsgruppen Ia/Ib 138 und aus den 206 Angestellten der Vergütungsgruppen IIa/IIb 966 geworden. In Bayern schnellten die Planstellen in den Vergütungsgruppen Ia und Ib von 17 im Jahre 1960 auf 186 und in der Vergütungsgruppe II ebenso ungestüm von 248 auf 1169 hoch. In Rheinland-Pfalz wurden im gleichen Zeitraum aus 5 Planstellen der Vergütungsgruppe I immerhin 88, und aus 45 Planstellen der Vergütungsgruppe II 550. Nicht weniger kraß verlief die Entwicklung in Niedersachsen, wo sich die Zahl der Angestellten in den Vergütungsgruppen Ia/Ib von nur 6 im Jahre 1960 auf 81 im Jahre 1970, und in der Vergütungsgruppe II im gleichen Zeitraum von 187 auf 1066 erhöhte. Die Baden-Württemberger stehen ihnen darin nicht nach. Aus 9 Planstellen der Vergütungsgruppe I im Jahre 1960 machten sie 142 im Jahre 1970, und aus mageren 295 Planstellen der Vergütungsgruppe II, über die sie im Jahre 1960 verfügten, zauberten sie 1966 Planstellen im Jahre 1970. Keine Frage natürlich, daß sich in diesem Reigen auch Schleswig-Holstein nicht lumpen läßt, obwohl es, wie gesagt, zu den ärmeren Ländern gehört und sich seine finanzielle Großzügigkeit teilweise von anderen Ländern bezahlen lassen muß. Aus 9 Planstellen der Vergütungsgruppe I im Jahre 1960 wurden 52 im Jahre 1970, und die 46 Planstellen, die es 1960 in der Vergütungsgruppe II gab, wuchsen sich in den darauffolgenden 10 Jahren auf 342 aus.

In zunehmender Zahl werden dabei Leuten ohne jede Bewährung im öffentlichen Dienst, zum Teil sogar ohne jegliche Berufserfahrung Vergütungen eingeräumt, die weit über die Sätze des Bundesangestellten-Tarifvertrages hinausgehen. Was sich der Staat in dieser Beziehung alles erlauben kann, demonstrierte er im Jahre 1970. Bereits wenige Monate nach der Bildung der ersten sozial-liberalen Regierung gab es in den Bonner Ministerien 44 neubestallte Spitzenverdiener, von denen drei die Einkünfte eines Staatssekretärs bezogen, zwei auf das gleiche Einkommen wie die Präsidenten der obersten Bundesgerichte kamen, drei die Bezüge eines Ministerialdirektors und fünf die Bezüge eines Ministerialdirigenten erhielten. Selbst der am schlechtesten honorierte Newcomer brachte es auf ein ebenso hohes Gehalt wie der Präsident einer Mittelbehörde. Der Bundesrechnungshof monierte zwar (im Jahre 1970), daß es aus tarifpolitischer Sicht nicht vertretbar sei, jüngeren Angestellten Vergütungen in derartiger Höhe zuzugestehen, da es der praktischen Lebenserfahrung widerspreche, daß diese Kräfte vom ersten Tag an leisten könnten, »wofür in der Regel ein abgeschlossenes Hochschulstudium, ein mehrjähriger Vorbereitungsdienst und eine angemessen lange Berufserfahrung Voraussetzungen seien«. Aber diese Mahnung kam nicht nur zu spät, um an den einmal geschaffenen Tatsachen etwas zu ändern, sie hätte vermutlich auch nichts geändert, wenn sie rechtzeitig gekommen wäre. Die Umstufungen in höhere Vergütungsgruppen waren ja keine Ausnahmefälle, sondern Ausdruck einer Entwicklung, die für den öffentlichen Dienst in der Bundesrepublik charakteristisch ist.

Hand in Hand mit der Ausweitung der höheren Vergütungsgruppen ging auch im Angestelltentarif eine Verringerung der Planstellen in den mittleren und niedrigen Vergütungsgruppen. Die Bayern setzten die 2379 Planstellen in den Vergütungsgruppen IX/X, die sie noch im Jahre 1960 hatten, bis zum Jahre 1970 auf 981 herab, die Hessen waren nicht weniger behende und verminderten die Planstellen in der Vergütungsgruppe IX von 939 im Jahre 1960 auf 242 im Jahre 1970, die Niedersachsen taten's ihnen mit einer Reduzierung von 1190 auf 542 Planstellen nach und auch in Schleswig-Holstein ließ man es nicht an der gewohnten Gründlichkeit fehlen. In der Zeit von 1960 bis 1970 sank dort die Zahl der Angestellten in der Vergütungsgruppe VIII von 2086 auf 1295, in der Vergütungsgruppe IX von 566 auf 381.

Die Kommunalverwaltung paßte sich den großen Vorbildern an. Im Jahre 1960 waren 12 Prozent aller Gemeindebeamten und -angestellten im einfachen Dienst, 59 Prozent im mittleren Dienst und 22 Prozent im gehobenen Dienst beschäftigt. Innerhalb von 10 Jahren sank die Zahl der im einfachen Dienst beschäftigten Beamten und Angestellten um gut ein Viertel, während das Personal des höheren Dienstes um 42 Prozent und des gehobenen Dienstes um 39 Prozent zunahm. Der Anteil des einfachen Dienstes an der Gesamtzahl der Beamten und Angestellten ist auf diese Weise von 12 Prozent im Jahre 1960 auf 7 Prozent im Jahre 1970 zurückgegangen, der Anteil des höheren Dienstes in der gleichen Zeit von 5 auf 7 Prozent gestiegen.

Fürstlich bezahlte Unproduktivität – die Beamtenbesoldung

Was diese Entwicklung die Bundesrepublikaner kostet, hat ungeahnte Dimensionen angenommen.

Im Jahre 1960 machten die gesamten Personalausgaben des Bundes, der Länder und der Gemeinden 12,2 Milliarden Mark aus; hinzu kamen 2,2 Milliarden Mark an Versorgungsbezügen. Im gleichen Jahr nahmen Bund und Länder 8 Milliarden Mark an Lohnsteuern und 9 Milliarden Mark an Einkommensteuern, zusammen 17 Milliarden Mark, ein. Das heißt, daß rund 80 Prozent aller an den Fiskus abgeführten Lohn- und Einkommensteuern dazu verwandt werden mußten, um die Beamten und übrigen Angehörigen des öffentlichen Dienstes zu bezahlen.

Im Jahre 1970 waren die Personalausgaben des Bundes und der Länder auf 46,8 Milliarden Mark, die der Gemeinden auf 14,6 Milliarden Mark gestiegen. Im gleichen Jahr betrugen die staatlichen Einnahmen aus der Lohnsteuer 35,1 Milliarden Mark und aus der Einkommensteuer 26,7 Milliarden Mark, zusammen 61,8 Milliarden Mark. Was alle Selbständigen, Angestellten und Arbeiter in Industrie und Handel, in Banken und Versicherungen, in Handwerk und Dienstleistungsbetrieben an Lohn- und Einkommensteuer aufbrachten, reichte also gerade aus, um die Besoldung der Beamten und anderen Staatsdiener zu finanzieren.

Personalausgaben	1960 Mio DM	1970 Mio DM	Veränderung in %
Nordrhein-Westfalen	2 294	6 678	+ 191
Bayern	1 640	3 523	+ 115
Niedersachsen	1 237	3 458	+ 180
Hessen	884	2 333	+ 164
Schleswig-Holstein	469	1 264	+ 170
Rheinland-Pfalz	550	1 839	+ 234
Baden-Württemberg	1 409	4 242	+ 201

Quelle: Eigene Berechnungen

Der Anteil des Personalaufwandes an den gesamten Staatsausgaben liegt in Hessen und Nordrhein-Westfalen mit 35 bis 37 Prozent noch am niedrigsten; er erreicht in Baden-Württemberg 39, in Bayern 40 und in Niedersachsen 42 Prozent, und er steigt in Rheinland-Pfalz auf 48 Prozent. Auf die gleiche Höhe kommen 1973 die Personalkosten des Stadtstaates Hamburg.

Diese explosionsartige Zunahme der Personalausgaben schaffte, wie es der Sachverständigenrat in seinem Bericht 1972 wissenschaftlich ausdrückte, »Anpassungszwänge im Gefüge des Staates, die dazu führen, daß andere Staatsausgaben zurückstehen müssen«. Weniger wissenschaftlich, aber vielleicht klarer ausgedrückt heißt das, daß der Staat so viel Geld für die Bezahlung seiner Bediensteten braucht, daß ihm für Sachausgaben weniger Geld übrigbleibt. Tatsächlich war in den letzten 10 Jahren das überproportionale Wachstum der Personalausgaben von einer relativen Abnahme der öffentlichen Investitionen begleitet. Zwischen Personal- und Sachausgaben entstand dadurch ein groteskes Mißverhältnis. So entspricht zum Beispiel der Betrag von 4,6 Milliarden Mark, den der Bund im Jahre 1970 für die Besoldung seiner Beamten benötigte, etwa dem Zuschuß, den sämtliche Krankenhäuser der Bundesrepublik von staatlicher Seite erhielten. Für den Bau von Autobahnen wurde im ganzen Bundesgebiet weniger Geld aufgewandt, als für die Bezahlung der bayerischen Beamten, und die Besoldung der Beamten in Baden-Württemberg, Hessen und Niedersachsen kostet die Bundesbürger fast ebensoviel wie die gesamte Kriegsopferversorgung.

Für die kommunale Selbstverwaltung hatte der ungehemmte Auftrieb der Personalkosten besondere Folgen. Die Personalausgaben der Gemeinden stiegen während der letzten 10 Jahre jährlich um durchschnittlich 10 Prozent, während die Steuereinnahmen der Gemeinden lediglich um 6,5 Prozent jährlich zunahmen. Gegenüber 65 Prozent im Jahre 1961 mußten 10 Jahre später 93 Prozent aller Kommunalsteuern zur Deckung der Personalausgaben verwendet werden. Die Steuermehreinnahmen von 1967 bis 1971 reichten nicht mehr aus, um die Steigerung der Personalkosten wettzumachen, und im Jahre 1972 hat der ungehemmte Auftrieb der Personalkosten dazu geführt, daß die Haushalte zahlreicher Städte trotz Sparmaßnahmen und der Erhöhung von Realsteuern und Gebühren nicht mehr ausgeglichen werden konnten. 1973 werden die gesamten Steuereinnahmen der Gemeinden nur noch knapp die Personalkosten der Gemeinden decken. Für Investitionen bleibt den Städten und Gemeinden so wenig übrig, daß die kommunalen Aufgaben, die sie aus eigenen Mitteln finanzieren können, kaum noch von Bedeutung sind. Die kommunale Selbstverwaltung kann damit ohne fremde Hilfe von Bund, Land und Banken ihre eigentlichen Aufgaben überhaupt nicht mehr erfüllen. Sie hat sich praktisch selbst lahmgelegt.

Angesichts der enormen Personalausgaben des öffentlichen Dienstes entpuppt sich auch die immer wieder in die Welt gesetzte Behauptung vom Besoldungsrückstand der Beamten als bloßes Schlagwort der Beamtenlobby. Noch im Jahre 1969 hatte der Vorsitzende des Deutschen Beamtenbundes, Walter Krause, diesen Rückstand gegenüber der allgemeinen Einkommensentwicklung in der Bundesrepublik auf 17,2 Prozent beziffert, und Ende 1970 hatte der Deutsche Beamtenbund gar einen Rückstand von 20 Prozent errechnet.

Der Frage, was daran Dichtung und was Wahrheit ist, rückte im Auftrag des Bundesinnenministeriums die Deutsche Revisions- und Treuhand AG (Treuarbeit) zu Leibe, indem sie

1. die Entwicklung der Beamtenbesoldung und der Gehälter in der privaten Wirtschaft von 1957 bis 1970 generell verglich und
2. einen Niveauvergleich vergleichbarer Tätigkeiten im öffentlichen Dienst und in der privaten Wirtschaft anstellte.

Weder nach der einen noch nach der anderen Methode ließen sich Besoldungsrückstände der Beamten ermitteln. Nicht nur hat die Verdienstentwicklung der Beamten mit der Verdienstentwicklung von Angestellten in der Privatwirtschaft mehr als Schritt gehalten, wie das Gutachten der Treuarbeit ans Tageslicht brachte, es werden auch in der weit überwiegenden Anzahl der untersuchten Tätigkeiten die Beamten in dem gleichen Rahmen besoldet, wie in der privaten Wirtschaft. Die Treuarbeit kam daher auch zu dem klaren Befund, daß sich »Anzeichen für einen allgemeinen Rückstand der Beamtengehälter gegenüber den Bezügen in der Wirtschaft nicht erkennen lassen«.

Der Deutsche Beamtenbund zögerte nicht, dieses Gutachten unverzüglich in Grund und Boden zu verdammen. Die von der Treuarbeit angestellten Pauschalvergleiche zwischen der Einkommensentwicklung im öffentlichen Dienst und der allgemeinen Einkommensentwicklung wurden, wo sie gegen die Beamten sprachen, mit der Begründung abgelehnt, daß solche pauschalen Vergleiche von vornherein unzutreffend seien, da nur differenziertere Methoden zum Ziele führen könnten. Gleichzeitig wurden aber auch diese differenzierteren Methoden in Frage gestellt, indem die Vergleichbarkeit bestimmter Beamtengruppen mit bestimmten Arbeitnehmergruppen in der privaten Wirtschaft bestritten wurde. An einer Klärung der umstrittenen Frage offensichtlich nicht interessiert, folgte man damit einem Brauch, der in solchen Fällen gern geübt wird und erfahrungsgemäß auch oft Erfolg hat. Man lenkt zunächst die Aufmerksamkeit des Betrachters von wesentlichen Gesichtspunkten auf Nebensächlichkeiten ab und versucht dann auf jede nur denkbare Weise die einfachsten Tatbestände so lange und so gründlich zu komplizieren, bis keiner mehr den Wald vor lauter Bäumen sieht[1].

So hätte es gar nicht erst des Gutachtens der Treuarbeit bedurft, um die Frage nach dem angeblichen Besoldungsrückstand der Beamten klipp und klar zu beantworten. Man braucht nur, wie es in der folgenden Übersicht geschehen ist, die durchschnittlichen Beamtengehälter mit dem Durchschnittseinkom-

1 Die Brüsseler Euro-Bürokraten verstehen es noch besser als der Deutsche Beamtenbund. Sie haben u. a. erreicht, daß jedem Angehörigen der Europabehörden für jedes EWG-Dienstjahr je nach Höhe des Gehalts eine Prämie gezahlt wird, die z. B. für eine Sekretärin, also eine relativ weniger gut honorierte Kraft, nach 10 EWG-Jahren rund 20 000 DM beträgt. Wenn dem Deutschen Beamtenbund nichts mehr einfällt, wodurch im Rahmen der deutschen Gesetze die deutschen Beamtengehälter hochgeschaukelt werden können, sollte er sich daran ein Beispiel nehmen.

men der technischen und kaufmännischen Angestellten in der privaten Wirtschaft zu vergleichen, um zu erkennen, daß das Gehaltsniveau der Beamten nicht niedriger, sondern höher als das der Angestellten in der Privatwirtschaft ist. Es bereitet

Das Einkommen der Beamten im Vergleich zu den Gehältern in der privaten Wirtschaft (jeweils Jahresbezüge im Jahre 1970)

	Beamte DM	Landes-bedienstete DM	im Vergleich dazu: kaufm. und techn. Angestellte DM
Schleswig-Holstein	24 163	21 593	13 632
Niedersachsen	22 222	19 533	14 772
Nordrhein-Westfalen	21 852	21 030	15 576
Hessen	21 331	20 319	15 612
Baden-Württemberg	23 979	19 595	15 552
Bayern	20 937	17 695	14 388

Quelle: Eigene Berechnungen

auch keine sonderlichen Schwierigkeiten festzustellen, daß die Beamtengehälter in den letzten zehn Jahren keineswegs langsamer gewachsen sind als die Gehälter in der privaten Wirtschaft. Gegenüber 9,6 Prozent in der Gesamtwirtschaft ist nämlich das Bruttoeinkommen der Beschäftigten im öffentlichen Dienst, wie ein so unverdächtiger Zeuge wie die Deutsche Bundesbank bestätigte, seit 1960 um 11,6 Prozent jährlich gestiegen. Und man muß auch nicht Wirtschaftswissenschaften studiert haben, um aus einem Vergleich der Einkommensstrukturen die richtigen Schlüsse zu ziehen. Wenn 1971 4 Prozent der Beamten und 10 Prozent der Angestellten weniger als 600 Mark netto im Monat verdienten, und gleichzeitig 15 Prozent der Beamten und nur 11 Prozent der Angestellten auf ein monatliches Nettogehalt von mehr als 1800 Mark kamen, dann ist auch auf diese Weise eindeutig bewiesen, daß das Pro-Kopf-Einkommen im öffentlichen Dienst höher ist als das Pro-Kopf-Einkommen in der privaten Wirtschaft.

Die Einkommensstruktur der Beamten im Vergleich zu der Einkommensstruktur in der privaten Wirtschaft (April 1971)

Es verdienten netto	bis 600 DM %	600 bis 1200 DM %	1200 bis 1800 DM %	1800 DM und mehr %
		insgesamt		
Selbständige	13,5	36,1	21,6	28,8
Beamte	3,8	51,0	31,8	13,4
Angestellte	28,4	49,8	16,0	5,8
Arbeiter	35,5	61,8	2,6	0,1
		männlich		
Selbständige	7,3	35,4	24,1	33,2
Beamte	3,2	50,9	31,2	14,7
Angestellte	9,6	51,7	27,9	10,8
Arbeiter	17,9	78,4	3,6	0,1

Quelle: Wirtschaft und Statistik, Heft 3/71

Privilegien an allen Ecken und Enden

Ergibt sich also schon aus dem Einkommensvergleich, daß die Beamten keineswegs schlechter, sondern sogar besser gestellt sind, so verschiebt sich das Bild noch eindeutiger zugunsten der Beamten, wenn die mannigfachen Vorteile ins Kalkül gezogen werden, die untrennbar mit dem Beamtendasein – und nur mit ihm – verbunden sind.

Der Kölner Versicherungsmathematiker Dr. Georg Heubeck hat berechnet, wieviel ein leitender Angestellter von seinem Gehalt abzweigen müßte, um sich eine beamtenähnliche Altersversorgung zu sichern. Hätte beispielsweise ein Angestellter, der etwa soviel verdient wie ein Ministerialdirigent, den – vermessenen – Wunsch, auch ein gleich hohes Ruhegeld wie dieser Ministerialdirigent zu beziehen, dann müßte er dafür 47 Prozent seines Gehaltes, derzeit monatlich 2430 Mark aufbringen. Und um in den Genuß einer Rente zu kommen, die der Pension eines Beamten in der letzten Dienstaltersstufe eines Regierungsdirektors entspricht, müßte ein Angestellter in der privaten Wirtschaft monatlich mindestens 1300 Mark abzweigen[1]. Anders ausgedrückt: ein Angestellter in der Privatwirtschaft müßte, je nach Lebensalter, ein um 10 bis 65 Prozent höheres Bruttoeinkommen haben, wenn er unter sonst gleichen Voraussetzungen in die Lage versetzt werden wollte, sich eine der Beamtenpension vergleichbare Altersversorgung zu sichern. Oder noch anders gesagt: ein Beamter verdient heute, allein unter Berücksichtigung der in seine Altersversorgung fließenden finanziellen Mittel, um ein Viertel bis um die Hälfte mehr als ein Angestellter der privaten Wirtschaft, der rein nominell das gleiche Gehalt hat wie er.

Nicht weniger bevorzugt ist der Beamte in der Krankenversicherung.

Der Staat deckt die Krankheitskosten seiner Beamten weitgehend durch sogenannte Beihilfen aus Haushaltsmitteln ab. Er verfährt dabei nicht kleinlich. So gaben im Jahre 1970 der Bund 220 Millionen Mark, Nordrhein-Westfalen 201 Millionen Mark, Baden-Württemberg 97 Millionen Mark, Niedersachsen 68 Millionen Mark, Hessen 52 Millionen Mark und Schleswig-Holstein 27 Millionen Mark für ihre Beamten an Beihilfen zur Deckung von Krankheitskosten aus. Auf jeden Beamtenhaushalt entfielen damit durchschnittlich 1000 Mark[2].

In dem gleichen Jahr, in dem der Staat bei einem Personalstand von 700 000 Beamten rund 700 Millionen Mark an Beihilfen zahlte, machten die Versicherungsleistungen der privaten Krankenversicherungen mit rund 5,9 Millionen Versicherten 2,7 Milliarden Mark, und die Versicherungsleistungen der gesetzlichen Krankenversicherungen mit rund 23 Millionen Mitgliedern etwa 23 Milliarden Mark aus. Die privaten Krankenversicherungen kassierten von ihren Versicherungsnehmern Prämien in Höhe von 4,1 Milliarden Mark, die gesetzlichen Krankenversicherungen von ihren Mitgliedern Beiträge in Höhe von 24 Milliarden Mark, davon 12 Milliarden Mark von

1 Der Berechnung wurde in beiden Fällen ein Diensteintrittsalter von 30 Jahren zugrunde gelegt.

2 Die genauen Zahlen für die einzelnen Länder lauten: Nordrhein-Westfalen 1182 DM, Hessen 1127 DM, Schleswig-Holstein 1000 DM, Niedersachsen 958 DM, Baden-Württemberg 858 DM.

den Arbeitnehmern selbst. Auf je 450 Mark Versicherungsleistung der privaten Krankenversicherung entfielen damit je Versicherungsnehmer 700 Mark an Prämienzahlungen, auf je 1000 Mark Versicherungsleistung der gesetzlichen Krankenversicherungen je Mitglied 1072 Mark an Beitragszahlungen. Die Prämien für die privaten Krankenversicherungen werden von den Versicherungsnehmern ganz, die Beiträge für die gesetzlichen Krankenversicherungen von den Arbeitnehmern zur Hälfte aus der eigenen Tasche bezahlt. Zu den Beihilfen, die der Staat in Krankheitsfällen gewährt, braucht kein Beamter auch nur einen Pfennig beizusteuern.

Im Vergleich zu diesen Vergünstigungen fällt die Tatsache, daß Beamte vom Staat bereits für das erste, alle übrigen Arbeitnehmer erst für das dritte Kind Kindergeld erhalten, kaum noch auf. Und man scheut sich fast, in diesem Zusammenhang auch noch vom Deutschen Beamtenwirtschaftsring zu sprechen, obwohl auch er eine sichtbare Bevorzugung der Beamten darstellt. Dieser Wirtschaftsring, dessen Träger der Deutsche Gewerkschaftsbund und der Deutsche Beamtenbund sind, und dem heute 7 Beamtenbanken, 18 Versicherungsgesellschaften, das Beamtenheimstättenwerk[1], die Horten AG mit ihren Verkaufsfilialen Defaka und Merkur, das Beamtenhilfswerk mit 600 angeschlossenen Firmen des Groß- und Einzelhandels sowie zwei Autoclubs angehören, wurde 1951 als Selbsthilfeeinrichtung der Beamtenschaften gegründet, weil die Beamten, wie es hieß, damals »nur geringfügig und zögernd am steigenden Lebensstandard in der Bundesrepublik teilnahmen«. Obwohl davon schon lange nicht mehr die Rede sein kann, dient der Beamtenwirtschaftsring auch heute noch treu und unentwegt dem Ziel, die Lebenshaltung der Beamten und sonstigen öffentlichen Bediensteten auf jede nur denkbare Weise zu verbilligen, verschafft er den Beamten, angefangen von »tragbaren« Zins-

1 Die Beamtenheimstättenwerk gemeinnützige Bausparkasse für den öffentlichen Dienst GmbH verwaltete Mitte 1972 rd. 1,5 Millionen Verträge mit einer Bausparsumme von 240 Milliarden DM. Sie erbrachte rd. 14 Milliarden DM Finanzierungsleistungen für über 500 000 Wohnobjekte und steht damit an zweiter Stelle in der Rangliste aller westdeutschen Bausparkassen.

bedingungen bei Krediten bis hin zu sogenannten Beamtenpreisen für hochwertige Gebrauchsgüter, Vorteile, wie sie auch in dieser Hinsicht kaum eine andere gesellschaftliche Gruppe in der Bundesrepublik genießt[1].

Um das Bild eines an allen Ecken und Enden privilegierten Standes abzurunden, fehlt jetzt eigentlich nur noch eines. Es fehlt, daß die Beamten, wie es der ÖTV-Vorsitzende Klunker anstrebt, durch eine Reform des Personalrechts im öffentlichen Dienst zu ihren bisherigen Privilegien auch noch das Streikrecht der Arbeiter und Angestellten dazubekommen, und diese zu ihrem Streikrecht die Unkündbarkeit des Arbeitsplatzes. Dieser neue Typ von öffentlichen Bediensteten würde sich geradezu paradiesischer Verhältnisse erfreuen. Es gäbe anstelle des bisher geltenden Beamten- und Tarifrechts im öffentlichen Dienst ein einheitliches Dienstrecht für Beamte, Angestellte und Arbeiter, das neben dem sogenannten Statusrecht ein der Tarifautonomie unterliegendes Folgerecht umfassen würde. Das Statusrecht würde die bisher nur den Beamten zustehenden Privilegien uneingeschränkt auch den Angestellten und Arbeitern des öffentlichen Dienstes zugute kommen lassen, das Folgerecht den Beamten volle Koalitions- und Verhandlungsfreiheit, sowie das Streikrecht bringen. Die bisherige Dreiteilung in Beamte, Angestellte und Arbeiter wäre damit im öffentlichen Dienst zwar abgeschafft. Dafür hätten wir ein noch größeres Heer von Menschen mit einem Sonderstatus, der sie weit über die übrige Masse der arbeitenden Bevölkerung hinaushebt, Millionen von Menschen mit unkündbaren, auf Lebenszeit gesicherten Arbeitsplätzen, hohen Pensionsansprüchen, für die sie aus eigener Tasche keinen Pfennig zu zahlen brauchten, und der Möglichkeit, durch einen Streik das gesamte öffentliche Leben lahmlegen zu können, wenn Forderungen nach

1 Nur der Vollständigkeit halber sei auch noch auf folgendes hingewiesen: Beamte erhalten für die Zeit ihrer Parlamentszugehörigkeit das gesetzlich vorgeschriebene Ruhegehalt. Nach Ablauf dieser Zeit müssen sie in das frühere Dienstverhältnis übernommen werden, wobei die Mitgliedschaft im Parlament versorgungsrechtlich als Dienstzeit gilt. Einer ähnlichen Vergünstigung erfreut sich keine andere Berufsgruppe in der Bundesrepublik.

Gehaltserhöhungen nicht prompt oder nicht in dem gewünschten Umfang erfüllt würden. Was bisher die Luftlotsen in ungesetzlicher Form vorexerziert haben, stünde danach allen öffentlichen Bediensteten mit dem Segen des Gesetzes frei.

In früheren Zeiten konnten die Beamten die ihnen gewährten Privilegien als einen gewissen Ausgleich dafür betrachten, daß sie für ihre Dienste verhältnismäßig schlecht, im allgemeinen jedenfalls schlechter als vergleichbare Angestellte in der Privatwirtschaft honoriert wurden. Sie konnten sich außerdem darauf berufen, daß sie sich dem Staat, dem sie dienten, in besonderer Weise verbunden und verpflichtet fühlten. Dieses Verhältnis zwischen Beamten und Staat hat sich grundlegend geändert. Staat und Gesellschaft setzen zwar auch heute noch bei Beamten eine besondere innere Einstellung zu ihrer Tätigkeit voraus, die weit über das hinausgeht, was in der privaten Wirtschaft der Arbeitgeber von seinen Arbeitnehmern verlangt. Aber diese Voraussetzung steht auf dem Papier. Von einem speziellen Treueverhältnis des Beamten zum Staat kann heute ebensowenig die Rede sein, wie von besonderen Verpflichtungen, die der Beamte dem Staat gegenüber empfindet. Wer heute in den Staatsdienst geht, tut das im allgemeinen nicht, weil er sich berufen oder gedrängt fühlt, der Allgemeinheit zu dienen, sondern weil ihm der Staatsdienst außer einer vorzüglichen, der Privatwirtschaft durchaus ebenbürtigen Bezahlung einen von konjunkturellen Schwankungen ungefährdeten Arbeitsplatz und eine Altersversorgung garantiert, wie sie die Privatwirtschaft niemals bieten kann. Als der Vorsitzende der ÖTV, Heinz Klunker, forderte, daß die Beamten in allen Fragen ihrer Arbeitsbedingungen aus der »unwürdigen Rolle des Bittstellers« befreit werden müßten, und man ihnen nicht verweigern dürfe, zur Durchsetzung ihrer Ansprüche auch zu streiken, machte er unmißverständlich klar, daß der Staat von den Beamten selbst in keiner anderen Rolle als der eines Arbeitgebers gesehen und der Staatsdienst als nichts anderes als ein Job wie jeder andere betrachtet wird, ein Job allerdings, der mit unvergleichlichen Vorzügen ausgestattet ist. Und nichts charakterisiert die innere Einstellung der Beamten zum Dienst an der Gesellschaft treffender als die Tatsache, daß in ländlichen Bezirken der Bundesrepublik jährlich für viele Pennäler das Schuljahr mit mehr Frei- als Unterrichtsstunden beginnt, weil zahlreiche Junglehrer das Landleben als unattraktiv empfinden und daher einfach nicht zum Dienst erscheinen. Im Herbst 1971 beispielsweise traten im Regierungsbezirk Darmstadt zehn Prozent der Junglehrer den Dienst nicht an, weil sie an Landschulen versetzt worden waren, von den 262 Junglehrern, die an nordhessischen Grund-, Haupt- und Realschulen unterrichten sollten, blieb aus dem gleichen Grund jeder vierte dem Unterricht fern, und wenn jüngst in Baden-Württemberg erwogen wurde, den Junglehrern zu ihren 1500 DM Anfangsgehalt zusätzlich Darlehen für Eigentumswohnungen, verlorene Zuschüsse für den Kauf eines Autos und kostenlose Heimreise anzubieten, um ihnen den Unterricht an Landschulen schmackhafter zu machen, so ist auch dies nur ein Beweis dafür, daß man von denjenigen, die in den Staatsdienst gehen, von vornherein gar nichts anderes annimmt, als daß sie die materiellen Vorteile im Auge haben, die dieser Dienst bietet, und nicht die Aufgaben und Pflichten, die mit ihm verbunden sind. Ist schon der gesellschaftspolitische Anachronismus, den der Beamtenstatus in seiner heutigen Form praktisch darstellt, ärgerlich genug, so ist die Tatsache noch ärgerlicher, daß die durch ihn privilegierte Kaste ihre Privilegien nicht, was man unter Umständen noch zu konzedieren geneigt wäre, dem Willen zu besonderen Leistungen verdankt, sondern eher dem Unwillen, besondere Leistungen zu vollbringen, und daß sie den Anspruch auf ihre Privilegien nicht, was man auch noch verstehen könnte, mit dem selbstlosen Dienst an der Allgemeinheit begründen kann, sondern eher mit der Abneigung, sich den gleichen Arbeitsbedingungen zu unterwerfen, wie die Masse der Bevölkerung.

Unsere Gesellschaft ist angeblich darauf bedacht, Klassenschranken niederzureißen, die Bildung von Privilegien jeder Art zu verhindern und Vorrechte, die sich trotzdem gebildet haben, zu beseitigen. Sie müßte, wenn sie es damit ernst meint und glaubwürdig bleiben will, auch die Privilegien der Beamten abbauen, und zwar entweder dadurch, daß sie die Beamten in allem und jedem der übrigen arbeitenden Bevölkerung gleichstellt oder dadurch, daß sie den Wert eines unkündbaren Arbeitsplatzes, einer Beamtenpension und des Anspruchs auf staatliche Beihilfen bei der Bemessung der Beamtengehälter berücksichtigt. Das erstere würde das Ende des traditionellen deutschen Berufsbeamtentums, das andere eine erhebliche Reduzierung der Beamtengehälter bedeuten. In dem einen Fall würde die Einbeziehung der Beamtenbesoldung und der Beamtenversorgung in die Tarifautonomie, das daraus resultierende Streikrecht der Beamten und die Kündbarkeit des Dienstverhältnisses zweifellos die Unabhängigkeit der Verwaltung in Frage stellen, über deren tatsächliches Ausmaß man zwar streiten kann, die aber, wenn überhaupt, nur durch die Institution des Berufsbeamtentums garantiert wird. Im anderen Fall müßten sich die Beamten gefallen lassen, daß die Unkündbarkeit ihrer Arbeitsplätze, ihre Pensionen und die ihnen gewährten staatlichen Beihilfen in barer Münze auf ihre Gehälter angerechnet werden. Sie müßten als gerechte Lösung anerkennen, daß die Bezüge, die ihnen ausgezahlt werden, hinter vergleichbaren Gehältern der privaten Wirtschaft zurückbleiben, und zwar in einer Relation, die dem Wert eines unkündbaren Arbeitsplatzes, einer Beamtenpension und der staatlichen Unterstützung in Krankheitsfällen entspricht. Es gibt in der Tat keinen einzigen einleuchtenden Grund dafür, daß den einen verwehrt bleiben soll, was anderen großzügig eingeräumt wird, und daß die einen von Vorteilen ausgeschlossen werden, die man anderen bedenkenlos gewährt.

Aber die Beamten werden nicht im Traum daran denken, freiwillig einen Bruchteil ihrer Privilegien aufzugeben, und sie werden aus Gründen, die wir noch kennenlernen werden, auch durchsetzen, daß sie weiterhin sowohl in vollem Ausmaß von den Früchten des vermehrten Sozialprodukts zehren, als auch in vollem Umfang ihre Sonderrechte behaupten. Privilegien werden bekanntlich nur als störend und ärgerlich empfunden, wenn man sie selbst nicht hat. Wer sie einmal besitzt, hält sie für ebenso natürlich wie berechtigt. Wenn es sich als unrealisierbar erweisen sollte, die Privilegien der Beamten abzubauen, werden sich daher immer mehr Deutsche bemühen, an diesen Privilegien teilzunehmen, indem sie selbst Beamte werden. Wer den Deutschen ständig das Prunkstück gut dotierter, lebenslang gesicherter Arbeitsplätze mit einer perfekten Altersversorgung vor die Nase hält, kann nicht erwarten, daß davon unbeeinflußt bleibt, wer keinen so gesicherten Arbeitsplatz und keine so fulminante Altersversorgung besitzt.

Fasziniert von der Möglichkeit, frei von allen Sorgen um Arbeitsplatz und Lebensabend einer gut bezahlten und trotzdem nicht sonderlich strapaziösen Tätigkeit nachgehen zu können, werden daher immer mehr Deutsche in den Staatsdienst drängen. Sie werden es wahrscheinlich auch nicht schwer haben, im Staatsdienst unterzukommen, da die politische Tendenz offenkundig dahin geht, dem Staat immer mehr Aufgaben zu übertragen, und der Beamtenbund, ungeachtet der Konsequenzen, die sich daraus ergeben, unentwegt eine weitere Vermehrung der Beamtenstellen fordert.

Da es nicht eben viel Anzeichen für eine Rationalisierung des öffentlichen Dienstes und eine zweckmäßige Anpassung der staatlichen Verwaltung an die Erfordernisse eines modernen Industriestaates gibt, werden sich auch in den kommenden Jahren die staatlichen Verwaltungskörper personell weiter aufblähen, wird die wachsende Zahl der Beamten weiterhin in keinem Verhältnis stehen zu den zusätzlichen Aufgaben, die vom Staat übernommen werden. Mit zunehmender Quantität wird die Qualität der öffentlichen Verwaltungsarbeit weiter sinken.

Mit dieser Qualität ist es schon heute nicht zum besten bestellt. Ohne effektive Leistungskontrolle und keinem Konkurrenzdruck ausgesetzt, kann es sich der öffentliche Dienst leisten, veralteten Verwaltungsstrukturen verhaftet zu bleiben, in trägen und umständlichen Organisationsformen zu verharren und seine Funktionsträger nach Gesichtspunkten zu bestellen, die jedem Leistungsdenken hohnsprechen.

Instanzen, nichts als Instanzen

In den Augen von Leuten, die etwas von Organisation verstehen, gilt jedes Unternehmen als schwerfällig, das mehr als sechs bis sieben Ränge zwischen der untersten Arbeitsebene und der Unternehmensspitze benötigt[1]. Man kann sich mühelos vorstellen, wie hervorragend die deutsche Verwaltung organisiert ist, wenn man sich den für sie typischen Instanzenzug ansieht. Dieser Instanzenweg sieht nämlich folgendermaßen aus[2]:

Unterbehörde

1. Vollzugsbeamter, Schalterbeamter usw.
2. Sachbearbeiter
3. Abteilungsleiter, Amtsleiter
4. Behördenleiter, Amtsvorsteher, Landrat

Mittelbehörde

5. Sachbearbeiter
6. Referent, Dezernent
7. Abteilungsleiter
8. Präsident

Oberbehörde

9. Sachbearbeiter
10. Hilfsreferent
11. Referent
12. Unterabteilungsleiter
13. Abteilungsleiter
14. Staatssekretär
15. Minister

Ein Antrag, der auf der untersten Stufe gestellt und über den vom Ministerium oder gar vom Minister selbst entschieden wird, durchläuft also schon auf den ersten Blick 29 Stationen.

1 So auch Peter F. Drucker, »Die Praxis des Managements«.
2 Nach Frieder Lauxmann, »Die kranke Hierarchie«. Stuttgart 1971.

In der Praxis sind es mehr. Der Vorgang muß selbst dann, wenn auf jeder Ebene nur ein Beamter mit ihm befaßt ist, mindestens 41 Tische passieren, bis er einschließlich aller Eingangs-, Ausgangs-, Bearbeitungs- und Kontrollphasen wieder bei dem Beamten landet, mit dem es der Bürger ursprünglich zu tun hatte. Da an der Bearbeitung des Vorgangs aber auf jeder Ebene gewöhnlich mehrere Ressorts beteiligt sind und die Akten daher nicht nur in vertikaler Richtung, sondern innerhalb der Ämter stets auch in horizontaler wandern, durchläuft ein Antrag, der von ganz unten bis ganz nach oben zum Minister geht, in der Regel – zu dieser umwerfenden Feststellung kommt Frieder Lauxmann, zweifellos ein intimer Kenner der Materie – 50 bis 200 Stationen, ehe er seine Aktenseele aushaucht. Und selbst diese Zahl ist wahrscheinlich noch zu niedrig gegriffen, weil die meisten der beteiligten Beamten den Akt nicht einmal, sondern mehrmals vorgelegt bekommen, bis er endgültig erledigt ist.

Der ehemalige Bundesminister Ernst Benda hat das ganze System dieser Hierarchie einen gigantischen Krampf genannt. Seinen Höhepunkt erreicht dieser Krampf zweifellos darin, daß es in der Kette der Beamten, über deren Tische die Akten wandern, viele gibt, die nicht das geringste zu ihrer Erledigung beitragen, sondern nur in den Aktengang eingeschaltet sind, weil sie »am Dienstweg liegen«.

Ganze Heerscharen von Beamten verbringen Millionen von Arbeitsstunden damit, »Umlaufmappen vom Eingangskorb auf den Schreibtisch zu ziehen, einen Gesehensvermerk anzubringen und den Vorgang dann in den Abgangskorb zu legen«. Weitere Millionen Arbeitsstunden gehen dadurch verloren, daß Beamte verschiedener Referate auch in gemeinsamer Sache nur über ihre jeweiligen Vorgesetzten miteinander in Verbindung treten dürfen. Was ohne weiteres und rasch durch unmittelbare Kontakte zwischen den zuständigen Sachbearbeitern geklärt oder gar erledigt werden könnte, muß auf diese Weise eine Unzahl von Stationen passieren, die nur selten zur Erledigung des Vorgangs beitragen. Die deutsche Verwaltungsstruktur liebt nun einmal keine Querverbindungen, vor allem solche nicht, die den Aktengang beschleunigen und Arbeitskräfte einsparen könnten.

Die deutsche Verwaltungsstruktur liebt dagegen Instanzen. Sie schätzt ganz besonders die Mittelinstanzen, auch wenn sie sich – wie die Regierungspräsidien – vielfach als Institutionen erwiesen haben, die ihre Daseinsberechtigung nur dadurch unter Beweis stellen können, daß sie Aufgaben der unteren Behörden an sich ziehen und sich damit selbst zur unteren Behörde machen. Es war zwar in den letzten Jahren viel die Rede davon, daß man den unteren Instanzen mehr Verantwortung überlassen müsse. Aber das Gegenteil davon ist eingetreten, und das Schwergewicht der Verwaltungstätigkeit hat sich immer weiter nach oben verschoben. Dies wird – zum Teil sicher zu Recht – damit begründet, daß die Normensetzung immer komplizierter geworden ist und daher die Ministerien gezwungen sind, Aufgaben an sich zu ziehen, die früher den Mittelbehörden überlassen werden konnten. Eben diese Entwicklung hat aber den Drang der Mittelbehörden nur verstärkt, sich für derartige Kompetenzverluste durch Kompetenzgewinne auf Kosten der Unterinstanzen schadlos zu halten. Um die eigene Existenzberechtigung nachzuweisen, ist jede Behörde in erster Linie darum bemüht, so viele Kompetenzen wie möglich an sich zu ziehen, und keine Behörde bereit, auf Kompetenzen, die sie einmal besessen hat, zu verzichten[1].

Die Folge dieses teils offen, teils unterirdisch geführten Kompetenzkampfes ist, daß in die Erledigung einer Sache unzählige Ämter eingeschaltet sind, die sachlich mit dem Vorgang wenig oder gar nichts zu tun haben, und daß auf diese Weise Regi-

1 Es ist in diesem Zusammenhang interessant, die Auffassungen kennenzulernen, die die Beamten der verschiedenen Instanzen voneinander haben. Wenn Frieder Lauxmann recht hat, dann wird die untere von der oberen Behörde u. a. für kleinkariert, ahnungslos und unausgelastet, die vorgesetzte von der unteren Behörde u. a. für bequem, ahnungslos und unausgelastet gehalten. Die obere Behörde weiß nach Meinung der unteren nicht, »wie es in der Praxis zugeht«, die untere Behörde kennt sich nach Meinung der oberen »nicht im Netz der Bestimmungen, Rücksichten, Absichten und Ansichten des Ministeriums aus«. Das System hält sich, wie Lauxmann glaubt, dadurch zwar im Gleichgewicht, niemand merkt aber, wie sehr man sich gegenseitig bremst.

menter von Beamten und Angestellten beschäftigt werden, die sonst nichts zu tun hätten.

Das Beharrungsvermögen, das jeder einmal geschaffenen Organisationsform innewohnt, führt außerdem dazu, daß Ämter, die zur Erfüllung bestimmter, oft nur zeitabhängiger Aufgaben geschaffen wurden, auch dann noch munter weiterbestehen, wenn diese Aufgaben längst gelöst oder auf einen so geringen Umfang zusammengeschrumpft sind, daß sie von einem Bruchteil des ursprünglichen Personals wahrgenommen werden könnten [1]. Die Beamten in solchen Ämtern denken aber nicht daran, ihre – überflüssig gewordenen – Stellen zu räumen. Sie sind vielmehr, und gewöhnlich mit Erfolg, bemüht, Vorgesetzte und Kollegen davon zu überzeugen, daß ihre Tätigkeit nach wie vor wichtig und bedeutungsvoll ist.

Diese ihre Tätigkeit hat zwar keinen realen Nutzen, wohl aber zur Folge, daß sich die Reibungen innerhalb der Verwaltungsmaschinerie erheblich verstärken. Sie trägt außerdem zu einer völlig unnötigen personellen Aufblähung der Verwaltungsapparate bei. Denn ein in der Behörde entstehender Personalbedarf wird, weil sich ja angeblich das ursprüngliche Aufgabevolumen weder verkleinert noch gar in nichts aufgelöst hat, nicht – wie es ohne weiteres möglich wäre – durch die Streichung der überflüssig gewordenen Stellen, sondern durch die Einstellung neuen Personals gedeckt.

In ähnlicher Weise wirkt sich ein anderes Verfahren aus. Um neue Dienstposten zu schaffen, verteilt man innerhalb der einzelnen Ämter die Aufgaben eines Sachreferats ohne jeden sachlichen Zwang einfach auf mehrere Referate [2]. Da ein Refe-

1 Ein typisches Beispiel: Das im ehemaligen Vertriebenenministerium eingerichtete Referat für Wohnungsbau für Vertriebene, ländliche Siedlung und Kasernenräumung hatte in den 50er Jahren sicherlich viel Arbeit. Was die Referenten und Sachbearbeiter dieses Referats, immerhin 8 an der Zahl, im Jahre 1970 noch machten und womit sie sich zu dieser Zeit noch beschäftigten, ist absolut schleierhaft. Denn seit Jahren gab es für diesen Bereich kein Geld mehr, kein Programm, keine neuen Gesetze und auch nichts, was im Rahmen alter Gesetze durchzuführen gewesen wäre.

2 Es verdient in diesem Zusammenhang erwähnt zu werden, daß die Bedeutung eines Referats oft weniger nach seinem Aufgabenbereich als nach der Anzahl der verzeichneten Aktenein- und -ausgänge beurteilt wird.

rat gewöhnlich aus dem Referatsleiter, mehreren Hilfsreferenten, Sachbearbeitern und Schreibkräften besteht, werden nach der Teilung des Referats – und darin liegt auch der einzige Zweck dieser Teilung – statt eines mindestens zwei Referenten benötigt, und gleichzeitig erhöht sich in entsprechendem Umfang auch die Zahl der erforderlichen Hilfsreferenten, Sachbearbeiter und Schreibkräfte. Für die gleichen Aufgaben sind dann wesentlich mehr Leute eingesetzt als früher, so daß sich die im allgemeinen auch schon vordem nicht überwältigende Last der Arbeit auf doppelt so viele Schultern verteilt.

Karriere per Alter oder Parteibuch

Umständliche und weitschweifige Instanzenzüge, Häufung von überflüssigen und sinnlosen Tätigkeiten und die unheilvolle Tendenz, sich ständig auf jede nur mögliche Weise zu vergrößern –, damit haben wir, glaube ich, alles beisammen, was die bundesdeutsche Verwaltung zu einer schwerfälligen, unrationellen und teuren Organisation macht. An dieser traurigen Erkenntnis vermag auch die Tatsache nichts zu ändern, daß es in ihr einige hervorragend organisierte und ausgezeichnet funktionierende Ämter und Institutionen gibt.

Schwerfällig, zeitraubend und uneffizient arbeitet der deutsche Verwaltungsapparat aber nicht nur auf Grund seiner umständlichen Instanzenzüge und seiner antiquierten Organisationsformen. Auch der dort herrschende Arbeitsstil trägt dazu bei, die Arbeitseffizienz der öffentlichen Dienste auf ein Minimum herabzudrücken. Dieser Arbeitsstil wird zum Teil zwar durch die Behördenorganisation und die von ihr vorgezeichne-

Dies führt mitunter zu merkwürdigen Konsequenzen. So ließ, nach dem Motto: viel Akteneingänge gleich großes Referat, wenig Akteneingänge gleich kleines Referat – der ehrgeizige Referatsleiter in einem Bundesministerium sämtliche für seinen Bereich anfallenden Obergerichtlichen Entscheidungen aus Gesetzes- und Entscheidungssammlungen abschreiben und diese Abschriften als Akteneingänge buchen. Er machte sich damit sozusagen selbst zum Leiter eines großen Referats, obgleich die Tätigkeiten, die er in Gang setzte, sachlich sinnlos waren.

ten Arbeitsabläufe bestimmt. Er ist aber auch ein Ergebnis der Denkkategorien, in denen sich die Angehörigen des öffentlichen Dienstes bewegen, eine Frage der Methoden, nach denen die Angehörigen des öffentlichen Dienstes ausgewählt, in Funktionen eingesetzt und geführt werden.

Charakteristisch ist zunächst, daß der Beamtennachwuchs nicht systematisch gepflegt, sondern dem Zufall überlassen wird. Da an die menschliche und fachliche Eignung des künftigen Beamten nur in Ausnahmebereichen besondere Anforderungen gestellt werden [1], kommen im öffentlichen Dienst viele Leute unter, die in der privaten Wirtschaft keine oder nur verhältnismäßig schlecht bezahlte Stellungen erhalten würden. Darunter sind nicht wenige, wir haben es bereits festgestellt, die den Staatsdienst wählen, weil sie den Wettbewerb in der privaten Wirtschaft und die damit verbundenen Risiken scheuen. Das bedeutet nicht unbedingt, daß die Beamten und sonstigen Diener des Staates eine negative Auslese darstellen. Eine positive Auslese repräsentieren sie aber bestimmt auch nicht.

Als der ehemalige Oberpräsident von Oppeln, Lukaschek, in der ersten Adenauer-Regierung das Vertriebenenministerium aufbaute, wurden vorwiegend Leute eingestellt, die entweder in Oppeln geboren worden waren, aus der Umgebung von Oppeln stammten oder wenigstens einmal in Oppeln gearbeitet hatten. Ihre fachliche Qualifikation spielte eine sekundäre Rolle. Seitdem haben sich zwar die Zeiten, nicht aber die Sitten geändert. An die Stelle merkwürdiger regionaler oder, wie in den frühen 50er Jahren, konfessioneller Gesichtspunkte entscheiden jetzt in immer stärkerem Ausmaß parteipolitische Aspekte über Auswahl und Beförderung, vor allem, wenn es um leitende Positionen geht. Wer Erfolg haben will, muß nur »auf Draht« sein und das jeweils richtige Parteibuch in der

1 Es gibt zwar vor der endgültigen Aufnahme in den Staatsdienst eine Probezeit, doch ist es seit Bestehen der Bundesrepublik selten vorgekommen, daß jemand diese Probezeit nicht bestanden hat. Leider spricht das weniger für die Qualität der zum Staatsdienst Entschlossenen, als dafür, daß die Institution der Probezeit selbst von denen, die sie eingeführt haben, nicht übermäßig ernst genommen wird.

Tasche haben. Sonst kann allerdings, was ein Vorteil war, zum Nachteil werden, und was heute der Karriere dient, ihr morgen schaden. Das mußten vor 1966 manche Beamte erfahren, die es versäumt hatten, frühzeitig der CDU oder der FDP beizutreten, und nach 1969 manche, die nicht auf den Gedanken gekommen waren, sich rechtzeitig für die SPD zu erwärmen. Selbst langjährige ministeriale Erfahrungen und sauer erworbene fachliche Qualifikationen helfen dann so wenig wie jenem tüchtigen (zu seinem Pech aber als stockkatholisch bekannten) Beamten, der 1971 eine ihm nach Rang und Dienstalter zustehende Direktorenstelle im Bundesinnenministerium räumte, um sie einem Mann zu überlassen, der es in seiner Beamtenlaufbahn zwar nur zum Inspektor der Stadt Lübeck gebracht hatte, dafür aber ein strammer SPD-Anhänger war.

Karriere per Parteibuch ist zu einer solchen Alltäglichkeit, einer so selbstverständlichen Institution geworden, daß sie von den Beamten als absolut normal empfunden wird. Selbst Staatssekretäre, früher die ruhenden Pole in der Verwaltungen Flucht, Könner ihres Fachs und Garanten für das reibungslose Funktionieren der ihnen unterstellten Behörden, werden immer häufiger nach politischen, immer seltener nach Gesichtspunkten der fachlichen Qualifikation berufen. Sie verstehen von dem Handwerk, zu dem sie bestellt werden und das sie eigentlich perfekt beherrschen sollten, ebensoviel oder auch ebensowenig wie ihre Herren, die Minister, die ja ihre Bestellung ausschließlich politischen Motiven zu verdanken haben und von den Geschäften, die sie leiten, nicht unbedingt auch etwas zu verstehen brauchen.

Typischer Repräsentant dieser neuen Gattung von Staatsdienern ist Dr. Wolfgang Rutschke, Freund Genschers. Bald nach dem Kriegsende ist er in die Politik gegangen, Berufspolitiker geworden und seither seiner ursprünglichen Tätigkeit als Verwaltungsbeamter entfremdet. Weil er innerhalb der Freien Demokraten als rechtsstehend galt und man 1969 einige Sorgen hatte, er könnte durch einen Absprung die damals gebildete sozial-liberale Koalitionsregierung gefährden, wurde er zunächst im Bundesinnenministerium sehr rasch zum Abteilungsleiter im Rang eines Ministerialdirektors ernannt (was für einen Regierungsrat einen beachtlichen Sprung bedeutet) und kurze Zeit später zum Staatssekretär gemacht[1].

Ähnliche raketenhafte Karrieren sind unvermeidlich, wenn zu parteipolitischen Bindungen auch noch persönliche Beziehungen hinzukommen.

Dr. Liebrecht zum Beispiel, viele Jahre lang in der Personalabteilung des Vertriebenenministeriums tätig und dort als guter Mann geschätzt, hatte den Vorzug, ein Schulfreund von Genscher zu sein. Sofort nach dessen Ernennung zum Bundesinnenminister wurde Liebrecht zum Unterabteilungsleiter Personalwesen im Bundesinnenministerium ernannt und auf Grund dieser Funktion zum Ministerialdirigenten befördert. Bald avancierte er zum Abteilungsleiter und wurde gleichzeitig zum Ministerialdirektor befördert. Während er acht Jahre gebraucht hatte, um im braven Beamtenschritt vom Assessor zum Regierungsdirektor aufzusteigen, avancierte er in zwei Jahren vom schlichten Regierungsdirektor in den höchsten Beamtenrang, als sich die Konstellation jählings zu seinen Gunsten änderte.

Nur gelegentlich führen solche Usancen zu Effekten, die bei allem Wohlwollen nicht hingenommen werden. Gleichfalls unter jenem Minister wurde ein Hilfsreferent, Mitglied der richtigen Partei, zum Referenten für Öffentlichkeitsarbeit bestellt. An sich ein durchaus fähiger Mann, hatte er nur den einen Nachteil, er stotterte, was sich begreiflicherweise gerade bei einem Referat, das ständig mit Journalisten und sonstigen redegewandten Leuten zu tun hat, nicht eben günstig auswirkte. Er wurde denn auch sehr bald wieder von der Führung dieses Referats entbunden, mußte aber natürlich, einmal Referent geworden, Referent bleiben. Da es kein freies Referat gab, das

1 Theodor Eschenburg hat in diesem Zusammenhang auf eine interessante Tendenz hingewiesen: der Politiker wird unter Überspringung aller Laufbahnstufen und ohne Bewährung im Amt sogleich zum hohen Beamten bestellt. Er erhält damit eine Einkommensgarantie auf Lebenszeit, die es ihm ermöglicht, über kurz oder lang das Amt wieder aufzugeben, um beispielsweise Parlamentarier zu werden. Aus dem politischen Beamten wird auf diese Weise ein beamteter Politiker.

er hätte übernehmen können, wurde für ihn, ohne Rücksicht auf sachliche Erfordernisse, ein neues geschaffen.

Bei einem solchen Vorrang parteipolitischer Gesichtspunkte ist und bleibt es ein purer Zufall, wenn der für eine amtliche Position am besten geeignete Mann auch wirklich zum Zuge kommt. Es bleibt ein um so größerer Zufall, als auch innerhalb der Parteihierarchien nicht unbedingt die Tüchtigsten und Fähigsten nach oben geschwemmt werden, und weil selbst dann, wenn dies der Fall wäre, für die Tätigkeit in einem Behördenapparat andere Qualifikationen erforderlich sind als für die Parteiarbeit. Wer sich in zäher Kleinarbeit oder durch unerschütterliche Loyalität Verdienste um eine Partei erworben hat, muß deshalb nicht von vornherein für ein Staatsamt geeignet sein. Oft reicht im übrigen, um von einer Partei gefördert zu werden, die schlichte Tatsache aus, daß man dieser Partei eine bestimmte Anzahl von Jahren angehört, ihre Veranstaltungen mit einer gewissen Regelmäßigkeit besucht und zu ihren Funktionären persönliche Kontakte angeknüpft hat. Noch sind wir zwar nicht so weit wie in den Vereinigten Staaten von Amerika, wo die jeweils an der Macht befindliche politische Gruppe den Staat häufig als Beute betrachtet. Aber es ist auch bei uns schon üblich geworden, treue Dienste für die Partei ohne Rücksicht auf sachliche Qualifikation mit fetten Staatsposten zu belohnen. Der Bundesbürger wundert sich daher kaum noch, wenn er durch spektakuläre Fälle, wie etwa die Ernennung des Hauptgeschäftsführers der SPD-Landesorganisation Hamburg zum Vizepräsidenten des Bundesnachrichtendienstes, erfährt, wie leicht man in der Bundesrepublik ein Amt bekommen kann, ohne dafür von der Ausbildung her qualifiziert zu sein.

Wer weder über politische noch über persönliche Beziehungen verfügt, hat es schwerer. Aber auch er braucht nicht unbedingt auf Tüchtigkeit und beruflichen Eifer zu bauen, um vorwärtszukommen, sondern kann auf eine Tatsache vertrauen, die ihm auch ohne besondere Fähigkeiten, Können und Fleiß eine sichere Karriere garantiert: auf die Tatsache nämlich, daß er jedes Jahr ein Jahr älter wird.

Nach dem geltenden Beamtenrecht sollen zwar Beförderungen nach »Eignung, Befähigung und fachlicher Leistung« vorgenommen werden[1]. Vom Alter ist in diesem Zusammenhang nicht die Rede. Aber diese Forderung ist das Papier nicht wert, auf dem sie steht. Faktisch rückt, wenn weder parteipolitische noch persönliche Beziehungen in die Waagschale geworfen werden können, in einen höheren Dienstrang oder eine höhere Besoldungsstufe ein, wer das höhere Dienstalter, nicht wer die bessere Qualifikation hat. Ein ausscheidender Ministerialdirektor wird also nicht vom Tüchtigsten, sondern vom Dienstältesten ersetzt. In einer Art von Kettenreaktion setzt sich dann der Nachschub auf die jeweils frei werdenden Stellen so lange fort, bis auch die letzte besetzt ist. Dem Schicksal, befördert zu werden, entgeht auf diese Weise keiner, der an der Reihe ist, mag er nun ein Viel- oder ein Nichtskönner sein. Die einzige Voraussetzung ist nur, daß er sich stets »konform« ver-

1 Um »Maßstäbe für eine möglichst einheitliche Bewertung gleicher und gleich schwieriger Tätigkeiten im öffentlichen Dienst aufzustellen und damit zur Verwirklichung des Leistungsprinzips und der Besoldungsgerechtigkeit beizutragen«, ist vor einiger Zeit im Bundesinnenministerium ein Arbeitskreis gebildet worden, der bis auf ein Prozent genau den Anteil einzelner Anforderungsarten an den Gesamtanforderungen des Beamten berechnet hat. Wie er das im Detail geschafft hat, ist mir nicht bekannt. Er kam jedenfalls zu dem – verblüffend präzisen – Ergebnis, daß Grundkenntnisse mit 30 %, Erfahrungen mit 10 %, Denktätigkeit mit 25 %, dienstliche Beziehungen mit 5 %, Tragweite und Verbindlichkeit des Handelns mit 20 % und Verantwortung für Mitarbeiter oder nachgeordnete Behörden mit 10 % bewertet werden sollen. Auf den Punkt genau wurde dabei auch bestimmt, was so die einzelnen Anforderungsarten für den einzelnen Beamten bringen können. In der Anforderungsart »Denktätigkeit« beispielsweise gibt es

- bei geringer Denkbelastung (vorgegebener und schematischer Arbeitsablauf) 9 Punkte,
- bei mittlerer Denkbelastung (in begrenztem Umfang eigene Überlegungen erforderlich) 40 Punkte,
- bei beträchtlicher Denkbelastung (selbständiges Mitdenken erforderlich, aber bei Beachtung von Vorschriften ohne Schwierigkeiten möglich) 81 Punkte,
- bei hoher Denkbelastung (gründliches Denken, methodische Überlegungen und ausgeprägte Urteilsfähigkeit) 132 Punkte,
- und bei sehr hoher Denkbelastung (Ansatz und Auswertung schwieriger und umfangreicher Untersuchungen, um neue Lösungen zu gewinnen oder Abwägung komplizierter Zusammenhänge, um richtige Entscheidungen treffen zu können) 189 Punkte.

Ein Amtsgehilfe kommt auf diese Weise zu 60, ein Ministerialrat zu 1000 Punkten.

halten und seine Chance, befördert zu werden, nicht dadurch gefährdet hat, daß er unliebsam aufgefallen ist.

Unliebsam fällt – nach der herrschenden Devise: Wer oben ist, hat recht – unweigerlich auf, wer Ansichten äußert, die mit den Ansichten von »oben« nicht übereinstimmen oder wer Aktivitäten entfaltet, die mit den Aktivitäten von »oben« nicht harmonisieren. Um vorwärtszukommen, werden es daher die meisten Beamten nach Möglichkeit vermeiden, eine eigene Stellungnahme zu beziehen, bevor sie wissen, wie »oben« darüber gedacht wird, sie werden eigene Initiativen erst dann entwikkeln, wenn sie sicher sind, daß diese Initiativen »oben« erwünscht sind, und Entscheidungen nur fällen, wenn sie glauben, damit »oben« keinen Anstoß zu erregen. Sie werden es unter diesen Gesichtspunkten auch für weniger wichtig halten, Schwierigkeiten, die bei der Bearbeitung einer Sache auftreten, selbst zu lösen, sondern vor allem darauf bedacht sein, sich bei allem und jedem, was sie tun, nach »oben« abzusichern. Sie werden möglichst viele Sachen auf dem Dienstweg von Stufe zu Stufe solange nach »oben« weiterreichen, bis möglichst weit oben über sie entschieden wird, und sie werden trachten, wenn sie schon um eine Entscheidung nicht herumkommen, die Verantwortung dafür mit möglichst vielen zu teilen. Da bequeme Mitarbeiter, auch wenn sie sachlich nicht besonders qualifiziert sind, im allgemeinen lieber gesehen werden, als qualifizierte, die kritisch und unbequem sind, werden sich die meisten – im Interesse ihrer Karriere – darauf einstellen, lieber bequem als kritisch zu sein.

Der deutsche Beamte – noch schlechter als sein Ruf?

All dies birgt nicht nur die Gefahr, die Beamten und Angestellten des öffentlichen Dienstes zu willfährigen und trägen Befehlsempfängern zu machen, es prägt auch den Arbeitsstil unserer Staatsdiener. Wenn Aktivität und Initiative für Karrieren im öffentlichen Dienst eher abträglich als förderlich sind, dann wird sich allein schon aus diesem Grund die Masse der Beamten und Angestellten im öffentlichen Dienst möglichst passiv verhalten, werden die meisten von ihnen sorgsam darauf achten, sich nicht durch unerwünschte Aktivitäten unbeliebt zu machen. Wenn es nicht darauf ankommt, wirklich etwas zu tun, dann begnügt man sich eben damit, »tätig« zu werden, ohne viel zu überlegen, ob diese »Tätigkeit« sinnvoll oder sinnlos, nützlich oder unnütz ist. Und auch qualifizierte Leute werden in der Mehrzahl langsam, aber sicher jeden Ansporn zu besseren Leistungen verlieren, wenn sie merken, daß es die weniger qualifizierten und passiven Kollegen genausoweit bringen wie sie, sobald sie nur das entsprechende Dienstalter erreicht haben. Selbst die faulsten und untüchtigsten Beamten bleiben, solange sie selbst wollen, auf ihren angestammten Amtsstühlen sitzen, weil einmal vollzogene Fehlbesetzungen kaum repariert werden können und auch die unfähigsten Mitarbeiter bis zu ihrer Pensionsreife beschäftigt werden müssen. Hinzu kommt, daß die meisten Beamten während ihrer ganzen Dienstzeit in ein und derselben Verwaltungssparte tätig sind und nur relativ wenig Beamte den Sprung von einer Verwaltung zur anderen wagen oder wagen können. Auch diese Immobilität ist für unsere Staatsbediensteten charakteristisch, und auch sie ist nicht geeignet, die Funktionsfähigkeit der deutschen Verwaltung zu erhöhen[1].

Die landläufige Auffassung, daß die Masse der Beamten immobil, bequem und nicht sonderlich tüchtig sei, wird nicht dadurch widerlegt, daß einige Beamte einen weit über ihre Funktion hinaus reichenden Einfluß ausüben und Machtpositionen besitzen, die ihnen weder von der Gesellschaft zugedacht, noch mit ihrer Aufgabenstellung zu vereinbaren sind. Im Gegenteil. Gerade weil die Masse der Beamten immobil, bequem und nicht sonderlich tüchtig ist, kann sich der verhält-

1 Sie hat nur eine gute Seite. Wenn man zwanzig Jahre und länger mit ein und demselben Sachgebiet befaßt ist, versteht man schließlich – ob man will oder nicht – so viel davon wie jener Mann im Bundesinnenministerium, der sich während seiner ganzen Beamtentätigkeit mit nichts anderem als mit Kehrordnungen beschäftigt hat. Leider hängt die Effizienz einer Verwaltung nicht davon ab, daß es Beamte gibt, die sozusagen im Schlaf Kehrordnungen und dergleichen verfassen können.

nismäßig kleine Kreis von hochqualifizierten, aktiven und mobilen Beamten einen überproportional großen Einfluß verschaffen, sind es im Grunde immer die gleichen wenigen Beamten mit Initiative und Verantwortungsfreude, die den Kurs der Ämter bestimmen und maßgeblich dafür zeichnen, welche Entscheidungen getroffen, welche Maßnahmen durchgeführt werden. Ganz besonders deutlich wird das in den Zentralinstanzen, in Bonn ebenso wie in München, Kiel oder Düsseldorf, wo eine dünne Schicht von Ministerialbeamten, auf die sich die eigentliche Entscheidungsgewalt verlagert hat, praktisch die Szene beherrscht.

Die Rolle, die diese Einflußreichen spielen, wäre allerdings nicht so groß, wäre das Verhältnis zwischen Bürokratie und den an der Spitze stehenden politisch verantwortlichen Ministern anders, als es ist.

Man kann, um dieses Verhältnis zu charakterisieren, davon ausgehen, daß das primäre Interesse der Minister im allgemeinen Fragen gilt, deren Behandlung oder Lösung zunächst ihnen persönlich einen greifbaren politischen Erfolg versprechen. Viel zu oft ist daher die Aussicht auf einen solchen Erfolg ausschlaggebend, ob und wieweit sich ein Minister in einer Sache engagiert, ob und in welche Richtung er den ihm unterstellten Behördenapparat in Bewegung setzt. Betrieben wird, was sich in der Öffentlichkeit politisch gut verkaufen läßt, was politisch gut »ankommt«, wobei es nicht so wichtig ist, ob es sachlich von Bedeutung ist oder nicht. Umgekehrt hat von vornherein geringeres Gewicht, was keinen persönlich-politischen Nutzen zu bringen scheint, auch wenn es sachlich wichtig, ja vielleicht sogar vordringlich ist. Politische Optik erhält auf diese Weise vor sachlicher Problematik einen so unziemlichen Vorrang, daß den Ministern in der hektischen Jagd zwischen öffentlicher Schaustellung, Sitzungen und Besprechungen kaum noch Zeit bleibt für das, was man mit einigem Recht als Regierungsarbeit bezeichnen könnte, und die Ministertätigkeit vielfach zu einem bloßen Schaugeschäft herabsinkt[1].

1 Der frühere französische Armeeminister und derzeitige französische Ministerpräsident Messmer hat sich in einem Anfall von Verzweiflung

Die faktische Entscheidung über Sachfragen geht dadurch immer stärker in die Hände jener Beamten über, die infolge ihrer, das beamtenübliche Maß übersteigenden Aktivität ohnehin schon die erste Geige in den Behörden spielen und die sich außerdem durch Sachkenntnisse auszeichnen, die den politisch orientierten Ministern in der Regel fehlen. Mit der Materie bestens vertraut, können diese Beamten allein schon durch die Art, in der sie die Entscheidungen sachlich vorbereiten, die Weichen für die endgültige Entscheidung stellen.

Ihre Sachkenntnisse sind es auch, die ihren Einfluß über die Grenzen des Amtsbereichs hinaus wachsen und in die gesetzgebenden Körperschaften, die Parlamente, hinein reichen lassen. In den Parlamentsausschüssen, in die sie als Fachleute entsandt werden, sind sie die unentbehrlichen Berater der Abgeordneten, die unter dem Zwang ihres Mandats hundert verschiedene Dinge gleichzeitig betreiben müssen, und die daher auf die Informationen und Sachdarstellungen der Beamten angewiesen sind[1]. Selbst bei den sogenannten Initiativanträgen der politischen Parteien leisten diese Beamten Formulierungshilfe, was nicht selten darauf hinausläuft, daß die betreffenden Gesetze schließlich eher den Inhalt bekommen, wie ihn die Beamten formulierten, als den, wie ihn die Parteien ursprünglich beabsichtigt hatten.

Da in den Parlamenten selbst die Beamtenphalanx immer stärker wird[2], ist der wachsende Einfluß der Beamten auch auf

öffentlich bitter darüber beklagt, daß seine deutschen Ministerkollegen meist nicht zu erreichen sind, weil sie ständig irgendwo reden, konferieren oder gerade zu Reden oder Konferenzen unterwegs sind, daß sie aber dann, wenn man sie erreicht hat, oft nicht »präpariert« sind, weil sie keine Zeit gehabt haben, Akten zu studieren und über die Dinge nachzudenken, über die sie entscheiden sollen.

1 Ich habe mir von einem Beamten, der sein Ministerium jahrelang in einem Bundestagsausschuß vertreten hat, erzählen lassen, wie sich das sehr oft abspielt. Die Beamten, mit druckreifen Formulierungen in der Tasche, vermeiden es nach Möglichkeit, die Vorschläge, die sie durchsetzen wollen, zu Beginn der Sitzung zur Sprache zu bringen, sondern warten ab, bis sich die Diskussion einem toten Punkt nähert. Wenn sie dann ihren durchformulierten Entwurf auf den Tisch legen, wird das von den meisten Sitzungsteilnehmern als Erlösung betrachtet, und so hat ihr Vorschlag meistens auch die Chance, akzeptiert zu werden.

2 Im fünften Deutschen Bundestag saßen 118, im sechsten 167 Beamte.

die Gesetzgebung des Bundes und der Länder wirklich nicht mehr zu übersehen. Und wir gehen, wenn es so weiter läuft, herrlichen Zeiten entgegen: Die Beamten in der Exekutive schreiben die Gesetze. Die Beamten in der Legislative beschließen sie. Die Beamten in der Exekutive, dann wieder an der Reihe, führen sie durch, und die Beamten in der Gerichtsbarkeit wachen über ihre Einhaltung.

Der öffentliche Dienst wird daher auch im gleichen Trott und in den gleichen Gleisen weiterfahren wie bisher. Denn die Beamten, ob in der Legislative oder Exekutive, sind trotz allen Reformgeredes in Wirklichkeit natürlich gar nicht daran interessiert, daß sich die Struktur des öffentlichen Dienstes an die Sozialstruktur und die Erfordernisse einer modernen Industriegesellschaft anpaßt. Sie werden Reformen in der Verwaltung, wenn sie sich schon nicht umgehen lassen, in Bahnen zu lenken versuchen, die an den derzeitigen für die Beamten so erfreulichen Verhältnisse so wenig wie möglich ändern. Die Abkehr von bürokratischen Prinzipien wird daher, fürchte ich, ebenso auf sich warten lassen, wie die konsequente Verwirklichung des Leistungsprinzips im öffentlichen Dienst, der Ruf nach modernen Planungs-, Führungs- und Informationsmethoden ebenso Deklamation bleiben wie die Forderung nach einem modernen, in der Unternehmenspraxis bewährten Management. Es wird noch einige Zeit dauern, bis die harte Wirklichkeit lehren wird, daß sich die Zahl der öffentlichen Bediensteten nicht schrankenlos auf Kosten der Produktivkraft der Wirtschaft erhöhen läßt und daß jedes langfristige Anwachsen der staatlichen Personalausgaben ein langfristiges Sinken der gesamtwirtschaftlichen Produktivität zur Folge hat. Heute will man es einfach nicht wahrhaben, daß die zusätzlichen Steuern, die für jeden höheren Personalaufwand des öffentlichen Dienstes aufgebracht werden müssen, als zusätzliche Kosten die

Im siebenten (jetzigen) Bundestag kommen 188 Abgeordnete, also 38 Prozent, aus dem öffentlichen Dienst, sind Bundes- oder Landesbeamte. In Bayern sind mehr als die Hälfte der Parlamentarier Beamte oder Angestellte des öffentlichen Dienstes, in Baden-Württemberg sind es 45 Prozent und in Nordrhein-Westfalen 40 Prozent. Ähnlich sieht es in den anderen Länderparlamenten aus.

Produktion verteuern oder, soweit sie vom Konsumenten bezahlt werden, der volkswirtschaftlichen Kapitalbildung entzogen werden, ohne die Produktivitätsfortschritte und wirtschaftliche Wachstumsraten undenkbar sind. Man wird es wahrhaben müssen, wenn am Ende dieser Entwicklung eine gesamtwirtschaftliche Wachstumsrate von null Prozent steht.

Einige Rufer in der Wüste versuchen das den Deutschen rechtzeitig klarzumachen, leider vergeblich. Der prominenteste von ihnen, der Präsident des Bundesrechnungshofs Hopf, fordert immer wieder, daß es stärker als bisher allen leitenden Beamten des öffentlichen Dienstes zur Pflicht gemacht werden sollte, »jeden zur Personaleinsparung führenden Arbeitsrückgang aufzuspüren«, jede Vereinfachung der Arbeit auszunutzen, das Ressortdenken, wo es zu »Komplikationen führt«, zu beseitigen, und jede sinnvolle Technisierung und Rationalisierung der öffentlichen Verwaltung wahrzunehmen.

Aber auch seine Worte sind in den Wind gesprochen. Weniger denn je ist in der bundesdeutschen Verwaltung ein leitender Beamter darum bemüht, Personal einzusparen, auch wenn »die Arbeit zurückgeht«. Wenige denken daran, die Arbeit zu vereinfachen, und verschwenden an eine sinnvolle Technisierung und Rationalisierung der Verwaltung auch nur einen Gedanken, kaum einer fühlt sich durch die Tatsache beschwert, daß erhebliche Teile der Personalausgaben bereits im Kreditweg, das heißt durch eine hohe Belastung künftiger Steuererträge, finanziert werden müssen. Jeder nimmt dagegen, trotz der immer wieder beschworenen und laut zitierten Verantwortung gegenüber der Gesellschaft, seelenruhig in Kauf, daß die Arbeitskapazität von Hunderttausenden Arbeitskräften, die an anderen Stellen der Volkswirtschaft dringend benötigt werden, in staatlichen und kommunalen Verwaltungen nutzlos versickert.

Wenn man versucht, zahlenmäßig festzuhalten, was diese Vergeudung von Arbeitskräften für die deutsche Wirtschaft bedeutet, dann kommt man zu einem bestürzenden Ergebnis. Der öffentliche Dienst entzieht in seinen heutigen Organisationsformen und seiner verschwenderischen Ausstattung mit Personal, in seiner mangelnden Koordination innerhalb und zwischen den Behörden und seinem starren Festhalten an überflüssigen Instanzen und Instanzenzügen wenigstens eine halbe Million, vielleicht sogar eine dreiviertel Million Vollarbeitskräfte einer produktiven Tätigkeit zum Schaden der gesamtwirtschaftlichen Leistung. Ein Drittel aller Beamten und im öffentlichen Dienst Angestellten könnten vermutlich ihren Dienst quittieren, ohne daß sich am Leistungsergebnis des öffentlichen Dienstes viel verändern würde. Von ihren Privilegien einmal ganz abgesehen, kosten diese 500 000 bis 800 000 Deutschen die bundesdeutsche Gesellschaft jährlich runde 11 bis 18 Milliarden Mark, solange sie im »aktiven« Dienst stehen, und mindestens 3 Milliarden Mark, wenn sie in den wohlverdienten Ruhestand getreten sind. Immerhin: Jeder erwerbstätige Bundesbürger muß für sie durchschnittlich 500 bis 800 Mark jährlich zahlen, und er finanziert damit eine Heerschar von Leuten, die auf seine Kosten Tätigkeiten verrichten, die von anderen mit übernommen werden könnten.

Eine so fürstliche Bezahlung für Unproduktivität kann sich in der Tat nur eine sehr wohlhabende Gesellschaft leisten. Auch sie kann es sich aber nicht immer und ewig leisten. Denn für den Vorzug, daß Hunderttausende auf lebenslang gesicherten Arbeitsplätzen geruhsam ihre Arbeitstage verbringen und bestens davon leben können, müssen andere Hunderttausende auf bei weitem nicht so sicheren Arbeitsplätzen um so fleißiger sein. Und um die Vorteile aufrechterhalten zu können, die unseren Staatsbediensteten so großzügig eingeräumt werden, muß es Millionen von Menschen geben, die auf ähnliche Vorteile zu verzichten und ohne sie auszukommen bereit sind. Die Frage ist, wie lange sie noch dazu bereit sind.

Mästen auf fremde Kosten

Der Handel hat seine Meriten · Besonnte Vergangenheit – die preisgebundenen Markenartikel · Teuer – der Arzneimittelhandel · Undurchsichtig – der Nahrungsmittelhandel · Gewinnreich – der Gebrauchtwagenhandel

Durch Arbeit zu Geld zu kommen ist nicht unbedingt der einzige Weg, zu Geld zu kommen.

(Aus einer Anzeige der IOS)

Der Handel hat seine Meriten

Der Handel hat eine wichtige und unentbehrliche volkswirtschaftliche Funktion. Diese Meinung vertreten alle, die noch an die freie Marktwirtschaft glauben. Die Funktion des Handels besteht nicht nur in der Verteilung von Gütern, die Industrie und Handwerk herstellen, sondern auch in der Aufgabe, Verbraucherwünsche und Produktionspläne aufeinander abzustimmen, Angebot und Nachfrage einander anzupassen. Je rationeller der Weg ist, auf dem im komplizierten Netz vielfältiger wirtschaftlicher Beziehungen die Ware vom Produzenten zum Verbraucher wandert, um so produktiver ist die Arbeit, die der Handel leistet, um so wirksamer trägt er zur gesamtwirtschaftlichen Leistung der Gesellschaft bei.

Den einzelnen interessieren diese theoretischen Erwägungen allerdings wenig. Ihn interessiert zunächst, daß die Ware, die er braucht oder die er gerne haben möchte, zu dem Zeitpunkt für ihn verfügbar ist, zu dem er sie erwerben will. Und er ist außerdem daran interessiert, daß der Preis, den er für eine Ware bezahlen muß, in einem vernünftigen Verhältnis zu dem Wert der Ware steht, die er erwirbt. Niemand kann dem Handel verübeln, wenn er für seine Tätigkeit angemessene Gewinne einstreicht. Aber da beginnt auch schon der Zweifel: Was heißt angemessen? Wo hört die Bezahlung, die der Handel für seine Dienste bekommt, auf, eine »angemessene« Entschädigung zu sein, und wo beginnt diese Bezahlung zu einer Dotierung eigenen Nutzens auf fremde Kosten, einem Wucherzins zu Lasten der Gesellschaft zu werden?

Mit der Antwort auf diese Frage steht und fällt das Urteil darüber, ob der volkswirtschaftliche Verteilerapparat, der sich in unserer Gesellschaft etabliert hat, produktiv oder unproduktiv ist, mit ihr steht und fällt auch das Urteil darüber, ob ähnlich wie der aufgeblähte öffentliche Dienst in der Bundesrepublik auch der Handel ein Reservoir von Menschen ist, die, weit davon entfernt, eine für die Gesellschaft sinnvolle und produktive Arbeit zu verrichten, sich in überflüssigen und viel zu teuer bezahlten Tätigkeiten verzetteln.

Es gibt Bereiche, die den Verdacht aufkommen lassen, daß der Handel ein solches Reservoir ist. Von einigen ist im folgenden die Rede. Sie sind sicher nicht für den ganzen Handel repräsentativ. Ebenso sicher sind sie aber auch nur eine recht unvollständige Aufzählung merkantiler Betätigungen, bei denen die übermäßigen Prämien, die der Handel für seine Dienstleistungen erhält, in keinem Verhältnis zu den Leistungen stehen, die er erbringt.

Besonnte Vergangenheit – die preisgebundenen Markenartikel

Der deutsche Bundestag verabschiedete im Juni 1973 eine Novelle zum Gesetz gegen Wettbewerbsbeschränkungen, in der u. a. die sogenannte Preisbindung der zweiten Hand, die vertikale Preisbindung verboten wurde. Damit ist eine Auseinandersetzung beendet, die jahrzehntelang die Gemüter heftig bewegt hat, und die Geschichte der preisgebundenen Markenartikel gehört eigentlich der Vergangenheit an. Dennoch muß diese Geschichte erzählt werden. Sie zeigt, wie lange es sich unsere Gesellschaft gestatten kann, Systeme aufrechtzuerhalten, die zum Nutzen weniger und zum Schaden vieler die Produktivität der gesamten Wirtschaft herabdrücken, sie zeigt aber auch – und das ist das tröstliche an ihr –, daß sich wirtschaftliche Vernunft gegen den Widerstand massierter Sonderinteressen durchsetzen kann.

Am 31. Dezember 1972 waren beim Bundeskartellamt von 810 Unternehmen für 174 283 Verkaufseinheiten Preisbindungen angemeldet. Die meisten (84 642) waren Teile und Zubehör von Kraftfahrzeugen, Musikinstrumente und Spielwaren (10 845), Textilien (10 547), chemisch-technische Erzeugnisse (8705), Gummi- und Asbestwaren (8521), Uhren und optische Erzeugnisse (10 781), Eisen-, Blech- und Metallwaren (9462) sowie Papier- und Pappewaren (7736). Auch an Erzeugnissen der Ernährungsindustrie (4493) fehlte es nicht.

Der Anteil der preisbindenden Unternehmen an der Gesamtzahl der Unternehmen in der betreffenden Branche war verhältnismäßig klein. Er ging nur in einem Fall (bei Gummi- und Asbestwaren) über 6 Prozent hinaus. Im Durchschnitt aller Branchen fielen auf hundert Unternehmen nicht einmal zwei Unternehmen, die für das ganze Programm oder einen Teil ihrer Erzeugnisse die Preise gebunden hatten. Im Verhältnis zu den vielen anderen Unternehmen, die sich im freien Wettbewerb tummeln, waren es also relativ wenige Firmen, die das Privileg der Preisbindung für sich in Anspruch nahmen. Die geringe Anzahl kann allerdings nicht über das wirtschaftliche Gewicht hinwegtäuschen, das gerade diese Unternehmen hatten. Fast die Hälfte aller preisbindenden Unternehmen hatte Ende 1971 einen Jahresumsatz von mehr als 20 Millionen Mark und war an der Gesamtzahl der preisgebundenen Artikel mit 75 Prozent beteiligt. Rund drei Viertel aller Preisbindungen betrafen demnach Erzeugnisse, die von Groß- oder zumindest größeren Unternehmen hergestellt wurden.

Bei seinen Beratungen über das Gesetz gegen Wettbewerbsbeschränkungen im Jahre 1956 hatte der Wirtschaftspolitische Ausschuß des Deutschen Bundestags die Preisbindung der zweiten Hand und die damit verbundene Privilegierung der Markenartikel zunächst strikt abgelehnt mit der Begründung, daß durch die Preisbindung

- der Preiswettbewerb in der Handelsstufe ausgeschlossen,
- die Rationalisierung in der Vertriebsstufe behindert,
- die Übersetzung des Einzelhandels gefördert, und
- den Herstellern von Markenartikeln eine Machtposition verschafft würde, die den Handel in die Abhängigkeit der Produzenten dränge.

Aber so klar auch diese Argumente gegen die Preisbindung der zweiten Hand sprachen: die Lobby der Markenartikelindustrie lag nicht auf der faulen Haut. Sie operierte mit einem angeblich nicht übersehbaren Strukturwandel im Handel (wobei nie ganz klar wurde, was dieser Strukturwandel mit der Privilegierung bestimmter Warengruppen zu tun hat), sie pries die angebliche Neutralität der Preisbindung der zweiten Hand bei im Wettbewerb gebildeten Preisen (das tut sie übrigens mit der gleichen Begeisterung auch noch heute), schwärmte von der gleichbleibenden Güte der Markenartikel (als ob es nicht tausend andere Waren gäbe, deren Güte gleich bleibt, ohne daß sie Markenartikel sind), sie verwies auf die allgemeine Anerkennung des preisgebundenen Markenartikels in der Öffentlichkeit (wobei sie nur geflissentlich verschwieg, wieviel Milliarden Mark an Werbeaufwand diese Anerkennung gekostet hat), sie sprach unermüdlich von der Übernahme wesentlicher Verteilerfunktionen durch die Hersteller und setzte es schließlich in der Tat durch, daß in der endgültigen Fassung des Gesetzes gegen Wettbewerbsbeschränkungen an dem Ausnahmeprivileg für Markenartikel festgehalten wurde.

Die amtliche Begründung für diesen parlamentarischen Umfall spricht Bände[1]:

»Allerdings ist die vertikale Preisbindung bei Markenartikeln *eine Ausnahme* von dem Grundsatz, daß eine Wirtschaftsstufe nicht in die Freiheit des geschäftlichen Entschlusses von Angehörigen anderer Wirtschaftsstufen eingreifen dürfen. Die Ausnahme erscheint jedoch tragbar. Markenartikel sind Waren des Massenkonsums. Die Verbindung der Marken mit einer Ware, die damit verbundene Notwendigkeit, dieser Ware durch gleichbleibende Qualität und durch längere Werbung Verkehrsgeltung zu schaffen, bringen *eine besondere Situation* hervor. Der Hersteller der Markenware kann sich ein Nachlassen der Qualität nicht leisten; ... Es besteht außerdem in der Vorstellung des Publikums eine bestimmte psychologische Verknüpfung von Festpreis und Güte der Ware. Unbeständige Verkaufspreise rufen bei den Konsumenten leicht die Vorstellung wach, daß auch die Güte der Ware schwankt ... Es kommt hinzu, daß die Ausbreitung des Markenwesens den Vertriebsvorgang erheblich automatisiert und damit unmittelbar dazu beigetragen hat, den Verteilungsapparat zu verbilligen.«

Es war also plötzlich alles ganz anders, als in dem ursprünglichen Beschluß des Wirtschaftspolitischen Ausschusses so un-

1 Bericht des Ausschusses für Wirtschaftspolitik über den Entwurf eines Gesetzes gegen Wettbewerbsbeschränkungen. Deutscher Bundestag, 2. Wahlperiode, zu Drucksache 3644.

mißverständlich und prägnant festgestellt worden war. Und es war plötzlich auch keine Rede mehr von ausgeschlossenem Preiswettbewerb, von behinderter Rationalisierung und sonstigen unliebsamen und unerfreulichen Folgen oder Begleiterscheinungen. Was zunächst als Verstoß gegen die marktwirtschaftliche Ordnung erkannt und angeprangert worden war, blieb zwar auch jetzt noch eine Ausnahmesituation, aber eine solche, die »im Interesse der Konsumenten« angeblich hingenommen werden muß.

Auch an diesem Fall zeigte sich wieder einmal, daß der Gesetzgeber häufig ins Hintertreffen gerät, weil ihm keine eindeutigen, methodisch und empirisch gesicherten Argumente zur Abstützung seiner Position zur Verfügung stehen. Denn welches Argument man sich auch immer ansieht, mit dem schließlich das Preisbindungsprivileg in der Gesetzgebung der Bundesrepublik verankert wurde, es steht auf schwachen Beinen. Und manches stützte sich sogar auf Behauptungen, die offensichtlich falsch waren, oder auf pseudowissenschaftliche Beweisführungen, die die Dinge glatt auf den Kopf stellten. Dies gilt in erster Linie für die von den Verfechtern des Preisbindungsprivilegs immer wieder aufgestellte Behauptung, daß das System der Preisbindung auf keinen Fall den volkswirtschaftlichen Verteilerapparat verteuert und damit den Verbraucher mit überhöhten Preisen belastet, wohl aber für einheitliche und stabile Preise gesorgt und dadurch den Verbraucher vor Übervorteilung geschützt hätte.

Weder das eine noch das andere traf zu.

Man brauchte sich, was die angebliche Preisstabilität der Markenwaren betrifft, nur einmal die Preisentwicklung bei einzelnen Markenartikeln anzusehen, um zu erkennen, daß auch die preisgebundenen Erzeugnisse im allgemeinen Preisauftrieb der letzten Jahre fleißig mitgeschwommen sind und Steigerungsraten vorzeigen, die beachtlich sind.

Und was die angeblich durch und durch normale Preishöhe bei preisgebundenen Markenartikeln anging: Das Bundeskartellamt hatte schon vor zehn Jahren – ohne daß sich allerdings damals jemand sonderlich darum gekümmert hätte – nachgewiesen, daß diese Preise selbst dann stark überhöht waren, wenn die gebundenen Markenwaren im Preiswettbewerb mit gleichartigen Waren anderer Hersteller standen. Das ist auch leicht erklärlich. Die durchschnittlichen Mindestspannen, die der Handel bei preisgebundenen Markenartikeln einsteckt, mußten schon deshalb größer sein als die durchschnittlichen Betriebshandelsspannen, weil sie auch den schwächsten Handelsfirmen, die zum Absatz des betreffenden Markenartikels noch für nötig gehalten wurden, einen ausreichenden Spielraum für Absatz- und Kostenschwankungen bieten sollten. Die Preisbindung zwang den Produzenten geradezu, die Handelsspannen so zu bemessen, daß auch die unwirtschaftlich arbeitenden Händler gut auf ihre Kosten kamen[1], und dies lief praktisch darauf hinaus, daß alle Handelsleistungen gleich behandelt wurden, obwohl ihre Qualität nicht nur nach Art und

	Durchschnittliche Rohertragsquote in % des wirtschaftlichen Umsatzes	Durchschnittliche Handelsspannen bei preisgebundenen Markenwaren in %
Einzelhandel insgesamt	25,9	36,2
Nahrungs- und Genußmittel insgesamt	19,7	30,0
Lebensmittel aller Art	18,9	26,3
Schokolade und Süßwaren	26,9	33,8
Wein und Spirituosen	27,1	27,5
Bekleidung, Wäsche, Schuhe, insgesamt	29,0	35,0
Schuhwaren	27,1	39,6
Hausrat insgesamt	31,1	33,7
Eisenwaren und Küchengeräte einschl. Öfen	25,2	32,5
Porzellan und Glaswaren	35,9	47,0
Papier- und Schreibwaren	30,2	37,3
Drogerien, Farben und Anstrichbedarf sowie Seifen, Bürsten, Parfümerien usw.	31,7	40,9

Quelle: Bundeskartellamt 1972

1 So der Wissenschaftliche Beirat beim Bundeswirtschaftsministerium in einem 1962 verfaßten Gutachten.

Umfang der Handelsfunktionen, sondern auch nach der Art und individuellen Ausstattung der einzelnen Handelsunternehmen sehr unterschiedlich ist. Indem das Preisbindungssystem gut und schlecht geführte Firmen über einen Kamm schor, verwehrte sie es ausgerechnet dem rationell und produktiv arbeitenden Handel, Handelsspannen und Preise entsprechend der individuellen Leistung zu variieren, das heißt also zum Beispiel, erzielte Rationalisierungseffekte in Form niedrigerer Preise an den Verbraucher weiterzugeben.

Hinzu kam, daß sich anstelle des Preiswettbewerbs der Händler um die Verbraucher (der ja ausgeschaltet war), ein Rabattwettbewerb der Hersteller um die Händler entwickelte, der die Handelsspannen, solange der Endverbraucherpreis festblieb, zwangsläufig nach oben trieb oder etwa beabsichtigte Senkungen der Spannen verhinderte.

Die Hauptgemeinschaft des Deutschen Einzelhandels war zwar – wie konnte es anders sein – der Meinung, »daß nicht marktgerechte Preisbindungen durch den Markt selbst korrigiert werden«. Aber das war holder Wahn oder Selbstbetrug. Eine automatische Korrektur überhöhter gebundener Preise konnte es schon deshalb nicht geben, weil die gebundenen Preise solange wirksam blieben, wie sie das preisbindende Unternehmen aufrechterhalten wollte und gegen Preisunterbieter zivilrechtlich vorgehen konnte, wobei es völlig gleichgültig war, ob die Preise marktgerecht waren oder nicht.

Zu der Überhöhung der gebundenen Preise für Markenwaren trat in Branchen mit vorherrschender Preisbindung noch die Verteuerung vergleichbarer anonymer Erzeugnisse, die – wie mancherlei Spirituosen, Seifen oder neckische Badeanzüge beweisen – im Schatten der Markenartikel segelten und zu gleichfalls überhöhten Preisen abgesetzt wurden.

Wie groß die tatsächliche Überhöhung des Preisniveaus war, die die Preisbindung mit sich brachte, ließ sich also schon aus diesem Grund gar nicht exakt feststellen. Um so naiver mutete der Wunsch des deutschen Gesetzgebers an, daß nur solche Preisbindungen zugelassen werden sollten, bei denen sich die gebundenen Preise »nicht zu lange« und »nicht zu weit« von den Preisen entfernen, wie sie sich ohne Preisbindung, also bei einem normalen Preiswettbewerb auf Hersteller- und Händlerstufe bilden würden. Das Bundeskartellamt, als strenger Wächter eingesetzt, daß alles seinen ordentlichen Gang im Rahmen des Gesetzes nimmt, hatte es wirklich schwer. Es konnte praktisch nur eingreifen, wenn Preise und Handelsspannen so eklatant überhöht waren, daß die vom Gesetz geforderte »Unangemessenheit« sozusagen mit Händen zu greifen war. Ein solcher Fall war – beispielsweise – der Fall der Zahnpasta Signal (auf einen anderen ähnlichen kommen wir gleich noch zu sprechen). Selbst auf den niedrigsten Mengenrabattstufen ergaben sich bei diesem durchaus nützlichen Artikel des täglichen Gebrauchs für Warenhäuser und Diskountketten Handelsspannen in Höhe von 40 bis 45 Prozent, und für Großfilialen und Konsumgenossenschaften Handelsspannen in Höhe von 45 bis 49 Prozent des Endverkaufspreises. Man muß, um die stolze Höhe dieser Spannen richtig würdigen zu können, wissen, daß die normale durchschnittliche Betriebshandelsspanne des Lebensmitteleinzelhandels 19 Prozent, die normale durchschnittliche Betriebshandelsspanne der Diskounthäuser gar nur 16,5 Prozent beträgt.

Noch klassischer ist – und es lohnt sich daher, etwas ausführlicher darüber zu berichten – der Fall der Firma Fischer & Fischer in Bühl/Baden mit ihren Erzeugnissen UHU-Alleskleber und UHU-hart. Das Bundeskartellamt hob im Frühjahr 1970 die Preisbindung für diese Artikel mit der Begründung auf, daß durch sie die gebundenen Waren in einer gesamtwirtschaftlich nicht zu rechtfertigenden Weise verteuert würden, daß der Handel an Preissenkungen gehindert werde und sich daher nach Wegfall der Preisbindung sehr viel niedrigere Endverbraucherpreise durchsetzen würden. Dem Amt hatte außerdem mißfallen, daß die Firma Fischer & Fischer die gebundenen Verbraucherpreise erheblich stärker heraufgesetzt hatte als ihre Abgabepreise an den Handel. Einer Erhöhung des Herstellerpreises um 7 Pfennig stand, wie aus der nachstehenden Tabelle hervorgeht, eine Erhöhung des gebundenen Verbraucherpreises um 10 Pfennig, einer Erhöhung des Herstellerpreises bei einem anderen Erzeugnis um 13 Pfennig eine Erhöhung des gebundenen Verbraucherpreises um 20 Pfennig gegenüber.

Erzeugnis	A	B	C	D
Abgabepreis an Einzelhandel in Pfennig				
am 15. 1. 1969	32,2	38,9	52,2	64,4
am 1. 12. 1969	38,9	45,5	57,7	77,7
Erhöhung	+ 6,7	+ 6,6	+ 5,5	+ 13,3
Gebundener Endverbraucherpreis				
am 15. 1. 1969	50	60	80	100
am 1. 12. 1969	60	70	90	120
Erhöhung	+ 10	+ 10	+ 10	+ 20

Quelle: Beschluß der 3. Beschlußabteilung des Bundeskartellamtes vom 19. 2. 1970. Az.: B 3 – 463450 – GnX – 377/69

Die daraus resultierenden Handelsspannen konnten sich sehen lassen. Der Großhandel erhielt neben dem Funktionsrabatt einen Mengenrabatt von 18 Prozent bei Abnahme von mehr als 250 Mark Warenwert, und von 20 Prozent bei Abnahme von mehr als 500 Mark Warenwert, darüber hinaus einen Mengenrabatt von 5 Prozent bei Abnahme von insgesamt 6 Grossisteneinheiten. Der direkt belieferte Einzelhandel erhielt außer dem Funktionsrabatt einen Mengenrabatt von 10 Prozent bei Abnahme von mindestens 170 Mark, von 15 Prozent bei Abnahme von mindestens 300 Mark und von 18 Prozent bei Abnahme von mindestens 400 Mark Warenwert. Die Kumulation von Funktions- und Mengenrabatten schob dem Handel Spannen in die Tasche, die beim Vertrieb über beide Handelsstufen je nach dem Erzeugnis 47,6 bis 51,9 Prozent, beim Direktabsatz an den Einzelhandel 42,7 bis 47,2 der Endverbraucherpreise betrugen. Fast oder mehr als die Hälfte des Kaufpreises, den der Kunde auf den Ladentisch legte, strich also der Handel ein, wobei die großen Abnehmer wie Warenhäuser, Filialgeschäfte und Einkaufsvereinigungen den größten Nutzen hatten, da sie kostengünstiger arbeiten als der übrige

Einzelhandel. Fischer & Fischer hatte überdies die Kalkulation der gebundenen Preise auf die ungünstigere Kostenstruktur des Fachhandels abgestellt, obwohl mindestens 30 Prozent des Umsatzes mit Klebstoffen über Nichtfachhändler abgewickelt wurden.

Erst als die Preisbindung fiel, waren sie und mit ihnen viele andere Händler in der Lage, die Waren zu billigeren Preisen abzugeben, und siehe da: sie leben noch immer und sie leben noch immer gut. Dupiert mußten sich allerdings die Käufer von UHU-Klebstoffen vorkommen. Sie hatten jahrelang überhöhte Preise bezahlt.

Die Nonchalance, mit der gebundene Preise kalkuliert wurden, demonstrierte fast noch eindrucksvoller die Firma Clairol Bristol Myers GmbH in Neu-Isenburg. Diese Firma hatte beim Bundeskartellamt für 4 Verkaufseinheiten ihrer (damals neuen) Körperpflegemittel MUM Roller und Refill für die Monate August bis Dezember 1971 als »Probierpreis« einen gebundenen Endverbraucherpreis von 5,80 DM und nach Ablauf dieser »Einführungszeit« ab Januar 1972 einen Preis von 8,25 DM angemeldet. Als das Bundeskartellamt die ab Januar 1972 gültigen Preisbindungen mit den um rund 42 Prozent höheren Endverbraucherpreisen als unangemessene Verteuerung beanstandete, verzichtete das Unternehmen auf die erhöhten Preise und verkaufte, so als wenn es niemals etwas anderes im Sinn gehabt hätte, die neuen Körperpflegemittel zum Preis von 5,80 DM. Plötzlich ging es auch so, und es ging offensichtlich auch so noch sehr gut.

Zu Beginn des Jahres 1970 gaben die Hersteller von Fotoartikeln und Filmmaterial, als sie vom Bundeskartellamt aufgefordert wurden, die mißbräuchliche Handhabung ihrer Preisbindungen abzustellen, schlagartig die Preisbindung für 2380 Verkaufseinheiten auf.

Wie sich sehr rasch zeigte, hatte dies bei fast allen freigegebenen Artikeln erhebliche Preissenkungen zur Folge. Besonders bemerkenswert war dabei, daß diese Preissenkungen ausgerechnet zu einem Zeitpunkt durchgeführt wurden, zu dem auf fast allen anderen Märkten die Preise anzogen. Und obgleich er-

Artikel	Letzter gebundener Preis in DM	Durchschnittlicher Preis nach Entlassung aus Preisbindung in DM	Preissenkung in %
Fotoapparate			
Agfa Silette LK	189,–	178,04	– 5,8
Agfa Optima 500	288,–	259,20	– 10,0
Miranda Sensomat	748,–	633,56	– 15,3
Regula Olymatic IA	159,–	141,02	– 11,3
Rollei 35	578,–	507,14	– 12,3
Vitessa 126 SE	269,–	192,89	– 28,3
Icarex 35	700,–	557,18	– 20,5
Vitoret D	189,–	166,31	– 12,2
Vitomatic II CS	429,–	387,11	– 9,8
Schmalfilmkameras			
Bauer C2M Super	785,–	701,39	– 10,7
Bauer C Royal	1570,–	1243,43	– 20,8
Nizo S 36	648,–	530,52	– 18,9
Nizo S 55	1198,–	1119,80	– 6,5
Beaulieu 4008 ZM	2880,–	2695,76	– 6,4
Moviflex GS 8	1675,–	1426,94	– 14,8
Dia-Projektoren			
Braun D 35	348,–	293,69	– 15,5
Leitz Pradovit-Color	833,–	683,06	– 18,0
Minomat N	445,–	407,87	– 8,3
Perkeo-Automatik S250	435,–	379,–	– 17,9
Elektronen-Blitzgeräte			
Matador 500	540,–	502,49	– 7,1
Loewe Optatron 420C	198,–	178,96	– 9,5
Mecablitz 185	198,–	185,26	– 6,5
Regula Variant FF	139,–	111,61	– 19,5
Filme			
Kodacolor X 126/20	6,50	6,36	– 2,3
Kodacolor X Film	9,90	9,60	– 3,3
Kodak Ektachrome	15,80	12,37	– 11,7

Die vorstehenden Preisvergleiche sind das Ergebnis einer Untersuchung, die das Institut für angewandte Verbraucherforschung in Köln im Auftrag des Bundeskartellamtes von Juli bis November 1970 in 392 repräsentativen Fotofachgeschäften, Fotofilialbetrieben und Fotoabteilungen von Warenhäusern anhand von Preisen für 57 Artikel (Fotoapparate, Belichtungsmesser, Filmkameras, Dia-Projektoren, Elektronen-Blitzgeräte, Schwarzweiß- und Farbfilme) durchgeführt hat.

höhte Abgabepreise der Hersteller die Handelsspannen schrumpfen ließen und der Handel dadurch gehindert wurde, die Verkaufspreise noch stärker zu senken, kam es bei einigen Artikeln zu Preissenkungen von 20 Prozent und mehr, bei vielen Artikeln zu Preissenkungen zwischen 10 und 15 Prozent, und bei den restlichen Artikeln zu Preissenkungen von mindestens 4 bis 8 Prozent. Daß der treue Kunde zu seinem freudigen Erstaunen für eine Filmkamera jetzt um 327 Mark und für einen Fotoapparat um 223 Mark weniger zu zahlen brauchte als früher, mochte eine Ausnahme sein. Keine Ausnahme aber war, daß nach Aufhebung der Preisbindung die Preise für Kleingeräte durchweg um 30 bis 40 Mark, und die Preise für Großgeräte häufig um 80 bis 120 Mark fielen.

Ähnlich verlief die Entwicklung bei den Drogeriewaren, die gleichfalls im ersten Halbjahr 1970 von der Preisbindung erlöst wurden. Auch hier gab es, wie zum Beispiel beim riar Haarspray der Dalli-Werke, Preissenkungen von 28 Prozent, auch hier waren Preissenkungen von 10 Prozent und mehr keine Seltenheit, und auch hier lagen die schwächsten Preissenkungen zwischen 4 und 5 Prozent.

Angesichts dieser Tatsachen konnte wirklich nur die Markenartikelindustrie bestreiten, daß das System der Preisbindungen unweigerlich zu künstlich überhöhten Preisen führte. Ihr konnte man es allerdings auch nicht verargen, wenn sie Tatbestände, die gegen sie sprachen, zu bagatellisieren oder durch das Entfachen wissenschaftlicher Auseinandersetzungen zu vernebeln suchte. Man fragt sich aber, was die politischen Parteien und die von ihnen getragene Regierung unbeschadet ihrer jeweiligen Zusammensetzung veranlaßt hat, eine Institution in Watte zu packen, die Millionen von Verbrauchern und mit ihnen die ganze Gesellschaft zu den eigentlichen Verlierern machte.

Man fragt sich das um so mehr, als es ja nicht nur darum ging, daß ein paar tausend Händler- und Produzentenfirmen zu überhöhten Gewinnen verholfen, und auch nicht nur darum, daß der Verteilerapparat unnötig verteuert wurde. Das Preisbindungssystem hatte noch andere, nicht weniger unerfreuliche Folgen, die teils struktureller, teils sogar prinzipieller Art

Unternehmen	Artikel	Letzter gebundener Preis in DM	Durchschnittl. Preis nach Entlassung aus der Preisbindung in DM	Durchschnittl. Preisveränderung in %
Sunlicht	Dual Fußbodenreiniger und Pflegemittel			
	500 g	3,45	3,29	– 4,6
	1000 g	5,95	5,72	– 3,9
	Geschirrspülmittel 450 g	1,95	1,63	–16,4
	Lux mit Dermasoft Riesensparflasche 700 g	2,65	2,30	–13,2
Dalli-Werke	Kult-Seife			
	Normalstück 95 g	1,00	0,93	– 7,0
	Badestück 140 g	1,45	1,30	– 9,7
	riar Eau de Cologne Flasche à 50 ccm	3,75	3,39	– 9,6
	riar Haarspray 18 oz	4,95	3,56	–28,1
	riar Kräuter-Shampoo à 250 ccm Art. Nr. 08607	1,95	1,68	–13,9
Dr. Scheller Duro Dont	Cito Haarspray Dose 18 oz	3,90	3,42	–12,3
	Cito Zahncreme Riesentube 145 g	2,10	1,96	– 6,7
Procter & Gamble	Rei in der Tube Duo-Packung	2,10	1,77	–19,5
Colgate-Palmolive	banner-Super-Seife			
	Normalstück 100 g	1,20	1,13	– 5,8
	gr. Stück 150 g	1,75	1,62	– 7,4
Golf-Cosmetik	Golf Haarspray fashion Look Sprühdose	4,95	4,28	–13,5
	Golf Haarfestiger Flasche 120 ccm	2,50	2,32	– 7,2
	Golf Haarspray			
	Normaldose 155 g	2,95	2,80	– 5,1
	Riesendose 380 g	4,90	4,45	– 9,2
	Golf Deo-Spray Dose 100 g	4,80	4,47	– 6,9
Schwarzkopf	Haarspray soft Riesendose 428 g	5,90	5,39	– 8,6

Quelle: Bundeskartellamt 1972

waren. Da auf der einen Seite überhöhte Gewinne die Produzenten von Markenartikeln leicht zu falschen Investitionsentschlüssen verlockten (wir haben es bei Rundfunk- und Fernsehgeräten, bei Kühlschränken, Öfen und Herden wiederholt erlebt), und auf der anderen Seite die lukrativen Handelsspannen auch leistungsunfähigen Händlern eine Überlebenschance garantierten, löste die Preisbindung auf der Erzeugerstufe partielle Überproduktionen und auf der Handelsstufe eine Übersetzung des Handels aus, die nichts anderes als eine enorme Vergeudung anderweitig dringend benötigter Produktivleistungen bedeuteten. Da die Preisstarre bei den preisgebundenen Markenwaren Handel und Hersteller daran hinderte, Kostenminderungen oder Rationalisierungserfolge rechtzeitig und in ausreichendem Ausmaß in den Verkaufspreisen zu berücksichtigen, flossen Produktions- und Handelsunternehmen, die Kosteneinsparungen erzielten, beachtliche zusätzliche Erträge zu, die bei freier Preisbildung in der Regel nicht hätten erzielt werden können. Insofern verfälschte die Preisbindung auch die Einkommensverteilung im Verhältnis zu den tatsächlich erbrachten produktiven Leistungen. Und indem sie gerade die tüchtigeren, einfallsreicheren und aktiveren Händler dazu zwang, auf eine Ausweitung des Umsatzes zu verzichten (weil eine solche Ausweitung nur über niedrigere Preise möglich gewesen wäre), und unter Umständen sogar Umsatzeinbußen in Kauf zu nehmen, widersprach sie schließlich vehement dem Grundsatz einer leistungsgerechten Entlohnung aller produktiven Leistungen.

Wo Produktivität eher bestraft als belohnt wird, fühlen sich die Unproduktiven wohl. Und wo Leistung nicht gefragt ist, fühlen sich die Faulen zu Hause. Es war daher schon aus diesem Grund höchste Zeit, mit dem Preisbindungsprivileg Schluß zu machen. Die Markenartikel werden – davon können wir überzeugt sein – auch nach der Aufhebung der Preisbindung immer noch Markenwaren sein, auf deren Güte man sich verlassen kann. Die Produzenten von Markenartikeln, die jetzt auf die Preisbindung verzichten müssen, gehen deswegen nicht pleite, und tüchtige Händler werden, auch wenn sie sich mit kleineren Handelsspannen begnügen müssen, deswegen nicht Konkurs anzumelden brauchen. Sie alle werden wie eh und je ihre vorzüglichen Produkte herstellen oder vertreiben und an ihnen verdienen. Beklagen kann sich nur der Bundesbürger, der jahrzehntelang für Waren des täglichen Lebensbedarfs und für langlebige Gebrauchsgüter überhöhte Preise bezahlt hat, und auch jetzt noch befürchten muß, daß sich das System der Preisbindung so tief in unserer Wirtschaft verwurzelt hat, daß sich seine Folgen so rasch nicht beseitigen lassen.

Teuer – der Arzneimittelhandel

Aber genug von den Preisbindungen und den so innig mit ihnen liierten Markenartikeln, dieser heiligen Kuh der deutschen Wirtschaft, die solange niemand zu schlachten wagte. Wie kostspielig und kräftezehrend der Verteilerapparat ist, den sich die bundesdeutsche Gesellschaft hält, können wir auch an einem anderen Bereich sehen, der nicht weniger aufschlußreich und nicht weniger wichtig ist, weil es dabei immerhin um die Gesundheit der Deutschen geht.

Ich meine den Handel mit Arzneimitteln und alles was dazu gehört.

Die Pro-Kopf-Ausgaben für Medikamente in der Bundesrepublik sind von 45,– DM im Jahre 1960 auf 105,– DM im Jahre 1970 gewachsen, haben sich also in knapp 10 Jahren mehr als verdoppelt. Diese enorme Steigerung liegt allerdings nur zu einem Teil an dem erhöhten – echten oder eingebildeten – Bedarf an Arzneimitteln, sie liegt vielmehr hauptsächlich daran, daß die Preise für Arzneimittel überproportional gestiegen sind. Die Usancen, unter denen Arzneimittel in der Bundesrepublik hergestellt und vertrieben werden, haben nämlich einen ähnlichen Effekt wie das eben geschilderte Preisbindungssystem bei Markenartikeln, und worin dieser Effekt besteht, kann man ohne weiteres daran erkennen, wie sich die Arzneimittelpreise im Vergleich zu den allgemeinen Lebenshaltungskosten entwickelt haben und was im Vergleich zu anderen Ländern die Arzneimittel in der Bundesrepublik kosten.

Auf die Basis von 1958 bezogen, hatten sich für einen bundesdeutschen 4-Personen-Haushalt im Jahre 1971 die Mietausgaben mehr als verdoppelt, waren die Ausgaben für Nahrungs- und Genußmittel um 32 Prozent, für Kleidung und Schuhe um 31 Prozent, für Strom, Gas und Brennstoffe um 43 Prozent gestiegen. Die gesamten Lebenshaltungskosten waren im Jahr

Entwicklung der Arzneimittelpreise in der Bundesrepublik 1958–1971

		1958 DM	1971 DM	Steigerung in %
Aspirin (Bayer)				
0,5	20	1,10	1,80	+ 64
Treupel (Hamburg)				
0,5	10	1,10	1,80	+ 64
	20	1,85	2,85	+ 54
Supp. (1,0)	5	1,50	2,20	+ 47
Gelonida (Goedecke)	10	1,10	1,80	+ 64
	20	1,85	2,85	+ 54
Saridon (Roche)				
Tabl.	10	0,90	1,65	+ 83,3
	20	1,60	3,00	+ 87,5
Optalidon (Sandoz)				
(Bellergal)	10	0,90	1,60	+ 77,8
(Enedian)	25	1,90	3,30 (20 St.)	+ 117,1
Chinium hydrochloricum (MBK)				
Compr. 0,25	10	1,15	4,10	+ 257
	20	–	7,45	+ 301
	50	4,65	–	
Compr. 0,50	10	1,95	7,30	+ 274
	20	–	13,90	+ 309
Pervitin (Temmler)				
30 Tabl. 0,003		1,95	3,30	+ 69
6 Amp. (0,015)		2,65	6,40	+ 142
Lösung per inj. (0,015)		4,10	10,20	+ 149
Baldrian-Dispert (Kali)				
Drag. 30		1,30	2,50	+ 92
Drag. 100		3,30	6,30	+ 91

Quelle: Eigene Berechnungen nach der Apotheker-Taxe

1971 um gut 40 Prozent höher als im Jahr 1958. In der gleichen Zeit haben sich die Arzneimittel in erheblich stärkerem Ausmaß verteuert. Viele von ihnen kosteten 1971 fast doppelt soviel wie 1958, einige sogar das Zwei-, Drei- und Vierfache, und wenn der um seine Gesundheit bangende Deutsche für ein Medikament jetzt nur um die Hälfte mehr bezahlen muß als vor 10–12 Jahren, dann kann er von Glück reden. Und der gleiche Deutsche muß vor Neid erblassen, wenn er erfährt, was Medikamente in der Bundesrepublik und was sie in seiner unmittelbaren Nachbarschaft – beispielsweise in der Schweiz – kosten. Nicht mehr patentgeschützte Präparate sind dort fast ausnahmslos halb so teuer, auch patentgeschützte, aber mit frei herstellbaren konkurrierende Arzneimittel werden zu erheblich niedrigeren Preisen angeboten, und selbst patentierte Spezialitäten, neben denen es keine anderen therapeutisch gleichwertigen Arzneimittel gibt, sind bedeutend billiger als bei uns. So kosten identische Penicillinpräparate in der Schweiz 1,76 DM und in der Bundesrepublik 16,20 DM, identische Antibiotika dort 15,44 DM und hier 33,60 DM, und identische Antirheumatika 4,85 DM gegenüber 7,70 DM in der Bundesrepublik.

Gewiß wären große medizinische Fortschritte der letzten Jahrzehnte ohne entsprechende Entwicklung der Pharmazie nicht denkbar gewesen und diese wiederum nicht ohne Forschungs- und Entwicklungsarbeiten der großen Firmen, die viel Geld kosten. Zweifellos sind es aber nicht diese Forschungs- und Entwicklungskosten, die die Arzneimittelpreise in ungeahnte Höhen treiben. Dies bewirkt vielmehr ein System, das den Produzenten erlaubt, fast ohne jede Kontrolle den Markt mit pharmazeutischen Präparaten zu überfluten, und das gleichzeitig dem Handel, der die Präparate absetzt, fette Pfründe zu Lasten der Verbraucher garantiert.

Dieses System hat seine Stütze darin, daß die Deutschen nicht, wie etwa die Schweizer mit ihrer Interkantonalen Kontrollstelle für Heilmittel in der glücklichen Lage sind, eine Institution zu besitzen, die die Qualität der auf den Markt kommenden Arzneimittel unter gesundheitspolitischen Aspekten

Apothekerpreise in:

Schweiz	BRD

A: Nicht mehr patentgeschützte Präparate

1. Antibiotika

Chloramphenicol

Fa. Boehringer & Soehne, Mannheim	Identisches Präparat derselben Firma
Paraxin-Dragees 12 Kaps. zu 250 mg	
5,10 sfr = 4,27 DM	16 Kaps. 12,30 DM

Penicillin-G Natrium oder Kalium und Procain-Penicillin (Injektionsfläschchen)

Alle geprüften Marken zu einem Publikumspreis von:	Farbenfabriken Bayer Aquacillin comp. Bayer
2 000 000 IE *	2 000 000 IE *
2,10 sfr = 1,76 DM	14,40 DM
	Farbwerke Hoechst N-Pc »aqu« 2 000 000 IE * 16,20 DM

2. Antidiabetika

Alt-Insulin (kristallisiertes reines Schweine-Rinder-Insulin)

Fa. Brunnengräber Insulin »Brunnengräber«	Identische Präparate derselben Firma
1 Inj.-Fl.-400 IE * 10 ccm 4,15 sfr = 3,47 DM	1 Inj.-Fl. 7,10 DM
5 Inj.-Fl. 400 IE * 5 × 10 ccm 15,45 sfr = 15,44 DM	5 Inj.-Fl. 33,60 DM
Fa. Novo Industrie GmbH, Pharmaceutica Insulin »Novo«	Identische Präparate derselben Firma
1 Inj.-Fl. 400 IE * 10 ccm 5,– sfr = 4,19 DM	7,45 DM
5 Inj.-Fl. 400 IE * 5 × 10 ccm 21,85 sfr = 18,29 DM	35,50 DM

Schweiz	BRD

3. Antirheumatika
(Penylbutazon-Präparate)

Fa. Geigy	**Identische Präparate derselben**
Butazolidin	Firma
20 Drag. zu 200 mg	
4,10 sfr = 3,43 DM	6,50 DM

B: Patentgeschützte, mit frei hergestellten Präparaten konkurrierende Spezialitäten

1. Oxyphenbuta (Antirheumatikum)

Fa. Geigy	Identisches Präparat derselben
Tanderil	Firma
30 Drag. zu 100 mg	
5,80 sfr = 4,85 DM	7,70 DM

2. Paramenthason (Corticoid)

Fa. Grünenthal	Identisches Präparat derselben
Monocortin	Firma
10 Tabl. zu 2 mg	
5,90 sfr = 4,49 DM	9,25 DM

3. Propicillin (ein oral wirksames Penicillin)

Fa. Grünenthal	Identisches Präparat derselben
Oricillin	Firma
12 Drag. zu 125 mg	12 Drag. zu 140 mg
4,85 sfr = 4,06 DM	8,10 DM
12 Drag. zu 250 mg	12 Drag. zu 280 mg
8,55 sfr = 7,16 DM	12,05 DM

C. Patentierte Spezialitäten ohne gleichwertige andere Arzneimittel

1. Rifampicin (indiziert bei Tuberkulose)

Fa. Ciba	Identisches Präparat derselben
Rimactan CIBA	Firma
16 Kaps. zu 150 mg	
38,– sfr = 31,80 DM	42,– DM

2. Vinblastinum

Fa. Lilly	Identisches Präparat derselben
Velbe 1 Amp. 10 mg	Firma
62,10 sfr = 51,98 DM	74,10 DM

* IE = Internationale Einheiten

Bei allen diesen Preisvergleichen wurden die deutschen Apothekerverkaufspreise den in der Spezialitätenliste des Eidgenössischen Bundesamtes für Sozialversicherung ausgewiesenen Einzelhandelspreisen gegenübergestellt.

Quelle: Klaus-Eberhardt Schmidt in: »Die Ortskrankenkasse«, Heft 7/8 1972

einer wirksamen Prüfung unterzieht, und daß sie auch über kein Instrument verfügen, das die Preisgestaltung bei Arzneimitteln unter die Lupe nimmt, wie das in vielen anderen Ländern ebenfalls üblich ist [1]. In der Bundesrepublik stehen weder das medizinische Bedürfnis, noch die Zweckmäßigkeit und Zuverlässigkeit des Arzneimittels und schon gar nicht seine Wirtschaftlichkeit im Vordergrund des öffentlichen Interesses. Wer in der Bundesrepublik Lust dazu verspürt und das nötige Kapital hat, kann Arzneimittel herstellen, so viel er will. Er muß lediglich jedes neue Medikament, das er auf den Markt wirft, zwei Jahre hindurch rezeptpflichtig machen. Gutachter, die die neuen Medikamente testen und positiv beurteilen, finden sich immer. Es ist unter diesen Umständen kein Wunder, daß den deutschen Markt eine Fülle von Arzneimitteln überschwemmt, auf die zu einem Großteil gut und gerne verzichtet werden könnte, ohne daß die therapeutische Versorgung der deutschen Bevölkerung den geringsten Schaden erlitte [2]. Viele von diesen Arzneimitteln entstehen als Abfallprodukte anderer Produktionen, viele werden zwar gezielt entwickelt, jedoch ohne genaue Prüfung ihrer Neben- und Nachwirkungen auf den Markt gebracht, und viele sind nichts anderes als leicht abgewandelte Dosierungen anderer Präparate, die nur unter neuem Namen und zu höheren Preisen angeboten werden [3]. Die mei-

1 Es lohnt sich, in diesem Zusammenhang die Tätigkeit des Ausschusses für wirtschaftliche Fragen bei der Eidgenössischen Arzneimittelkommission zu betrachten. In diesem Ausschuß prüfen 3 Vertreter der Krankenkassen, je 2 Vertreter der Ärzte und Apotheker sowie ein Vertreter der Heilanstalten neue Präparate auf ihre Wirksamkeit im Verhältnis zu anderen Arzneimitteln gleicher oder ähnlicher Indikation, Kosten für die Forschungsarbeit und Markteinführung, sowie die vergleichbaren Preisverhältnisse im In- und Ausland. Nur wenn die Gesamtprüfung positiv ausfällt, wird das Medikament in die Spezialitätenliste aufgenommen und damit auch von den Krankenkassen bezahlt.

2 Zur Zeit sind in der Bundesrepublik etwa 70 000 Medikamente im Handel. Kenner des Pharmamarktes glauben, daß 20 000 mehr als ausreichend wären. Das Angebot könnte allein schon dadurch spürbar beschränkt werden, daß die Herstellung und der Vertrieb von Mehrfachpräparaten eingestellt wird.

3 Ein und dasselbe Präparat wird z. B. einmal unter der Bezeichnung Aspirin als Schmerzlinderungstablette, das anderemal unter der Bezeichnung Colfarit als Blutgerinselverhütungsmittel verkauft. Der Unterschied

sten, vor allem Cortisonpräparate, Sulfonamide, Antibiotika und die »Pille«, werden kopiert von den verschiedensten Firmen in den Handel gebracht.

Oft werden die gleichen Präparate in den verschiedensten Zubereitungsformen, als Tropfen, Dragees, Salben usw. vertrieben, und in diesem ganzen unübersehbaren Wust und Wirbel von einander sich überschneidenden, mehr oder minder identischen, kopierten und vielfach abgewandelten Medikamenten fällt es dann auch nicht mehr auf, wenn Präparate gleichzeitig schlechter und teurer werden [1].

Nun ist es beileibe nicht so, daß sich der deutsche Gesetzgeber nicht auch um das gesundheitliche Wohl seiner Bürger sorgen oder sich nicht bemühen würde, sie beim Kauf von Arzneimitteln vor Übervorteilungen und Schäden zu schützen. In Paragraph 35 des Arzneimittelgesetzes vom 16. Mai 1961 wurde der Bundesminister für Wirtschaft ermächtigt, »durch Rechtsverordnung mit Zustimmung des Bundesrats« für Apotheken »Preise und Preisspannen für die Abgabe von Arzneimitteln ... festzusetzen«, sowie Vorschriften über die Bildung von Preisen zu erlassen. In der amtlichen Begründung dazu heißt es: »Die Arzneimittel, die oft von lebensrettender Bedeutung sind und deren Beschaffung nicht von wirtschaftlichen Überlegungen abhängig gemacht werden kann, müssen bei der Preisgestaltung von der Beeinflussung durch wirtschaftliche Vorgänge möglichst freigehalten werden. Die Preisspannen für die Weitergabe industriell hergestellter Arzneispezialitäten können auch weiterhin nicht dem Belieben des einzelnen Apothekers überlassen werden.«

Das klingt in der Tat sehr schön und stellt dem guten Willen des Gesetzgebers ein gutes Zeugnis aus. Leider ist es zu schön,

liegt nur darin, daß es als blutstillendes Mittel erheblich mehr kostet (Aspirin Bayer 100 Tabl.: 6,80 DM, Colfarit 100 Tabl.: 9,– DM).

1 Wie z. B. die Magentablette Rennie der Firma Nicholas, die sanft ihrer wirksamsten Bestandteile, nämlich der Wismutsalze und Süßholzextrakte, entkleidet und – mit neuer Verpackung und zu höheren Preisen – in einer Zusammensetzung auf den Markt gebracht wurde, die mit ihrem Gemisch von Karbonaten und Pfefferminzgeschmack nichts anderes ist als ein gutes, braves Zahnputzpulver alter Verschreibung.

um wahr zu sein, und das Wahre ist, wie so oft, leider nicht schön.

Was die Preisgestaltung bei Arzneimitteln betrifft (die von der Beeinflussung durch wirtschaftliche Vorgänge freigehalten werden soll): Es gibt wenig so gut gehütete Geheimnisse wie die Kalkulation bei der Herstellung von Arzneimitteln, und daher ist auch über deren Kosten – und Ertragsstrukturen verhältnismäßig wenig bekannt. Nur gelegentlich zerreißt ein Blitz das Dunkel, der Einzelheiten ans Licht bringt, die sonst im Verborgenen bleiben.

Im Jahre 1971 gewährte ein deutsches Pharmawerk, die Schering AG, ihren Aktionären Einblick in die Kalkulation pharmazeutischer Produkte[1]. Der Einblick beschränkte sich zwar auf die Preisgestaltung bei der Anti-Baby-Pille Eugynon, was dabei herauskam, ist aber trotzdem mehr als eine Momentaufnahme und auch sicher nicht nur für dieses eine pharmazeutische Erzeugnis charakteristisch.

Die reinen Herstellungskosten der Pille Eugynon machen danach (einschließlich der Personal- und Materialkosten) 50 Pfennig aus. Auf Forschungskosten und Qualitätskontrolle entfallen 38 Pfennig, auf Kosten für »wissenschaftliche« Information, Beratung und Werbung 42 Pfennig, auf Vertriebskosten 22 Pfennig und auf die Generalkosten (Kosten für technische Dienste, Datenverarbeitung, Verwaltung, Pensionsrückstellungen usw.) 81 Pfennig. Summa summarum betragen also die gesamten Selbstkosten der Herstellerfirma 2,33 DM. Die Schering AG gab das Präparat an Großhandel und Apotheken zum Preis von 2,91 DM ab, so daß ihr ein Rohgewinn von 58 Pfennig verblieb. Verkauft wurde die Pille in den Apotheken zum Preis von 6,50 DM, was den üblichen, aus der deutschen Spezialitätentaxe resultierenden Handelsspannen der Apotheken entspricht. Die in dieser Taxe aufgeführten Apotheker-Preise stellen, soweit sie nicht vom Hersteller gebunden sind, gesetzlich vorgeschriebene Höchstpreise dar. Die Arzneimittel

1 Auf der Hauptversammlung 1971 in einem Referat des Vorstandsmitglieds Hans-Jürgen Hamann.

müssen zu diesen Preisen verkauft werden, auch dann, wenn keine Preisbindungen bestehen, und obgleich die Einkaufspreise der Apotheken infolge unterschiedlicher Rabatte mitunter stark differieren. Auf diese Weise kommen Apothekerspannen zustande, die 45 bis 54 Prozent des Verkaufspreises betragen, Spannen, die kaum noch größer sein könnten, wenn sie »ins Belieben des einzelnen Apothekers« gestellt wären. Zählt man zu diesen Spannen noch die Vertriebskosten hinzu, die die Herstellerfirma selbst hat, dann kommt man zu dem stolzen Ergebnis, daß – im Falle Schering präzis und in anderen Fällen wahrscheinlich nicht weit davon entfernt – allein der Weg des Medikaments zum Verbraucher 65 Prozent des Endverbrauchspreises kostet[1]. Bei allem Wohlwollen kann man dies nicht als einen billigen Weg bezeichnen, vor allem unter dem Gesichtspunkt nicht, daß die reinen Herstellungskosten dieses Medikaments ganze 8 Prozent des Endverkaufspreises ausmachen.

Von den Apotheken wird immer wieder hervorgehoben, welche große Aufgabe sie als Mittler zwischen Arzt und Patienten innehätten. Sie rechtfertigen damit vor sich und den anderen das langjährige Hochschulstudium, das sie zur Bestallung als Apotheker benötigen, und sie begründen damit auch die hohen Apothekerspannen, die sie sonst nicht begründen könnten. Faktisch stehen aber die Kosten ihrer Ausbildung zu den praktischen Anforderungen ihres Berufs in dem gleichen Mißverhältnis wie die Apothekerspannen zu den Leistungen, die mit diesen Spannen bezahlt werden. Da mindestens 90 Prozent der Medikamente von den Herstellern fertig verpackt in alle Welt versandt werden, ist der Apotheker von heute kaum noch mehr als ein Kaufmann, der die an ihn gelieferten Waren

1 Ein anderer deutscher Hersteller machte in einer schwachen Stunde für ein 10-DM-Präparat bei einem Abgabepreis an den Großhandel von 4,82 DM folgende Angabe: Reine Herstellungskosten 1,55 DM, Forschung 52 Pfennig, 52 Pfennig Vertrieb, 57 Pfennig Information, 41 Pfennig Werbung, 78 Pfennig Generalkosten = 83 Pfennig Gewinn. Wenn auch die Selbstkosten zum Teil sich anders verteilen als bei Schering, so kommt auch hier heraus: 3,68 DM für Herstellungskosten, Forschung, Generalkosten und Gewinn, alles übrige, nämlich 6,32 DM oder 63 Prozent des Endverbrauchspreises für die Verteilung.

Apothekerspannen

in % des Verkaufspreises (ohne Mehrwertsteuer)	Stück	%
Antineuralgicon	10	46,5
	20	45,6
Arctylin Heyden	20	54,2
Aspirin Bayer	20	45,6
	100	43,6
Baldrian Dispert	30	53,6
	100	51,8
	200	46,4
Gelonida	10	45,6
	20	45,2
	100	45,4
Togal Tabl. 0,33	14	45,4
	42	43,7
	100	43,4
Cortison Dr. Wieser	Salbe	45,9
Optalidon	10	45,4
	20	45,4

Quelle: Eigene Berechnungen nach der Kleinen Spezialitäten-Taxe, 70. Ausgabe, Frankfurt 1971

in dem gleichen Zustand, in dem er sie erhält, weiterverkauft. Rezeptpflichtige Arzneimittel dürfen zwar vorschriftsgemäß nur von approbierten Apothekern abgegeben werden. Aber nicht einmal das ist in der Praxis immer der Fall. Häufiger als es die Apotheker wahrhaben wollen, werden Medikamente von Helferinnen verabreicht, die keine entsprechende Berufsausbildung hinter sich und oft von Tuten und Blasen keine Ahnung haben. Und was die häufig zitierte Beratungsfunktion der Apotheker betrifft: sie wird allein schon dadurch ad absurdum geführt, daß es kaum einen Apotheker geben dürfte, der es ablehnen würde, Präparate zu verkaufen, von denen er weiß, daß sie nicht viel taugen. Es gibt viel zu viele solcher Präparate, so daß sich jede uneigennützige Beratung in einem erheblichen Rückgang des Umsatzes und damit des Gewinns niederschlagen würde. Unsere Gesellschaft hat es sich schon seit langem abgewöhnt, von jemandem zu verlangen, daß er im Interesse des Gemeinwohls sein Gewinnstreben einschränkt und freiwillig auf einen Teil seines Gewinns verzichtet. Wie kann sie einen solchen Verzicht von den Apothekern erwarten, denen sie ohne zwingenden Anlaß Handelsspannen einräumt, von denen andere, die praktisch dasselbe tun wie sie, nicht einmal zu träumen wagen.

Die Apotheker selbst sind natürlich der felsenfesten Meinung, daß ihnen die hohen Spannen zustehen. Sie kassieren sie ja im Dienst an der Gesundheit der Deutschen und dafür ist offensichtlich kein Preis zu teuer. Den staatlichen Stellen, den gleichen, die die hohen Apothekerpreise sanktionieren, scheint zwar langsam klarzuwerden, daß es so nicht weitergehen kann, und ein interministerialer Arbeitskreis in Bonn hat Überlegungen darüber angestellt, wie man zu einer größeren Transparenz des Pharmamarktes und als Resultat davon zu niedrigeren Apothekerspannen und niedrigeren Arzneimittelpreisen kommen kann. Aber schon die bloße Ankündigung solcher Überlegungen hat genügt, um die Apotheker auf die Barrikaden zu treiben. Für sie sind die Höchstpreise, die ihnen die Apotheker-Taxe garantiert, schlichtweg das Minimum, an dem nicht gerüttelt werden darf. Sie halten unerschütterlich an einer jahrzehntelangen Vertriebsstruktur fest, deren Unproduktivität schwer zu überbieten ist.

Undurchsichtig – der Nahrungsmittelhandel

Wer glaubt, daß es eine einfache Sache wäre, den Preis eines landwirtschaftlichen Erzeugnisses vom Bauern bis zum Endverbraucher zu verfolgen, irrt gewaltig. Der Versuch, die Spannen zwischen Erzeuger- und Verbraucherpreisen dadurch festzustellen, daß man einfach Erzeuger- und Verbraucherpreise gegenüberstellt, führt nur dort zu brauchbaren Ergebnissen, wo es sich auf Erzeuger- und Verbraucherstufe um praktisch die gleichen genau definierbaren Qualitäten des gleichen Erzeugnisses handelt. Wo die landwirtschaftlichen Erzeugnisse auf ihrem Weg zum Endverbraucher eine Vielfalt von Bearbeitungsstufen durchlaufen, müssen zur Ermittlung von Preisspannen Verfahren angewandt werden, die so kompliziert sind, daß sie fast nur von denen verstanden werden, die sie erfunden haben. Man ist daher mehr oder weniger darauf angewiesen, den Ergebnissen, die dabei herauskommen, zu vertrauen, ohne selbst nachprüfen zu können, ob das, was mit einem großen Aufwand an Fleiß und Scharfsinn zustande gebracht wurde, auch wirklich stimmt.

Das Hauptproblem bei allen diesen Berechnungen (Dr. Bittermann vom Institut für landwirtschaftliche Marktforschung hat darauf hingewiesen) liegt darin, daß die Grunddaten unterschiedlichen, unabhängig voneinander konzipierten Statistiken entnommen werden müssen. Sie stammen teilweise aus den Versorgungsbilanzen oder aus der Ermittlung der Verkaufserlöse der Landwirtschaft, teilweise aus den Wirtschaftsberechnungen privater Haushalte. Die Folge davon ist, daß die »einzelnen Positionen nur zum Teil miteinander korrespondieren und die Möglichkeiten zur gegenseitigen Kombination begrenzt sind«. Die Größenordnungen, um die es dabei geht, sind beachtlich, denn die Verkaufserlöse der deutschen Landwirtschaft erreichten 1968/69 rund 23 Milliarden Mark und die Verbraucherausgaben für die aus inländischer Produktion gewonnenen Nahrungsmittel lagen im gleichen Jahr bei rund 49 Milliarden Mark. Der Weg des landwirtschaftlichen Produkts vom Bauern bis hin zum konsumreifen Nahrungsmittel war in diesem Fall also mit gut 26 Milliarden Mark gepflastert. Kein gerade billiger Weg also, da er mehr kostete als die Bauern für ihre Produkte bezahlt bekamen, und ein Weg außerdem, der offensichtlich die fatale Neigung hat, immer teurer zu werden. Im Jahre 1960/61 hatte nämlich die Differenz zwischen den Verkaufserlösen der deutschen Landwirtschaft (23 Milliarden Mark) und den Verbraucherausgaben für inländische landwirtschaftliche Produkte (33 Milliarden Mark) nicht mehr als 10 Milliarden Mark betragen. Die Verarbeitungs- und Handelsspannen haben sich in knapp 10 Jahren fast verdreifacht, während der Anteil der Verkaufserlöse der Landwirtschaft an den

Anteil der Verkaufserlöse der Landwirtschaft an den Verbraucherausgaben für inländische Nahrungsmittel (%)

	1960/61	1971/72
Pflanzliche Erzeugnisse	34	25
Brotgetreide und Brotgetreideerzeugnisse	24	12
Speisekartoffeln	70	58
Zuckerrüben und Zucker	39	34
Gemüse	34	30
Obst	38	40
Tierische Erzeugnisse	61	57
Schlachtvieh und Fleisch und Fleischwaren	59	51
Milch und Milcherzeugnisse	63	66
Eier	85	87

Quelle: Institut für landwirtschaftliche Marktforschung der Forschungsanstalt für Landwirtschaft, Braunschweig-Völkerode.

Verbraucherausgaben für inländische Nahrungsmittel im gleichen Zeitraum ständig gesunken ist.

Mit anderen Worten: Von dem Preis, den der Verbraucher für Nahrungsmittel zahlt, erhält der Bauer immer weniger. Bei Brotgetreideerzeugnissen hat sich sein Anteil am Endverbraucherpreis seit 1960 halbiert, bei Speisekartoffeln ist er von 70 auf 58 Prozent gesunken und bei Fleisch und Fleischwaren fiel er von 59 auf 51 Prozent ab.

Nun ist diese Entwicklung zweifellos zu einem guten Teil darauf zurückzuführen, daß immer mehr Nahrungsmittel immer stärker einer zusätzlichen Verarbeitung unterzogen werden. Getreideerzeugnisse werden mehr zu Weiß- und Spezialbroten als zu Misch- und Roggenbroten verarbeitet, Kartoffeln in zunehmendem Maße nicht mehr lose, sondern sauber sortiert in Tüten verkauft, Gemüse in steigendem Umfang zu Konserven, Zucker zu Süßwaren, Milch zu Butter und Käse verarbeitet. Der Verbrauch von Nahrungsmitteln, deren Zubereitung im eigenen Haushalt zeitraubend oder unangenehm ist, wird immer häufiger zugunsten von Nahrungsmitteln eingeschränkt, die bei der Zubereitung weniger Zeitaufwand erfordern.

So weit, so gut, da absolut verständlich und berechtigt ist, daß sich das Verarbeitungsgewerbe die Spezialisierung und Rationalisierung honorieren läßt, mit deren Hilfe es Leistungen günstiger anbieten kann als sie im Haushalt erstellt werden können. Weniger gut, daß die wachsende Differenz zwischen den Verkaufserlösen der Landwirtschaft und den Verbraucherausgaben für Nahrungsmittel nicht nur auf diese Entwicklung, sondern zu einem erheblichen Teil auch darauf zurückzuführen ist, daß sich die Dienstleistungen des Handels mit landwirtschaftlichen Erzeugnissen beträchtlich verteuert haben. Von den Zwischenstationen, die das landwirtschaftliche Erzeugnis auf seinem Weg vom Bauern bis zum Endverbraucher passiert, verschlingt der Handel einen immer größeren Anteil, obgleich weit und breit nicht zu sehen ist, daß sich sein Leistungsangebot in auch nur annähernd gleichem Ausmaß verbessert hat. Wie wenig zimperlich speziell die Metzger als die eigentlichen Fachhändler mit Fleisch und Fleischwaren sind, wenn es ans Kassieren geht, sieht man an nachstehender Übersicht. Sie ist zwar einige Jahre alt und die hier angeführten Preise sind daher überholt; an den Relationen zwischen Viehmarktpreisen und den Einzelhandelspreisen für frisches Fleisch im Metzgerladen dürfte sich jedoch nicht viel geändert haben [1].

Die Netto-Marktspanne, die sich aus der Differenz zwischen dem Wert des Tieres beim Verkauf am Viehmarkt und dem Verbrauchspreis für verkaufsfähiges Fleisch im Metzgerladen ergibt, beträgt, wenn man den Agrarwissenschaftlern glauben darf, bei Rindfleisch 35 Prozent, bei Schweinefleisch 39 Prozent. Berücksichtigt man dabei die Kosten der Schlachtung und zieht

1 Es gibt im Agrarbereich eine Überfülle detaillierter Statistiken und wissenschaftlicher Darstellungen über alle möglichen Probleme und Sachfragen. Es werden »optimale Standorte der Rindviehhaltung mit linearen Modellen« ermittelt, der »Einfluß der Bestandsgröße in der Milchviehhaltung auf Arbeitszeit und Kapitalbedarf« untersucht, hintergründige Betrachtungen »zur Ökonomik der Koppelschafhaltung« angestellt und tiefschürfende Abhandlungen »über die Bedeutung der Vermarktungsformen für die Wirtschaftlichkeit der Eiererzeugung« geschrieben. Auffallend zurückhaltend ist man dagegen bei allem, was Preise und Preisspannen betrifft. Die letzte Untersuchung über Handels- und Bearbeitungsspannen bei Rind- und Schweinefleisch stammt, wie unser Beispiel zeigt, aus dem Jahr 1970.

Handels- und Bearbeitungsspannen bei Rind- und Schweinefleisch

	Einheit	Rind	Schwein
1. Viehmarktpreis (Lebendgewicht, netto)	DM/kg	2,57	2,37
2. Lebendgewicht des Schlachtviehs am Viehmarkt	kg/Tier	500	115
3. Wert des Tieres beim Verkauf am Viehmarkt (netto)	DM/Tier	1285	272
4. Kosten der Schlachtung	DM/Tier	47	15
5. Wert des Tieres nach dem Schlachten	DM/Tier	1332	287
6. Schlachtausbeute	%	53	79
7. Schlachtgewicht	kg/Tier	264	91
8. Einstandspreis der Schlachthälften [= (5) : (7)]	DM/kg	5,05	3,15
9. Hau- und Schwundverluste	%	5,0	5,0
10. Verkaufsfähiges Fleisch im Metzgerladen	kg/Tier	251	86
11. Gewogener Verbrauchspreis	DM/kg	6,93	4,48
12. Einzelhandelswert d. frischen Fleisches [= (10) × (11)]	DM/Tier	1739	385
13. Großhandelswert der Nebenausbeute	DM/Tier	95	13
14. Gesamterlös, brutto [= (12) + (13)]	DM/Tier	1834	398
15. Mehrwertsteuer [5,2 % von (14) = 5,5 % vom Nettogesamterlös]	DM/Tier	95	21
16. Gesamterlös, netto [(14) – (15)]	DM/Tier	1739	377
17. Netto-Marktspanne [= (16 – (3)]	DM/Tier	454	105

Quelle: Dr. Dirk Mangold, Handels- und Bearbeitungsspannen bei Rind- und Schweinefleisch in: Entwicklungstendenzen in der Produktion und im Absatz tierischer Erzeugnisse, Schriften der Gesellschaft für Wirtschafts- und Sozialwissenschaften, München 1970.

diese Kosten von der Marktspanne ab, dann verbleiben als mehr oder weniger reine Handelsspannen in dem einen Fall 31 Prozent, in dem andern 33 Prozent. Diese Prozentsätze stimmen weitgehend mit den Zahlen über Handels- und Verbrauchsspannen im Fleischerhandwerk überein, die die Landesgewerbeförderungsstelle des Nordrhein-Westfälischen Handwerks ermittelt hat.

Man kann also davon ausgehen, daß sie zumindest in der Größenordnung richtig anzeigen, was auf dem Weg allen Flei-

Handels- und Verbraucherspannen im Fleischerhandwerk [1]
DM je 100 DM Handelsumsatz

Betriebsgrößenklasse (1000 DM Jahresumsatz)	1958	1960	1966	1971
unter 100	30,3	29,6	26,8	33,8
100–200	29,9	29,6	32,4	31,9
200–300	29,4	31,7	33,6	32,0
300–500	27,8	31,1	33,7	31,5
500–800	29,3	29,8	34,7	32,9
800–1200	–	33,1	34,6	33,8

1 Betriebsleistung Handwerk abzüglich Materialaufwand für Zukauf von Lebendvieh und Fleisch in % der Betriebsleistung Handwerk.

Quelle: Betriebswirtschaftliche Vergleichszahlen der Landesgewerbeförderungsstelle des Nordrhein-Westfälischen Handwerks.

sches vom Bauern zum Endverbraucher als Bruttoerlös in die Kassen der Metzger fließt. Und man wird angesichts dieser Größenordnung um die Feststellung nicht herumkommen, daß höhere Erzeugerpreise für die Bauern einen relativ kleinen Anteil daran haben, wenn die Fleischpreise für den Verbraucher in die Höhe gehen. Gelegentlich haben sie überhaupt keinen Anteil daran. In den ersten Monaten des Jahres 1973 beispielsweise gingen die Erzeugerpreise für Rindfleisch um 13 Prozent zurück und lagen im Mai unter dem Preisniveau des Vorjahres. Der Verbraucher mußte trotzdem in der gleichen Zeit beim Metzger um 27 Prozent mehr für Rindfleisch bezahlen als vor einem Jahr. Wer will da noch komplizierte Erklärungen für einen Vorgang suchen, der im Grunde höchst einfach ist! Es sind keine geheimnisvollen »Vermarktungsprozesse«, keine zusätzlichen Dienstleistungen, die diese Diskrepanz erklären, es sind die Viehhändler, die den Preis beim Bauern drücken, und die Metzger, die den Preis für den Verbraucher in die Höhe treiben, und die beide zusammen, auf Kosten der Bauern und Verbraucher, Gegenleistungen kassieren, die in keinem Verhältnis zu den eigenen Leistungen stehen.

Täglich werden in der Bundesrepublik etwa 250 Millionen Mark für den Einkauf von Nahrungsmitteln ausgegeben. Das ist ein beachtlicher Betrag. Und beachtlich sind dementsprechend die Gewinnspannen aller derjenigen, die so emsig bemüht sind, die Nahrungsmittel unters Volk zu bringen. Für die Produzenten fällt dabei, wir haben es gesehen, ein relativ kleines Stück des Kuchens ab, den vornehmlich der Handel einschließlich des Handel betreibenden Handwerks unter sich aufteilt. Er nimmt sich, was er bekommen kann, ungehindert von den braven Bundesbürgern, die unbeirrbar dem Konsum als einzigen Leitstern ihres Lebens folgen, und unterstützt durch ein Verteilungssystem, dessen Unproduktivität nur durch seine Undurchsichtigkeit überboten wird.

Gewinnreich – der Gebrauchtwagenhandel

Im Handel mit Gebrauchtwagen werden zur Zeit jährlich etwa 10 Milliarden Mark, davon die Hälfte über den professionellen Gebrauchtwagenhandel, umgesetzt.

Die Deutsche Automobil-Treuhand AG hat durch Sachverständige untersuchen lassen, wie groß in vielen Fällen der tatsächliche Marktwert der vom Handel abgesetzten Wagen war und wieviel der Handel dafür als Verkaufspreis erzielte.

Diese Gegenüberstellung fiel etwa folgendermaßen aus:

Fahrzeug	1) Verkaufs-Preis in DM	2) Markt-zeitwert in DM	Bemerkungen
Renault Caravelle 110	3 500	350	Bodengruppe stark durchgerostet. Mit Teer und Unterbodenschutz überspritzt. Nur noch Materialwert.
Volkswagen Export-Limousine	1 800	200	Rahmenkopf abgerostet. Karosserie weitgehend durchgerostet. Nur noch Schrottwert.
Mercedes Benz 220 Seb/Coupé	7 250	650	Starke Durchrostung der Rahmengruppe. Fahrzeug hatte erheblichen Vorschaden.

Fahrzeug	1) Verkaufs-Preis in DM	2) Markt-zeitwert in DM	Bemerkungen
MG 1600/Cabrio	5 900	700	Stoßdämpfer ohne Wirkung. Getriebetraverse eingedrückt. Karosserieunterzug durchgerostet. Dachbezug undicht. Fahrzeug nicht mehr betriebssicher.
Fiat 850 Spider	3 500	500	Bodengruppe und Rahmenvorbau an zahlreichen Stellen stark durchgerostet. Fahrzeug nicht mehr verkehrs- und betriebssicher. Nur noch Materialwert.
Ford 31 F 17 M	4 800	850	Vordere Rahmenstauchung provisorisch beseitigt. Vorderachskörper deformiert. Hinterer Rahmenlängsträger gestaucht.
Ford Mustang T 5 C	5 000	875	Mangelhaft behobener Vorschaden. Vordere Längsträger noch gestaucht. Nicht mehr verkehrs- und betriebssicher.
Mercedes Benz 220 SB	2 500	500	Mangelhaft behobener Vorschaden. Rahmenträger geknickt. Karosserieboden deformiert. Fahrzeug nicht mehr betriebssicher. Nur noch Materialwert.
Citroën AZ – A 2 CV	1 750	400	Radkästen, Karosserieboden und Schwellen durchgerostet. Vorderachsenschwingen verbogen. Nicht betriebssicher.
DKW F 102	1 600	150	Getriebegehäuse gerissen. Bremsen nicht voll funktionsfähig. Schlechter Motorzustand. Fahrzeug nicht mehr verkehrs- und betriebssicher. Nur noch Schrottwert.
Fiat 850 Spider	3 500	650	Mangelhaft behobener Vorschaden. Erhebliche Durchrostungen. Mängel an Bremse und Lenkung. Fahrzeug nicht mehr verkehrs- und betriebssicher.

1) Tatsächlich durchgeführte Verkäufe von Gebrauchtwarenhändlern an Privatleute.
2) Festgestellt durch Gutachten von DAT-Sachverständigen.
Quelle: Deutsche Automobil Treuhand, Stuttgart.

Bei diesen Fällen handelt es sich, wie die Treuhand ausdrücklich feststellte, um keine Einzel- oder Sonderfälle. Sie sind aus einer Fülle von Fällen herausgegriffen, in denen die erzielten Verkaufserlöse zwar nicht immer so hoch wie in den angeführten Beispielen, aber immer noch so groß waren, daß sie weit über das Maß hinausgingen, das man als üblichen Handelsrabatt bezeichnen kann.

Nach dem Handel mit Markenartikeln, Medikamenten und landwirtschaftlichen Erzeugnissen scheint der Gebrauchtwagenhandel am augenfälligsten zu bezeugen, wie leicht es manchen Gliedern in der Kette von Erzeugung und Verteilung gemacht wird, mit einem Minimum an eigener Leistung ein Maximum an fremder Leistung zu kassieren, und wie leicht sich dadurch sinnvolle volkswirtschaftliche Funktionen ins Gegenteil verkehren. Wenn man erfährt, daß Wagen mit einem Marktwert von 650 Mark vom Handel für 7250 Mark verkauft oder Wagen mit einem Marktwert von 875 Mark für 5000 Mark an den Mann gebracht werden, dann bleibt einem nur übrig, wehmütig zum Ausgangspunkt dieser Betrachtung zurückzukehren und sich in Erinnerung zu rufen, daß eine der wesentlichsten Aufgabe des Handels darin bestehen soll, die von Industrie und Handwerk erzeugten Güter in einer möglichst rationellen Weise zu verteilen. Wo Waren mit Handelsspannen verkauft werden, die ein Vielfaches des eigentlichen Warenwertes betragen, kann keine Rede davon sein, daß der Handel diese Aufgabe erfüllt. Es kann dann aber auch nicht mehr die Rede davon sein, daß der Handel eine nützliche, für den Kreislauf der Güter unentbehrliche Institution ist. Losgelöst aus wesentlichen funktionalen Zusammenhängen, besteht sein wesentlichster Beitrag zur Gesamtwirtschaft darin, daß die unproduktiven Kräfte der Wirtschaft auf Kosten der produktiven einen immer größeren Spielraum beanspruchen und auch erhalten.

So wie die Beamten gerne vergessen, daß ihre Existenz von den Produktivkräften der Wirtschaft abhängt, die nicht zu überfordern in ihrem eigensten Interesse läge, so hat auch der Handel vielfach seine eigentliche Funktion und damit die Grundlagen aus den Augen verloren, auf denen allein auch er existiert. Aber auch er kann nicht die Produktivitätsfortschritte in anderen Wirtschaftsbereichen durch seine eigene Unproduktivität ständig absorbieren und gleichzeitig ungehemmt und grenzenlos von diesen Fortschritten profitieren wollen. Die augenblicklichen Vorteile, die er für sich erzielen kann, müssen sich sehr bald als irreparable Nachteile herausstellen, da sie auf Kosten der wirtschaftlichen Substanz gehen. Die Deutschen werden daher zur Kenntnis nehmen müssen, daß sie sich nicht ungestraft einen volkswirtschaftlichen Verteilungsapparat leisten können, der die Früchte ihrer wirtschaftlichen Produktivität aufzehrt statt sie in angemessener Weise zu verteilen, und der dadurch, daß er Güter des täglichen Bedarfs in einem unerträglichen Maß verteuert, zu einem ärgerlichen und unnützen Ballast wird.

Vom Sand im industriellen Getriebe

Wie gut oder wie schlecht ist das deutsche Management? · Was Bilanzen von Großunternehmen verraten · Schwache Stellen in großen und kleinen Betrieben · Die Unternehmensberater – wozu werden sie eigentlich engagiert? · Managerschulen – Schaumschlägerei oder doch mehr? · Arbeitnehmer unter der Lupe · Das ungelöste Problem – die Rationalisierung der Büroarbeit

Wie gut oder wie schlecht ist das deutsche Management?

Bei einem Produktivitätsvergleich mit Firmen anderer europäischer Länder schneidet die deutsche Industrie gut ab. Im Vergleich zu den USA hinkt sie jedoch in beängstigendem Maße hinterher. An der technologischen Entwicklung, in der die deutschen den amerikanischen Firmen ebenbürtig sind, kann es nicht liegen. Es gibt Branchenvergleiche zwischen hüben und drüben, die zeigen, daß der Grad der Automatisierung bei den amerikanischen Firmen nicht größer ist als bei den deutschen, daß dort im wesentlichen die gleichen Produktionsmaschinen stehen wie hier, und daß die amerikanischen Firmen auch nicht durchweg in größeren Serien, sondern oft sogar in kleineren produzieren. In Branchen, die miteinander verglichen wurden, arbeiteten die deutschen Arbeiter länger als ihre amerikanischen Kollegen und verdienten weniger als sie. Trotzdem erreichten sogar wesentlich kleinere amerikanische Unternehmen eine wesentlich höhere Produktivität als ihre größeren deutschen Konkurrenten. Welche Erklärungen gibt es dafür? Ist vielleicht zuviel Sand im industriellen Getriebe?

Die Produktivität eines Unternehmens hängt von der bestmöglichen Kombination der Produktionsfaktoren, das heißt vor allem davon ab, ob durch einen bestmöglichen Einsatz der zur Verfügung stehenden Arbeitskräfte ein höchstmöglicher Ertrag erarbeitet wird. Die Frage nach dem Sand im Getriebe der deutschen Industrie ist daher mit der Frage identisch, wie gut oder wie schlecht die deutsche Industrie organisiert ist, wie qualifiziert oder unqualifiziert die Manager sind, die diese Organisation verantworten und wie produktiv oder unproduktiv die Arbeiter und Angestellten in diesen Betrieben arbeiten.

Fest steht, daß sich in der Bundesrepublik die Stellung des industriellen Managements in der Gesellschaft seit Jahren zusehends und unaufhaltsam verschlechtert. Das Bild, das sich die Deutschen von ihren Unternehmern und Managern machen, ist bei weitem nicht mehr so freundlich wie noch vor zehn oder fünfzehn Jahren. Man ist immer rascher bei der Hand, Unternehmern und Managern Entwicklungen vorzuwerfen, die außerhalb ihrer Einflußmöglichkeiten und ihrer Entscheidungsgewalt liegen, und sie auch für Fehler verantwortlich zu machen, die andere begehen. Ob es sich um Fragen der Vermögensbildung oder der Einkommensverteilung, der Betriebsverfassung oder der Mitbestimmung, der Steuerreform oder der Konzentration handelt: Kaum eine andere gesellschaftliche Gruppe steht so im Kreuzfeuer der öffentlichen Kritik wie die Unternehmer. Fast sieht es so aus, als würden selbst eifrige Verfechter der Marktwirtschaft die Bedeutung aus den Augen verlieren, die die Unternehmer für unsere Wirtschaftsordnung haben, und die unkündbaren und unabdingbaren Funktionen verkennen, die sie im Rahmen dieser Wirtschaftsordnung ausüben. Viele wollen es offenbar nicht mehr wahrhaben, daß die Unternehmer ein untrennbarer Bestandteil der Marktwirtschaft sind und daß die Marktwirtschaft mit ihnen steht und fällt.

Daß es so weit gekommen ist, haben sich die Unternehmer zum Teil selbst zuzuschreiben.

Im Kampf um Umsätze, Rendite und Marktanteile meinten sie offenbar, auf einer Insel zu leben, unberührt von den gesellschaftlichen Auseinandersetzungen. Sie glaubten, die Augen vor den im Fluß befindlichen Entwicklungen verschließen und einen Zustand, der für sie vorteilhaft war, konservieren zu können, nur weil er auch mit Vorteilen für die Masse der Bevölkerung verbunden war. Weil sie den steigenden Wohlstand in der Bundesrepublik hauptsächlich ihrer Initiative, ihrer Tüchtigkeit und ihren in der Marktwirtschaft verwurzelten Funktionen zuschrieben, konnten sie sich nicht vorstellen, daß ihre Position jemals gefährdet werden könnte. Sie glaubten sich allein durch die materiellen Erfolge, die die Marktwirtschaft den Deutschen brachte, für alle Zeit und Ewigkeit gesichert und hielten oft rein formale Zugeständnisse an den »Zeitgeist« und eine häufig nur äußerliche Anpassung an die sozialen Strömungen in der Gesellschaft für ausreichend, um ihre Position in der Gesellschaft unverändert erhalten zu können. Sie überschätzten dabei die Stärke ihrer Position, und sie unterschätzten gleichzeitig die Bereitschaft der anderen, sich mit dieser Position für alle Ewigkeit abzufinden. Sie verkannten vor allem die Folgen davon, daß sie auf die Gesetze der Marktwirtschaft, denen sie ihre Stärke verdankten, zwar immer dann pochten, wenn es einen Vorteil für sie bedeutete, daß sie aber nicht immer geneigt waren, sich so ganz genau nach diesen Gesetzen zu richten, wenn sie daraus irgendwelche Nachteile befürchteten.

Das Versäumnis, sich nicht rechtzeitig auf die veränderten gesellschaftlichen Verhältnisse eingestellt zu haben, läßt sich nicht leicht, und vor allem nicht schnell wiedergutmachen.

Trotz zunehmenden sozialen und gesellschaftlichen Engagements beginnen und enden die Überlegungen der Unternehmer vielfach auch heute noch bei Wachstum, Vollbeschäftigung und Geldwertstabilität, und ihre Auffassungen über gesellschaftspolitische Fragen erschöpfen sich allzu oft in einem bloßen Pragmatismus, der wesentliche gesellschaftliche Zusammenhänge außer acht läßt. Sie denken auch heute noch nicht daran, ihre Position mit der gleichen Schärfe ideologisch zu fundieren, wie das ihre Gegner schon lange getan haben, sondern begnügen sich immer wieder damit, ihre Stellung mit idealistisch-romantischen oder technokratischen Argumenten zu verteidigen. Karl Steinbuch hat die Beobachtung gemacht, daß die Manager, solange sie wirtschaftliches Geschehen als Selbstzweck verstehen, hinter dem Bewußtseinsstand unserer historischen Entwicklung zurückbleiben. Nur wenige haben verstanden, daß die einzige Alternative für sie darin besteht, sich entweder ausschließlich als Technokraten zu verhalten und die Macht einer unaufhaltsamen Entwicklung ihrem Gegner zu überlassen, oder sich bewußt dem Problem ihrer Zeit zu stellen und unhaltbare Positionen aufzugeben, um haltbare Positionen erfolgreich verteidigen zu können[1].

1 Dazu Karl Steinbuch in: »Mensch, Technik, Zukunft«. Stuttgart 1972. »Der Manager überläßt die öffentliche Auseinandersetzung politischen Kräften, die dem Management nicht wohl gesonnen sind. Diese Gleichgültigkeit ist langfristig sehr gefährlich. Das Management sollte die Dyna-

Heute hat diese gesellschaftliche Position der deutschen Unternehmer mit der Frage nach der wirtschaftlichen Effizienz des deutschen Managements noch wenig zu tun. Das eine hängt mit dem anderen nur insoweit zusammen, als das mangelnde gesellschaftspolitische Engagement der Unternehmer zweifellos seine wirtschaftlichen Lichtseiten hat, denn die deutschen Unternehmer und Manager konnten sich offensichtlich in dem gleichen Grad, in dem sie sich gesellschaftspolitisch desinteressierten, auf ihre eigentlichen unternehmerischen Aufgaben konzentrieren. Für die Effizienz der von ihnen geführten Unternehmen war dies sicher eher nützlich als schädlich.

Wie gut oder wie schlecht sie im übrigen ihre Aufgaben bewältigt haben und noch immer bewältigen, wird sehr unterschiedlich beurteilt. Die Unternehmer selbst neigen dazu, die wirtschaftliche Entwicklung der Bundesrepublik seit 1950, den realen Anstieg des Bruttosozialprodukts von damals 98 Milliarden Mark auf 800 Milliarden Mark im Jahre 1972 und die daraus resultierende Steigerung des allgemeinen Wohlstands weitgehend ihrem Konto gutzuschreiben und als unanfechtbares Zeugnis für ihre Bewährung hinzustellen. Viele von ihnen sind überzeugt, wie es auch einmal offen ausgesprochen worden ist, daß »der Wohlstand in der Bundesrepublik nur dank dem Erfinder- und Unternehmergeist der deutschen Unternehmer erreicht worden ist«. Andere Leute meinen, daß die wirtschaftlichen Erfolge der Nachkriegszeit nichts oder nur wenig über die Qualität der deutschen Unternehmer aussagen. Gleichgültig, ob sie gut oder weniger gut waren, sie hätten alle

mik der Universitätszerstörung in unserem Lande genau analysieren und auf Abhilfe sinnen, bevor auch im industriellen und wirtschaftlichen Bereich durch progressive Veränderungen die Entscheidungsstrukturen lahmgelegt sind. Aus der Universitätszerstörung sollten die Manager wenigstens das eine gelernt haben: wenn die Verantwortlichen einer funktionierenden Struktur sich mit den Argumenten ihrer Gegner nicht rechtzeitig auseinandersetzen, dann können sie keinen Widerstand leisten, werden plötzlich überrumpelt. Die Manager stehen heute vor einer ähnlichen Situation wie die Hochschullehrer im Jahre 1960: entweder betreiben sie weiter Nabelschau und werden von einer Entwicklung überrumpelt, die sie nicht mehr kontrollieren können, oder aber sie überdenken ihre soziale Funktion gründlich, überzeugen die Öffentlichkeit und führen die Reformen rechtzeitig durch, die in unserer Situation unvermeidbar sind.«

nichts anderes getan, als die einmaligen Bedingungen der Nachkriegszeit auszunützen, von dem großen Nachholbedarf an Investitions- und Konsumgütern zu profitieren und von dem vorhandenen Potential technischer und wirtschaftlicher Intelligenz, von Exportsubventionen, hohen Selbstfinanzierungen und von der Zurückhaltung der Gewerkschaften und Aktionäre zu zehren.

Aber ganz so einfach war es nun bestimmt auch wieder nicht. Selbst wenn es zutreffen würde, daß von den Managern weder große Experimentier- noch Entscheidungsfreude abverlangt wurden, mußten die Chancen, die der Markt bot, rechtzeitig erkannt und richtig eingeschätzt werden, mußten Strukturverschiebungen im Markt gesehen und die Weichen in die eine oder andere Richtung gestellt werden. Die Betriebe bauten sich nicht von selbst auf, Produktionsprogramme und Betriebsorganisationen entstanden nicht von allein, Umsatz und Renditen waren keine Naturwunder.

Vom deutschen Manager ist behauptet worden, daß er überwiegend konservativ sei, eher ein Beamter als ein Pionier[1]. Und es ist ihm vorgeworfen worden, er würde erst dann entscheiden, wenn es gar nicht mehr anders ginge, weil in den deutschen Unternehmen »kluge Taktik im persönlichen Interesse mit den Notwendigkeiten des Unternehmenszwecks oft mehr kollidiert als harmonisiert«[2]. Nicht selten wird auch gesagt, daß das deutsche Management überaltert sei und sich neuen Ansprüchen und neuen Anforderungen nicht anzupassen vermöge.

Bei Licht besehen sind aber auch das nur Schlagworte, die eine Vielfalt von Erscheinungen in ein allzu simples Schema pressen. Über die Qualität der deutschen Manager sagen sie faktisch nichts aus. Ältere Unternehmer sind nicht schon deshalb, weil sie älter sind, weiter vom Idealbild des Managers entfernt, als manche jüngeren Manager, die beflissen jede neue Mode in der Unternehmensführung mitmachen (und im übri-

1 So H. Pross und K. W. Boetticher in: »Manager des Kapitalismus«.
2 So H. Ludwig.

gen oft ihre Erfolge den Leistungen derjenigen verdanken, die von ihnen als altes Eisen abqualifiziert werden). Und auch wenn es sicher richtig ist, daß die meisten deutschen Unternehmer konservativ sind, ist damit nicht gesagt, daß sie ihre Unternehmen ohne unternehmerische Flexibilität und wirtschaftlichen Wagemut führen. Mit Klischees dieser Art wird man jedenfalls keine Klarheit darüber gewinnen, wie gut oder wie schlecht die deutschen Manager sind.

Objektive Leistungskriterien sind allerdings schwer zu finden. Selbst das Kriterium, das sich in erster Linie anbietet, nämlich wirtschaftlicher Erfolg oder Mißerfolg eines Unternehmens, liefert nicht immer ausreichende Aufschlüsse über die Qualität des Managements. Der Erfolg eines Unternehmens muß nicht nur auf den Leistungen des Managements beruhen, der Mißerfolg eines Unternehmens nicht immer durch ein Versagen des Managements bedingt sein. Das eine wie das andere kann von einer Reihe anderer Faktoren bestimmt sein, von der Art und Ausgangslage des Produkts gleichermaßen wie von strukturellen und konjunkturellen Nachfrageverschiebungen oder von außerwirtschaftlichen Faktoren. Welche Rolle gerade solche außerwirtschaftlichen Momente spielen können, sieht man allein schon an der unterschiedlichen Ertragskraft bei den einzelnen Arten von Gesellschaften. Publikumsgesellschaften, in denen das Management das entscheidende Wort zu reden hat, sind häufig die ertragreichsten, Gesellschaften, die von Großaktionären beherrscht werden, die ertragsschwächsten. Eine gute Managerleistung könnte daher, zieht man das alles in Erwägung, auch dann vorliegen, wenn das Unternehmen geringe Erträge abwirft, und es müssen andererseits gute Erträge eines Unternehmens nicht unbedingt auf hervorragende Managerqualifikationen hinweisen. Sie sind möglicherweise auch ohne diese zustande gekommen.

Aber abgesehen von Unwägbarkeiten dieser Art liefern Bilanzanalysen doch noch die relativ besten Aufschlüsse über die Qualität des Managements. Und man wird, wenn man aus der Ertragskraft eines Unternehmens Rückschlüsse auf die Qualifikation seines Managements zieht, sehr bald bestätigt finden, daß jeder Versuch, die deutschen Manager über einen Kamm zu scheren, von vornherein falsch ist. Denn gerade an diesem Maßstab erweist sich, daß die Qualität des Managements sehr unterschiedlich, der Bogen seiner Qualifikation sehr weit gespannt sein muß. Die folgenden auf eigenen Berechnungen des Autors beruhenden Bilanzanalysen werden dem Fachmann erstaunliche Einblicke in die unterschiedliche Ertragslage deutscher Großunternehmen vermitteln. Der nicht interessierte Leser möge die mit unvermeidlichen Zahlen gespickten Seiten ruhig überblättern.

Was Bilanzen von Großunternehmen verraten

Die Chemische Industrie, Deutschlands Renommierbranche Nummer Eins, ist auch die ertragsstärkste Branche der deutschen Wirtschaft. Mit 17,4 Prozent Cash-Flow bezogen auf den Umsatz [1], stellte sich 1960 BASF an die Spitze der Branche, die sie dann auch nicht wieder abgab. 1970 lag die Kennziffer ihrer Ertragskraft bei 18 Prozent, nachdem sie 1967 mit 19,8 Prozent den höchsten Wert aller deutschen Großunternehmen erreicht hatte. In einigem Abstand folgen die Farbenfabriken Bayer: Im Jahre 1968 wurde ein Cash-Flow von 18 Prozent des Umsatzes erreicht, und bis 1970 ist dieser Wert auf 14 Prozent gesunken. Als noch weniger ertragsstark erweist sich Hoechst. Von 13,3 Prozent im Jahre 1960 kletterte der Cash-Flow auf 17,4 Prozent im Jahre 1967, um bis 1970 auf 13,6 Prozent abzusinken. Die wesentlich kleineren Chemischen Werke Hüls pendeln in all diesen Jahren zwischen den Werten von Bayer und Hoechst.

1 Über die Ertragskraft eines Unternehmens sagen die ausgewiesenen Gewinnzahlen nicht allzu viel aus. Sinnvoller ist es, den Ertrag nach dem sogenannten »Cash-Flow« (Gewinn + Abschreibungen + Rücklagen und Rückstellungen − Entnahmen aus Rückstellungen und Rücklagen) zu errechnen. Da absolute Zahlen über die einzelnen Unternehmen miteinander nicht vergleichbar sind, wird als Maßzahl für die Ertragskraft eines Unternehmens am besten der Cash-Flow in Prozent des Umsatzes herangezogen.

Stärkere Unterschiede als bei den großen Chemieunternehmen zeigen sich bei den deutschen Automobilfirmen.

In der Größenordnung der chemischen Werke liegt der Cash-Flow nur bei Opel (und in den Jahren 1967 bis 1969 auch bei Ford). Die klassischen deutschen Automobilwerke zeigen hinsichtlich ihrer Ertragskraft ein weniger erfreuliches Bild. So sank der Cash-Flow beim Volkswagenwerk von 11,4 Prozent des Umsatzes im Jahre 1960 auf 8,2 Prozent im Jahre 1970, und ähnlich entwickelte er sich, besonders seit 1966, bei BMW. Stabiler ist der Cash-Flow bei Daimler-Benz. Hier schwankte er zwischen 1960 und 1970 um 9 Prozent des Umsatzes, wobei die höchsten Ausschläge nach oben und unten nicht mehr als 1,2 Prozent betrugen.

Offensichtlich zu Unrecht werden dagegen Deutschlands Stahlköche als undynamische Traditionalisten abgestempelt, nur weil sich am Prinzip des Hochofens seit hundert Jahren kaum etwas geändert hat.

An Ertragskraft übertrumpfte Branchenführer ATH alle anderen deutschen Unternehmen. Mit einem Cash-Flow von 16 Prozent des Umsatzes lag Thyssen in den Jahren von 1960 bis 1970 deutlich sowohl über Bayer und Hoechst, als auch über der gesamten deutschen Automobilindustrie. Nur die BASF hatte unter Deutschlands Großunternehmen eine bessere Cash-Flow-Rate. In der Größenordnung von VW und Daimler bewegte sich die Ertragskraft anderer großer deutscher Stahlunternehmen wie Krupp, Hoesch und Klöckner.

Am auffallendsten ist die unterschiedliche Ertragsentwicklung bei den vier großen Konzernunternehmen der Elektroindustrie, bei SEL, AEG, BBC und Siemens.

SEL ist eines der wenigen deutschen Großunternehmen, bei denen der Cash-Flow in Prozent des Umsatzes im Trend des vergangenen Jahrzehnts kontinuierlich gestiegen ist. Nach einer leichten Abschwächung Anfang der 60er Jahre erhöhte er sich von 6,2 Prozent im Jahre 1962 auf 10 Prozent im Jahre 1968, um dann bis 1970 nur geringfügig zurückzufallen. Wesentlich anders sieht das Bild bei AEG aus. In den Jahren von 1960 bis 1968 hielt sich dort der Cash-Flow etwa bei 8 Prozent des Umsatzes. Im Jahre 1970 sank er auf 4,4 Prozent und damit auf den niedrigsten Wert unter den Großunternehmen der Elektroindustrie. Bei BBC stieg der Cash-Flow von 5,8 Prozent des Umsatzes im Jahre 1960 auf 7,5 Prozent im Jahre 1967, um dann bis 1970 auf 5 Prozent abzusinken, ein Wert, der nicht viel höher war als bei der AEG. Siemens schließlich lag in den Jahren 1960 bis 1967 mit einem Ertragsniveau von 10 Prozent in der gesamten Branche klar in Führung. Seitdem teilt er die Spitzenposition mit SEL, während BBC und AEG ständig zurückfielen.

Die Ertragskraft ist *eine* Seite der wirtschaftlichen Aktivität eines Unternehmens. Die andere Seite ist die Entwicklung der Kostenfaktoren. Beide Seiten stehen miteinander in engem Zusammenhang, da durch einen starken Kostenanstieg in der Regel die Ertragskraft geschwächt wird und umgekehrt durch eine Verringerung des Kostenanteils die Ertragskraft gesteigert werden kann.

Zwei Kostenfaktoren, nämlich die Personalkosten und die Kosten für die Vorratshaltung, können vom Management entscheidend beeinflußt werden und stellen daher weitere Kriterien für die Beurteilung der Managementleistung dar.

Die absolute Steigerung der Personalkosten, das heißt die Steigerung der Durchschnittslöhne und -gehälter, ist zwar dem Einfluß des Managements entzogen; über sie entscheiden die Daten des Personalmarktes. Wohl aber kann das Management die Zahl der beschäftigten Mitarbeiter beeinflussen. Daraus ergibt sich als eine seiner wichtigsten Aufgaben, durch Rationalisierung und damit verbundene Erhöhung der Produktivität die Personalkosten zu senken und Steigerungen der Durchschnittslöhne und Gehälter durch Personaleinsparungen aufzufangen.

Ein weiterer für die Produktivität eines Unternehmens wichtiger Faktor, der vom Management beeinflußt und an dem daher die Managementleistung gemessen werden kann, ist die Optimierung von Vorräten und Umlaufbeständen, also das Bestreben, Vorräte und Umlaufbestände auf einem technisch notwendigen wirtschaftlichen Mindestmaß zu halten.

Da auch bei den Personal- und Vorratskosten die absoluten

Zahlen wenig aussagefähig sind und keine Basis für einen Vergleich zwischen verschiedenen Unternehmen bieten, müssen als kritische Kennziffern die »Personalkostenrate«, das heißt die Personalkosten bezogen auf den Umsatz, und die »Vorratsrate«, das heißt die Vorratssumme bezogen auf den Umsatz, zur Beurteilung der jeweiligen Managementleistung herangezogen werden.

Bei den vier Unternehmen der Großchemie, die wir hinsichtlich ihrer Ertragskraft untersuchten, verläuft in den Jahren 1960 bis 1970 die Entwicklung der Personalkosten fast gleichmäßig. Die Personalkostenrate betrug im Jahre 1960 bei allen diesen Unternehmen zwischen 15 und 17 Prozent des Umsatzes. Sie erhöhte sich bei BASF, Bayer und Hüls bis 1969 auf 20 und 21 Prozent und schnellte nach der Lohnexplosion der 69er Tarifrunde auf 23 Prozent hoch. Nur bei den Farbwerken Hoechst war die Personalkostenrate im Jahre 1969 mit 17 Prozent ebenso hoch (oder niedrig) wie im Jahre 1960, und sie stieg auch nach dem Lohnschub des Jahres 1969 nur auf 19,4 Prozent an. Wesentlich anders sieht es bei der zweiten Kostenkomponente, der »Vorratsrate« aus. Im Jahre 1960 hatte Bayer Vorräte in der Größenordnung von 19,5 Prozent, Hoechst von 17 Prozent, BASF von 15,6 Prozent und Hüls von 9,5 Prozent des Umsatzes. Im Jahre 1970 standen Bayer und BASF mit jeweils 16 Prozent an der Spitze, und es folgten Hoechst mit 13 Prozent und Hüls mit knapp 9 Prozent. Tendenziell war also die »Vorratsrate« bei Bayer und Hoechst gesunken, bei BASF und Hüls konstant geblieben.

In der Automobilindustrie stand im Jahre 1960 BMW mit 19 Prozent Personalkostenanteil auf einsamer Höhe, danach kamen Daimler mit 16,5 Prozent, Ford und Opel mit rund 14 Prozent und das Volkswagenwerk bildete mit 12,5 Prozent das Schlußlicht. Dieses Bild hat sich in den darauffolgenden zehn Jahren kräftig verschoben. Im Jahre 1970 hatte Opel mit einer Personalkostenrate von 20 Prozent die niedrigsten Personalkosten in der deutschen Automobilindustrie, bei BMW hatte sich der Personalkostenanteil relativ geringfügig (von 19 auf 21 Prozent), bei Ford und Daimler relativ stärker (von 14 bzw. 16,5 auf gleichfalls 21 Prozent) erhöht, und bei VW war er auf 23,3 Prozent gestiegen (er hatte sich also fast verdoppelt). Anders verläuft die Entwicklung der »Vorratsrate«. Während Opel und Ford eine relativ konstante Rate aufwiesen (sie schwankte in den Jahren von 1960 bis 1970 um einen Mittelwert von 11–11,5 Prozent), stieg der Anteil der Vorratskosten am Umsatz bei Daimler (von 9,5 Prozent im Jahre 1960 auf 11,5 Prozent im Jahre 1970) und er sank sowohl bei BMW als auch bei VW – bei BMW von 21 Prozent auf 13 Prozent, also auf ein höheres Niveau als bei den anderen, und bei VW von 10 Prozent auf 7,5 Prozent, also weit darunter.

Ganz eindeutig zeigt sich in der Stahlindustrie der Zusammenhang zwischen Ertragskraft und Kostenfaktoren bei der August Thyssen-Hütte. Dieses außerordentlich ertragsstarke Unternehmen weist zwar in den Jahren von 1960 bis 1970 eine ständige Steigerung der Personalkostenrate (von 9 auf 12,9 Prozent), im gleichen Zeitraum aber auch ein ständiges Sinken der »Vorratsrate« (von 12,5 Prozent auf 11,4 Prozent) aus. So überlegen wie bei den Ertragskennziffern präsentiert sich die ATH also auch bei den Kostenkennziffern. Bei Hoesch, das unter den Stahlunternehmen ertragsmäßig an zweiter Stelle stand, konnte die Personalkostenrate von 19 Prozent im Jahre 1960 auf 15,4 Prozent im Jahre 1970 abgebaut werden, während der Anteil der Vorratskosten am Umsatz von 10,2 Prozent auf 11,5 Prozent anstieg, bei Klöckner, wo sich der Cash-Flow mitunter nicht ganz so günstig entwickelte, erhöhten sich sowohl die Personalkostenrate (von 20 Prozent im Jahre 1960 auf 23 Prozent im Jahre 1970) als auch die »Vorratsrate« (von 13,5 Prozent auf 16,8 Prozent). Der relativ niedrigen Ertragskraft des Hauses Krupp in den Jahren vor 1967 entsprach die Höhe der Personalkosten in der Größenordnung von 26,5 bis 28 Prozent des Umsatzes ebenso, wie der Anteil der Vorratskosten, der von 15,5 Prozent im Jahre 1962 auf knapp 19 Prozent im Jahre 1967 stieg. Von 1967 bis 1970 sank dann die Personalkostenrate auf 21,6 Prozent, die Vorratsrate auf 14,6 Prozent.

Die Elektroindustrie, die im Verhältnis zu den anderen

Branchen global die geringsten Erträge aufweist, hat ebenso global die größten Kosten. Die mit Abstand höchste Personalkostenrate hielt das Haus Siemens, wo die Personalkosten von 34,5 Prozent im Jahr 1960 auf 38 Prozent im Jahr stiegen, um dann bis 1970 wieder auf 34,5 Prozent zu sinken. Im Trend kann man von einer um den Mittelwert von 36 Prozent schwankenden Personalkostenrate sprechen. Die Vorratsrate wuchs im gleichen Zeitraum von 28 Prozent auf 34,5 Prozent. Noch rasanter stiegen die Vorräte bei BBC, wo sie zunächst auf 26 Prozent (1964) abgebaut werden konnten, um dann bis 1970 um so kräftiger, nämlich auf 35,5 Prozent des Umsatzes, hochzuschnellen. Die Personalkostenrate erhöhte sich (von 28 Prozent im Jahre 1960) stetig auf 32,2 Prozent im Jahr 1970. AEG wies sowohl 1960 mit 25,5 Prozent als auch 1970 mit 29 Prozent die niedrigsten Personalkosten der gesamten deutschen Elektroindustrie aus. Auch die Vorratsraten waren bei AEG ausgesprochen klein. Sie sanken von 26,3 Prozent im Jahr 1960 auf 14,5 Prozent im Jahr 1966, und stiegen bis 1970 wieder nur auf 26 Prozent. SEL hatte Anfang der 60er Jahre die höchsten Personal- und Vorratskosten. Das hat sich seitdem geändert. Die Personalkostenrate sank bis 1970 auf 33,1 Prozent, die Vorratsrate auf 29 Prozent. SEL lag damit an zweiter Stelle, hinsichtlich der Kostenentwicklung hinter AEG, hinsichtlich der Ertragsentwicklung hinter Siemens.

Schwache Stellen in großen und kleinen Betrieben

Die Organisation der Unternehmen orientiert sich im allgemeinen an der ursprünglichen Zielsetzung des Unternehmers, was im Laufe der Zeit zu Organisationsformen führt, die den Erfordernissen der Zeit nicht mehr standhalten. Die Unternehmen wachsen in Größenordnungen, die der Gründer nicht mehr überblickt, oder die von seinen Nachfolgern, die weder das Format noch den unternehmerischen Zuschnitt ihres Vorgängers besitzen, nicht mehr beherrscht werden. Welche Ursachen es dafür auch immer geben mag, jede Organisation kommt zu irgendeinem Zeitpunkt dahin, daß sie ihren ursprünglichen Zweck entweder überhaupt nicht mehr oder nur mit erheblichen Reibungsverlusten an menschlicher Arbeitskraft und Arbeitszeit erfüllt. Von der Entwicklung überholte Organisationsformen hemmen den Ablauf des Tagesgeschehens statt ihn zu fördern, und die Unternehmen wuchern an Größe und Volumen, ohne daß eine zielrichtende Kraft ihr Wachstum lenkt.

Wenn dieses Stadium der nicht mehr optimalen Organisation erreicht ist, treten in der Regel Rivalitäten zwischen den hierarchischen Stufen des Unternehmens auf. Starke Führungskräfte auf der zweiten oder dritten Ebene, schwache Führungskräfte auf der ersten Ebene verzerren die Maßstäbe bei Entscheidungen der Unternehmensleitung. Ressortinteressen und mangelnde Übersicht führen zu Fehlplanungen in der einen oder anderen Richtung und daraus resultierende Fehlinvestitionen verhindern, daß ein maximaler wirtschaftlicher Ertrag erwirtschaftet wird. In extremen Fällen kommt es direkt zu Verlusten.

Andere Erscheinungsformen mangelhafter Organisation sind unklare Kompetenzen und Weisungsbefugnisse. Manche Top-Manager neigen dazu, mehrere Mitarbeiter mit der gleichen Aufgabe zu betrauen, was zwangsläufig Komplikationen und Konflikte auf der zweiten und dritten Führungsebene erzeugt. Ob nun jeder Beteiligte sich darauf verläßt, daß ein anderer den Auftrag ausführt, ob die Beteiligten ihre Auffassungen untereinander abstimmen und jeder für sich die so abgestimmte Meinung dem Vorstand vorträgt, oder ob gar der eine oder der andere versucht, durch vertrauliche Recherchen zu erfahren, was der dritte meint, um diese Meinung dann kaschiert als seine eigene zu produzieren – in allen Fällen wird viel Zeit vertan, ohne daß die erzielten Ergebnisse dem Aufwand entsprechen. Am größten sind die Reibungsverluste dann, wenn unklare Aufgabenverteilung oder doppelt verteilte Aufträge dazu führen, rivalisierende Bestrebungen unter den mittleren Führungskräften zu entfachen und Kräfte dadurch zu binden, daß ein Ressort dem anderen hartnäckig nachzuweisen versucht, daß seine Argumentation falsch sei. Die

Folge davon ist eine erhebliche Vergeudung produktiver Kräfte, die in der Regel hoch qualifiziert und gut bezahlt sind.

W. Strigel vom Münchner Ifo-Institut hat in einer Untersuchung festgestellt, daß vier von fünf westdeutschen Industrieunternehmen keine schriftlichen Pläne für eine Periode von einem Jahr oder mehr erarbeiten. Nur zehn Prozent der befragten Unternehmen, die schriftliche Pläne aufstellen, vertraten die Auffassung, daß Planung anstelle von Intuition treten könne, 60 Prozent waren der Meinung, daß Intuition nur teilweise ersetzt werden könne, und 21 Prozent waren der Ansicht, daß Intuition unabdingbar sei. Ein Großteil der Unternehmer scheint also nach wie vor zu glauben, zum Unternehmensleiter müsse man geboren sein. An langfristige unternehmerische Planungen geht man in vielen Firmen ungern oder überhaupt nicht heran, weil man sie entweder nicht für notwendig oder nicht für realisierbar hält. Die Kombination von Praxis und Wissenschaft steckt in Deutschland noch vielfach in den Kinderschuhen. Die Praktiker, die etwas von der Sache verstehen, sind selten von wissenschaftlichem Ehrgeiz geplagt und denken nicht daran, ihre praktischen Erfahrungen von wissenschaftlichen Erkenntnissen beeinflussen zu lassen. Sie sind eher geneigt, über alles, was von der wissenschaftlichen Seite kommt, milde zu lächeln. Die Wissenschaftler wiederum, die in Instituten und an Fakultäten großartige Theorien zu entwickeln verstehen, sind von der Praxis oft so weit entfernt, daß das, was sie ausdenken, für die Praxis unbrauchbar ist.

In vielen deutschen Unternehmen scheinen allerdings auch elementare Voraussetzungen für eine erfolgreiche kaufmännische Tätigkeit zu fehlen. Nach einer Schätzung des Geschäftsführers des Betriebswirtschaftlichen Ausschusses des Bundesverbandes der Deutschen Industrie, Degenhardt, haben nur 16 Prozent der deutschen Industrieunternehmen überhaupt eine Kosten- und Leistungsrechnung. Und der Beratungsdienst des Rationalisierungskuratoriums der deutschen Wirtschaft

1 W. H. Strigel, »Planning in Westgermany Industrie«. Longrange Planning, Bd. 3 (1970), Nr. 1.

(RKW) in Nordrhein-Westfalen ist nach der Auswertung von 510 Beratungen und Spezialberatungen, die im Jahre 1970 durchgeführt wurden, zu dem gleichfalls nicht eben schmeichelhaften Ergebnis gekommen, daß in vielen mittelständischen Unternehmen ausgerechnet die Kalkulation die schwächste Stelle des ganzen Betriebsablaufs ist. Wo es an aktuellen Kostenansätzen für eine vernünftige Preisbildung und Sortimentgestaltung fehlt, muß, mangels anderer reeller Voraussetzungen, beim Kalkulieren einfach über den Daumen gepeilt werden. Weitere schwache Stellen zeigten sich im Ablauf der Fertigung, in der Arbeitsvorbereitung sowie im Transport- und Materialfluß. Und schließlich stellten sich auch noch erhebliche Mängel in der Betriebsbuchhaltung, in der Datenerfassung und Datenauswertung, in der Organisation des Lagers und des Vertriebs heraus.

Zu ähnlichen Ergebnissen kamen die Analytiker der Baseler Prognos AG in einem der Bundesregierung vorgelegten Bericht. Auch sie mußten feststellen, daß kleine und mittlere Unternehmer häufig nicht für eine moderne Unternehmensführung qualifiziert sind, und »dem unternehmerischen Problem der Kombination aller Unternehmensfunktionen mehr oder minder hilflos gegenüberstehen«. Viele dieser Unternehmer finden aber auch keine qualifizierten Kräfte, die sie mit der Führung ihrer Unternehmen betrauen könnten, weil sie nicht bereit sind, diese Kräfte entsprechend zu honorieren.

Eine besondere Rolle spielt in diesem Zusammenhang das, was man gern als Modernisierung der Betriebe bezeichnet. Oft wird eine elektronische Datenverarbeitungsanlage angeschafft, weil es zum Image eines modernen Unternehmens gehört, eine EDV-Anlage zu besitzen, ohne daß klare Vorstellungen darüber bestehen, was eigentlich mit der Anlage erreicht werden soll. Um die hohen Kosten wenigstens nach außen zu rechtfertigen, wird der angeschaffte Computer pausenlos und oft mit Aufgaben in Gang gehalten, die billiger und ebenso schnell auch manuell gelöst werden könnten. Die Leistung der Anlage wird nach der gleichen Methode gemessen, mit der heute noch die Leistung eines Sachbearbeiters gemessen wird: an der Menge des erzeugten, das heißt beschriebenen Papiers. Der einzig wirklich greifbare und sichtbare Effekt dieser Modernisierung besteht in einer beträchtlichen Erhöhung der Kosten. Diese höheren Kosten stehen oft in keinem Verhältnis zu der effektiven Erhöhung der Leistungsfähigkeit.

Unverhältnismäßig groß sind nicht selten auch die Kosten, die innerhalb eines Unternehmens ein komplizierter und langwieriger Entscheidungsprozeß verursacht. In einem speziellen Fall, von dem Professor Eberhard Witte, Inhaber des Lehrstuhls für Organisation an der Mannheimer Universität, in einer Untersuchung über die »Anatomie der unternehmerischen Entscheidung« berichtet, überstiegen die Aufwendungen, um eine Entscheidung über die Anschaffung einer Datenverarbeitungsanlage herbeizuführen, sogar erheblich die Investitionsausgaben für die Anlage selbst. Wenn das stimmt und wenn es, wie Witte behauptet, nicht einmal eine Ausnahme ist, dann braucht sich niemand darüber zu wundern, das die Produktivität deutscher Unternehmen nicht stärker wächst. Dann ist der Informations- und Entscheidungsfluß innerhalb der Unternehmen schlechter als es manche äußeren Daten über das Wirtschaftsergebnis der Unternehmen erkennen lassen. Dann gäbe es in der Tat mehr Sand im Getriebe der deutschen Industrie als zu vermuten war, und zwar an Stellen, die man nicht für möglich halten würde.

Die Unternehmensberater – wozu werden sie eigentlich engagiert?

Das wachsende Streben vieler Betriebe, sich einen neuen organisatorischen Anzug zu verpassen, resultiert allerdings nicht nur aus der Erkenntnis, daß es bei ihnen in manchen organisatorischen Belangen nicht immer zum besten steht. Es liegt zum Teil auch im natürlichen Ablauf der Dinge. Wenn kleine Unternehmen zu mittleren und mittlere Unternehmen zu Großunternehmen heranwachsen, und wenn Großunternehmen noch größere Dimensionen erreichen, dann können sie alle nicht mehr so organisiert sein, wie sie es vorher waren. Dann muß ihnen ein neuer organisatorischer Rahmen, eine neue Organisationsstruktur gegeben werden, um die in Zukunft gestellten größeren Aufgaben bewältigen zu können. In den letzten Jahren haben sich viele deutsche Unternehmen, vor allem Großunternehmen, in diesem Sinne reorganisiert. Und dies spräche durchaus für die Fähigkeit des deutschen Managements, primäre unternehmerische Ziele nicht nur setzen, sondern auch konsequent verfolgen zu können. Auffallend ist dabei nur, daß immer mehr Unternehmen die als notwendig erkannte Reorganisation ihrer Strukturen nicht auf Grund eigener Pläne durchführten, sondern sich in wachsendem Umfang der Mithilfe von Unternehmensberatern bedienten.

Unter diesen Beratern spielt die amerikanische Unternehmensberatungsgesellschaft McKinsey, die in den Vereinigten Staaten mit rund 460 Mitarbeitern knapp 25 Millionen Dollar umsetzt, die erste Geige. Seit 1964 ist dieser »Geheimnisträger Nr. 1«, wie ihn die Zeitschrift »Capital« etwas übertrieben tituliert, bei 25 deutschen Konzernen in Aktion getreten, darunter beim Volkswagen-Werk, bei der BASF und der SEL. Im Wettbewerb mit McKinsey stehen in Deutschland neben der deutschen Kienbaum-Gruppe in Gummersbach die amerikanischen Beratungsfirmen Booz, Allen und Hamilton, A. T. Klarney in Düsseldorf und Frankfurt, sowie P. A. Consultants mit Sitz in mehreren Großstädten der Bundesrepublik [1].

Daß speziell amerikanische Berater so viel Boden in Deutschland gewonnen haben, kommt nicht nur daher, daß die Deutschen bekanntlich dazu neigen, alles, was von jenseits der Grenzen stammt, von vornherein für besser zu halten. Die Amerikaner haben es außerdem blendend verstanden, deutschen Unternehmern einzureden, daß sie grundsätzlich mehr Erfahrungen mit großen Firmenverbänden hätten als die Deutschen,

1 Neben diesen Großen existieren in der Bundesrepublik weitere 73 Unternehmensberatungsfirmen unterschiedlichen Formats, vom Einzelberater angefangen bis hin zu Firmen, die sich mit den Amerikanern durchaus messen können. Ihr Umsatz wurde für das Jahr 1970 auf rd. 200 Millionen DM geschätzt, und es wird angenommen, daß er sich bis 1980 mehr als verdoppelt haben wird.

und daß sich diese daher die Kinderkrankheiten von Großkonzernen ersparen könnten, wenn sie sich die Organisationskenntnisse der Amerikaner zunutze machten.

Inzwischen ist der Glanz der großen international bekannten Namen, mit denen viele der amerikanischen Unternehmensberater aufwarten konnten, etwas verblaßt. Denn es hat sich herumgesprochen, daß die Effizienz der amerikanischen Unternehmensberatungen bei weitem nicht so groß war, wie man erwartet hatte, und auch nicht so groß, wie von den Beratungsfirmen in Aussicht gestellt worden war.

Inwieweit es den Tatsachen entspricht, daß die angebotenen Lösungen allzuoft entweder völlig irreal oder verfehlt waren, läßt sich nicht konkret feststellen. Soweit man das auf Grund der mageren Informationspolitik der Beratungsfirmen und der von ihnen beratenen Firmen beurteilen kann, sind unmittelbare Zusammenhänge zwischen Beratung und Geschäftsergebnis nicht erkennbar, und zwar weder im positiven noch im negativen Sinn. Von den vier großen deutschen Chemieunternehmen ist in den letzten Jahren nur eines, nämlich die BASF, von einem Unternehmensberater reorganisiert worden. Die Farbenfabriken Bayer und die Farbwerke Hoechst haben ihre Reorganisation mit eigenen Kräften durchgeführt, ebenso die Chemischen Werke Hüls/Marl, die 1968 das Angebot von McKinsey verwarfen, sich für 1,5 Millionen Mark eine neue Organisationsform anpassen zu lassen. Vorstandsvorsitzer Dr. Broich winkte mit der Begründung ab, die McKinsey-Vorschläge seien teilweise längst verwirklicht und der Rest könnte in eigener Regie durchgeführt werden. BASF hingegen honorierte den Rat von McKinsey mit rund 2 Millionen Mark[1] und handelte sich dafür das Patentrezept amerikanischer Konzernorganisation der 50er und frühen 60er Jahre ein, das die amerikanischen Berater auch sonst gern zu verkaufen pflegen. Nach dem gleichen Rezept waren auch die Konkurrenten der BASF verfahren, nur billiger, weil sie dafür nicht 24 000 Mark pro

1 Im Durchschnitt erhält McKinsey für jeden Berater 24 000 Mark pro Monat, das heißt, jedes Unternehmen, das sich von ihm beraten läßt, kostet diese Beratung so viel wie ein Vorstandsmitglied.

Mann und Monat zahlen mußten. Sie fuhren nicht schlechter als die BASF, die schon vorher Ertragsfavorit gewesen war und es auch nachher blieb. Im Hause SEL, um auch Beispiele aus anderen Branchen anzuführen, beriet McKinsey gleichfalls, ohne allerdings eine grundlegende Neuorganisation durchzuführen. SEL konnte daraufhin bis 1968 mit steigendem Ertrags- und sinkenden Kostentrends aufwarten. Aber das änderte sich in den darauffolgenden Jahren sehr rasch wieder. Siemens verzichtete auf McKinseys teuren Rat und bastelte sich eine hausgestrickte Spartengliederung zusammen, die jedem amerikanischen Berater Ehre machen würde. Danach stiegen die Ertragskennzahlen und die Personalkosten pro Umsatzeinheit fielen. Das Volkswagenwerk, einst Ertragsstar der deutschen Automobilindustrie, hat seit 1960 mit sinkenden Ertragskennziffern zu kämpfen, wie bereits im Zusammenhang mit der Ertragsstruktur deutscher Großunternehmen festgestellt wurde. Diese fatale Entwicklung vermochte auch McKinsey nicht zu stoppen, und er konnte es ebensowenig verhindern, daß sich das Volkswagenwerk im Jahre 1970 mit seinen Personalkosten an die Spitze der Deutschen Automobilindustrie setzte. Im Cash-Flow pro Umsatz rangierte VW im gleichen Jahr auf der Höhe von Daimler und BMW, die noch bis 1965 eindeutig schlechter abgeschnitten hatten. Beide Unternehmen haben ihre Umorganisation selbst durchgeführt.

Angesichts dieser Feststellungen drängt sich wirklich die Frage auf, wozu so hoch bezahlte Männer wie die Unternehmensberater engagiert werden, wenn die Ergebnisse nicht besser sind als dort, wo man ohne sie ausgekommen ist. Nun, die Unternehmensberater, in einem kürzlich erschienenen Buch als »Medizinmänner der Wirtschaft«[1] apostrophiert, bilden sich ein, so etwas ähnliches wie Ärzte zu sein. Das heißt, sie brauchen ihrer Meinung nach gar nicht immer selbst zu heilen, sondern glauben ihre Beratungsfunktion bereits dadurch zu erfüllen, daß sie sozusagen einen psychologischen Heilungsprozeß

1 Hal Higdon, »Unternehmensberater – Medizinmänner der Wirtschaft«. Düsseldorf 1971.

einleiten, durch den ihre Kunden dann von selbst genesen. Ihre Klienten müssen nach ihrer Ansicht daher auch nicht unbedingt krank sein, um ihr Eingreifen zu rechtfertigen, und es müssen Diagnose und Therapie der Berater nicht unbedingt richtig und können dennoch, wie man in aller Bescheidenheit kundtut, von Erfolg gekrönt sein.

Sehr überzeugend ist das allerdings nicht. In jedem Fall bauen die Berater ihre Vorschläge und Empfehlungen ja auf Daten und Zahlen des Unternehmens auf, die der Unternehmensführung auch schon vorher so weit und so gut bekannt gewesen sein mußten, daß sie als Entscheidungsgrundlage dienen konnten. Wenn dennoch eine Beratungsfirma herangezogen wird, um sie präsent zu machen und auszuwerten, dann beweist dies zumindest, daß das Vertrauen in die Fähigkeit, die Probleme des Unternehmens mit eigenen Kräften lösen zu können, nicht sehr groß ist. Es ist in der Tat schwer einzusehen, daß ein Unternehmensberater geeigneter sein sollte, die entscheidenden Männer eines Unternehmens von der Richtigkeit einer betrieblichen Neuorganisation zu überzeugen, als die ständigen Mitarbeiter, und es ist noch schwerer einzusehen, daß ein Unternehmensberater die Probleme des Unternehmens, in die er sich erst einarbeiten muß, besser zu lösen in der Lage sein sollte als diejenigen, die mit diesen Problemen seit Jahren von Grund auf vertraut sind. Wenn dies trotzdem der Fall ist, sind in dem Unternehmen offenbar nicht die richtigen Stellen mit den richtigen Leuten besetzt. Sehr oft wird es aber wahrscheinlich ebenso aussehen wie in jener Firma, dessen Präsident 50 000 Dollar für Unternehmensberater ausgegeben hatte und dann meinte: »Sie kamen herein, wußten wenig über unsere Probleme, unterhielten sich mit dem Hilfspersonal, wiederholten ihre Ansichten und schlossen ihre Arbeit ab, ohne mehr zu wissen als vorher. Eine reine Geldverschwendung.«[1]

Der Präsident der Beraterfirma Cole & Associates, Ben S. Cole, hat einmal geäußert, daß der wichtigste Grund zum

1 Zitiert von Charles L. Quittmeyer, Professor an der University of Indiana.

Engagieren von Unternehmerberatern darin läge, die Wahrheit zu erfahren. Es ist, meinte er, für die Leute, die Macht haben, »fast unmöglich, diesen Artikel zu bekommen. Ihre Irrtümer vervielfachen sich durch ihren Erfolg. Jeder ihrer Untergebenen hat Angst davor, ihnen die Wahrheit zu sagen, aus Furcht, hinausgeworfen zu werden.« Ich fürchte, die Wahrheit, die besagte Geschäftsleute nicht von ihren Untergebenen bekommen, werden sie auch von den Unternehmensberatern nicht bekommen.

Was Unternehmensberatern blüht, die den Mut haben, gegen einen Auftraggeber aufzutreten, der unangemessene Forderungen stellt oder völlig unrealistische Vorstellungen besitzt, hat der EDV-Unternehmensberater Horst Futh beschrieben. Wenn er Firmen von der Installierung einer EDV- oder einer zu großen EDV-Anlage abriet, brachte ihm das häufig nur enttäuschte Auftraggeber, keinen Anschlußauftrag sowie verärgerte Herstellerfirmen ein. Aus diesem Grund werden auch vermutlich nicht sehr viele Unternehmensberater den edlen Mann spielen. Sie werden sich lieber den Wünschen ihrer Auftraggeber anpassen, statt ihnen zu widersprechen und damit zu riskieren, sie als Kunden zu verlieren. Das gleiche Problem ergibt sich, wenn der Unternehmensberater erkennen muß, daß die eigentliche und wesentliche Fehlerquelle im Unternehmen an der Unternehmensspitze selbst liegt, an den Leuten also, die ihm den Auftrag erteilt haben. Roland Berger, Unternehmensberater in München, meint zwar, daß ein Berater mit Rückgrat solchen Leuten ohne Scheu den Rücktritt nahelegen und es eben riskieren müßte, dann von ihnen keine Monatsschecks mehr zu erhalten. Die Unternehmensberater, die ihren Auftraggebern offen erklären, daß der Sand im Getriebe ihres Unternehmens in der mangelnden Qualifikation der Führungsspitze zu suchen ist, werden allerdings an den Fingern einer Hand abzuzählen sein.

Nun hört man immer wieder, daß eine wesentliche Aufgabe der Unternehmensberatungen in einer Art von Alibifunktion liegen kann. In jedem Unternehmen könne es Situationen geben, in denen das Top-Management zwar genau wisse, was zu tun sei, aber das optimale Konzept nicht verwirklichen könne, weil der Aufsichtsrat die notwendigen Investitionen nicht bewilligt oder das Mittelmanagement nicht mitzieht. In beiden Fällen läßt sich, so meint man, das Konzept nur realisieren, wenn es nicht vom Vorstand, sondern von einem »Neutralen«, einem Außenstehenden vorgelegt wird. Es soll auch vorkommen, daß die Geschäftsleitung eine Unternehmensberatung heranzieht, um sie als Rückendeckung für unpopuläre Entscheidungen des Vorstands gegenüber der Belegschaft oder als vorbereitendes Gefecht für das Abschießen eines unerwünschten Vorstandsmitglieds zu benutzen. Und schließlich könnte es auch das Mittelmanagement sein, das nur darauf wartet, über einen »Neutralen« seine Schubladen-Konzepte an den Mann zu bringen und als der Weisheit letzter Schluß erscheinen zu lassen, was vorher nicht einmal des Anhörens wert war.

Wenn der Auftrag an eine Beratungsfirma wirklich nur solche Alibifunktionen ausübt, dann spricht das allerdings nicht für kooperative Beziehungen innerhalb der Unternehmensführung oder für ein Vertrauensverhältnis zwischen Unternehmensführung und Belegschaft. Auch in diesen Fällen bedeutet das Heranziehen einer Beratungsfirma nichts anderes als das Eingeständnis, bei der Lösung elementarer Führungs- und Verfahrensprobleme auf fremde Hilfe angewiesen zu sein.

Man kann die Sache also drehen und wenden wie man will: die steigende Beanspruchung von Beratungsfirmen beweist, daß immer mehr Unternehmen mit der Lösung ihrer Probleme nicht selbst fertig werden und sie daher Außenstehenden überlassen. Daß sich dabei oft Blinde mit Einäugigen verbünden, macht die Sache nicht produktiver. Denn auch die Unternehmensberater leiden häufig unter so eklatanten Qualitätsmängeln, daß ihr Image, wie einige von ihnen selbst zugeben, »in letzter Zeit ein wenig zerzaust worden ist«[1]. Der Grund dafür liegt nicht zuletzt darin, daß es keine Lizenzen oder sonstige Berufsvoraussetzungen für Unternehmensberater gibt,

1 Rudy Dallmeyer von der amerikanischen Beratungsfirma Donald R. Booz & Associates.

und sich daher jeder als solcher ausgeben kann, der Lust und Laune dazu hat, auch wenn er weder die Ausbildung noch die Erfahrung besitzt, zur unternehmerischen, verfahrensmäßigen oder wirtschaftlichen Leistungssteigerung eines Unternehmens wirklich Wesentliches beizutragen[1]. Hal Higdon geht zwar sicher zu weit, wenn er berichtet, daß nach Ansicht einiger Geschäftsleute »ein äußerst sprachgewandter Schwindler eine wirklich treffende Definition eines Unternehmerberaters darstellt«. Aber wahrscheinlich ist jener leitende Angestellte nicht sehr weit von der Wahrheit entfernt, der dem gleichen Hal Higdon in einem Gespräch über Unternehmensberater erzählte: »Die ursprüngliche Idee war, glaube ich, ausgezeichnet. Die Pioniere auf dem Gebiet waren hervorragend, aber der Durchschnitt sinkt ständig. Die Firmen lassen sich von Leuten geringen Kalibers beraten, und so hat die ganze Angelegenheit einen beinahe schmarotzerhaften Charakter angenommen.«

Es ergibt sich also die Schlußfolgerung: entweder sind die Unternehmensberater überflüssig, oder das Management, das sie braucht, ist seinen Aufgaben nicht gewachsen.

Da ist es mit der schwarzen Kunst des Personalberaters doch etwas anderes. Seine Tätigkeit läßt sich an sichtbaren Erfolgen oder Mißerfolgen messen. Wenn er seinen Auftrag durchgeführt hat, ist vor aller Augen eine führende Position der Wirtschaft mit einem neuen Mann besetzt, und es stellt sich bald

1 Das Ausbildungs- und Herkunftsniveau, auf dem sich die Unternehmensberater in Deutschland bewegen, wird, so fürchte ich, durch die Berufsgrundsätze des Bundes deutscher Unternehmensberater beleuchtet, die allgemein gültige Anstands- und Verhaltensregeln im Geschäftsleben behandeln. Diese Regeln sehen u. a. vor:

»Wir nehmen grundsätzlich nur solche Aufträge an, für deren Bearbeitung wir die erforderlichen Fähigkeiten, Erfahrungen und Mitarbeiter haben.«

»Wir sind bestrebt, unseren Auftraggebern so zu dienen, daß der Nutzen für sie von Dauer ist.«

»Wir legen unserer Beratung Unvoreingenommenheit und Objektivität zugrunde. Wir wissen, daß dies die Verpflichtung mit sich bringt, auch über Unangenehmes zu sprechen. Wir lassen uns dabei keinesfalls von Opportunitätsgedanken leiten, sondern bringen offen und ehrlich das zum Ausdruck, was wir für richtig halten.«

Daß in diesen Berufsgrundsätzen nicht noch der Passus erscheint, man solle fremdes Eigentum nicht an sich nehmen, ist – dies meint jedenfalls Maximilian Schubart – »fast verwunderlich«.

heraus, ob dieser Mann einschlägt oder ein Versager ist. Kein Personalberater kann es sich daher ungestraft leisten, den Unternehmen unfähige oder für den betreffenden Job ungeeignete Führungskräfte anzubieten, weil in kürzester Zeit kein Unternehmen mehr seine Dienste in Anspruch nehmen würde, wenn es damit rechnen müßte, für seine Top-Positionen unqualifizierte Leute angedreht zu bekommen.

Mit welcher Präzision und hintergründigen Sorgfalt aus diesem Grund die Eignung von Bewerbern und Interessenten getestet wird, zeigt ein Fragebogen, den der bekannte deutsche Personalberater, Maximilian Schubart, entwickelt und zum Ausgangspunkt und zur Grundlage seiner Vermittlungsaktionen gemacht hat. Es lohnt sich, diesen Fragebogen genau zu studieren, auch wenn man nicht die Absicht hat, die Dienste von Herrn Schubart in Anspruch zu nehmen. Er ist nicht nur aufschlußreich im Hinblick auf die Auswahl der Kriterien, nach denen die Eignung eines bestimmten Mannes für eine bestimmte Position beurteilt wird, sondern auch im Hinblick auf die Mentalität der Auftraggeber. Angefangen von der Frage nach den wirtschaftlichen Verhältnissen während der Kindheit, nach persönlichen Leitbildern (ob sich schon jemals jemand zu Leonidas bekannt hat?), nach der Einstellung zur Nationalität und zur Kirche bis hin zur Erforschung der persönlichen Neigungen und des idealen Frauentyps (Madonna oder leidenschaftliche Geliebte – das ist hier die Frage) gibt es kein Gebiet, das außer acht gelassen, keines, das als Maßstab der Beurteilung für zu gering befunden würde. Der Fragebogen birgt allerdings auch, das sieht man auf den ersten Blick, in den Händen mittelmäßiger Personalberater mehr Gefahren für Fehldeutungen in sich als Anhaltspunkte für eine richtige Eignungswahl. Getarnte Tiefenpsychologie muß beherrscht werden, um nicht in Scharlatanerie auszuarten. Nur in den Händen eines hochqualifizierten und unvoreingenommenen Personalberaters können daher Fragebogen dieser Art dazu dienen, für die gesuchte Position den geeigneten Mann zu finden.

Fest steht jedenfalls, daß Personalberater die Wirtschaft stärker beeinflussen können als die ganze übrige Heerschar der

Testbogen für Bewerbung um Managerposition

Datum: ☐☐☐ Bearbeitungsnummer: ☐☐ ☐☐

Alter	unter 25 Jahren	25–30 Jahre	30–40 Jahre	über 40 Jahre
Konfession	keine	evang. luth.	röm. kath.	sonstige
Familienstand	ledig	verheiratet	getrennt/gesch.	verwitwet
Kinder	keine	1 Kind	2–3 Kinder	4 Kinder u. mehr
Schul- bzw. Hochschulabschluß	Volksschule	Mittlere Reife	Abitur	Hochschule
Sprachen	keine	englisch	engl. + 1 Sprache	engl. + 2 u. mehr
Beruf des Vaters	Arbeiter	Angestellter Beamter	selbständiger Unternehmer	freiberuflich
Beruf der Ehefrau (auch vor der Ehe)	Verkäuferin Arbeiterin	Büro-angestellte	Fachberuf od. Handwerk (MTA, Dolm. etc.)	Akademikerin
Kleidung im Beruf	unkonventionell	sportlich	modisch	konservativ
Bevorzugte Wohnungseinrichtung	sachlich nüchtern	modern	antik	antik/modern gemischt
Auto (privat)	keins	sportl. Wagen, Sportwagen	Klein–Mittel-wagen	größere Limousine
Bevorzugter Urlaubsort	International mondän	romantisch einsam	abenteuerlich unerforscht	Bildungs- u. Kunsturlaub
Bevorzugte Sportart	Golf Jagd	Schwimmen, Ski Fußball	Tennis, Reiten Segeln	Sonstige
Abschluß der Lehr- bzw. Trainerzeit oder industriellen Ausbildung	vor dem 20. Lebensjahr	zwischen dem 20. und 25. Jahr	zwischen dem 25. und 30. Jahr	zwischen dem 30. und 35. Jahr
Anzahl der Firmen (nach Abschluß der Schulzeit – einschl. Lehrfirmen)	1 Firma	2 Firmen	3–4 Firmen	mehr als 4 Firmen
Längste Firmenzugehörigkeit in Jahren	weniger als 3 Jahre	zwischen 3–5 Jahren	zwischen 5–10 Jahren	mehr als 10 Jahre
Überwiegende Branchenerfahrungen (nur 1 Feld ankreuzen!)	Handel, Verlage Dienstleistungen	Verarbeitend. od. Zuliefererindust.	Konsumgüter Markenartikel	Grundstoffe Montan
Branchenerfahrung in Jahren	weniger als 1 Jahr	1–2 Jahre	2–3 Jahre	mehr als 3 Jahre

Überwiegende Sachgebietserfahrungen (nur 1 Feld ankreuzen!)	Allg. Verwaltung Organisation, Rev., Pers.	Finanz-Rechnungsw.	Vertrieb Marketing	Produktion Technik
Sachgebietserfahrungen in Jahren	weniger als 1 Jahr	1–2 Jahre	2–3 Jahre	mehr als 3 Jahre
Wirtschaftl. Verhältnisse während der Kindheit	sehr gut (eigen. Haus, Pers. etc)	gutbürgerliche Verhältnisse	einfach, aber geordnet	schlecht (wirtschaftliche Not)
Verhältnis zu den Eltern während der Kindheit	harmonisch und konfliktfrei	harmon., aber gel. Auseinandersetzungen	konfliktreich	meine Eltern waren mir fremd
Verhältnis der Eltern zueinander	harmonisch	häufige Auseinandersetzungen	Eltern waren sich entfremdet	es war nur ein Elternteil da
Verhältnis zu dem Vater während der Kindheit	Vater war eine Autorität	kameradschaftliches Verhältnis	Vater wurde abgelehnt	kein Vater da
Wer hat Ihre Erziehung am stärksten beeinflußt?	Vater oder Vaterersatz war dominierend	Mutterpersönlichkeit war zu Hause stärker	beide Eltern hatten den gleichen Einfluß	kein Elternhaus vorhanden
Erziehung	sehr streng (auch Schläge)	streng, aber objektiv sachlich	liberal-demokratisch	antiautoritär
Wem standen Sie in Ihrer Kindheit am nächsten?	Vater	Mutter	beiden Eltern gleich	Geschwistern oder anderen Personen
Was Sie heute sind, haben Sie am meisten zu verdanken	Vater	Mutter	Lehrer, Vorgesetzte, Freunde	der eigenen Leistung
Geschwister	keine Geschwister	1 Bruder oder Schwester	2–3 Geschwister	mehr als 3 Geschwister
Altersstellung unter den Geschwistern	einziges Kind	ältestes Kind	jüngstes Kind	zw. jüngsten und ältesten Geschwistern
Bevorzugung der Geschwister durch die Eltern	keine Geschwister	keine Bevorzugung	ich war das Lieblingskind	1 Geschw.-Teil wurde bevorz.
Was ist Ihrer Meinung nach für die Ehe am wichtigsten?	im Vordergrund steht das Sexuelle	das Geistige ist bestimmend	Geistiges und Sexuelles gehören zusammen	die gemeinsame Herkunft ist am wichtigsten
Wem kommt Ihr Frauenideal am nächsten?	der Mutter	dem Madonnavorbild	der leidenschaftlichen Geliebten	der intellektuellen Frau

Aus welchem Milieu würden Sie Ihre Frau bevorzugen?	ist mir gleich	aus einfachen Verhältnissen	aus dem Mittelstand	aus gehobenem Milieu
Ideales Altersverhältnis zur Frau	gleichaltrig	bis zu 10 Jahre jünger	mehr als 10 Jahre jünger	älter als ich
Firmengröße	Kleinbetrieb	zwischen 20 u. 100 Mio. DM Jahresumsatz	zwischen 100 u. 500 Mio DM Jahresumsatz	Konzern
Branche	Handel, Verlage Dienstleistungen	Verarbeitend. od. Zuliefererindust.	Konsumgüt. od. Markenartikel	Grundstoffe od. Montanindustrie
Sachgebiet	Allg. Verwaltung Org., Rev., Pers.	Finanz- Rechnungsw.	Vertrieb Marketing	Produktion Technik
Linien – Stabsfunktion	Linien- funktion	Stabs- funktion	Linie/Stab gemischt	ohne Zuordnung
Position	Nachwuchs- kraft	Untere Führungsebene	Mittlere Führungsebene	Geschäfts- leitung
Untergebene	keine	weniger als 10	zw. 10 und 50	über 50
Einkommen p. a.	unter 30 000 DM	zwischen 30 u. 50 000 DM	zwischen 50 u. 100 000 DM	über 100 000 DM
Verhältnis zum direkten Vorgesetzten	ausgezeichnet	gut	es geht	schlecht
Berufliche Entwicklungs- möglichkeiten des direkten Vorgesetzten	sehr gut	gut bis ausreichend	kaum	keine
Haben Sie einen persönlichen Förderer in der Industrie?	Nein	Ja, innerhalb der Firma	Ja, in der verwandten Industrie	Ja, im allgemeinen
Bekanntschaftsgrad der Firma	örtlich	regional	national	international
Image der Firma	ausgezeichnet	gut	schlecht	kein Image
Firmenzugehörigkeit	weniger als 1 Jahr	1–3 Jahre	3–10 Jahre	über 10 Jahre
Bevorzugte Firmengröße	Kleinbetrieb	zwischen 20 u. 100 Mio DM Jahresumsatz	zwischen 100 u. 500 Mio DM Jahresumsatz	Konzern
Bevorzugte Branche	Handel, Verlage Dienstleistungen	Verarbeitende Zuliefererindust.	Konsumgüter Markenartikel	Grundstoffe od. Montanindustrie
Bevorzugtes Sachgebiet	Allg. Verwaltung Org., Rev., Pers.	Finanz- Rechnungsw.	Vertrieb Marketing	Produktion Technik

Bevorzugte Funktion	Linien- funktion	Stabs- funktion	Linie/Stab gemischt	ohne Zuordnung
Gewünschter Einkommenszuwachs in %	10–20 %	20–30 %	30–40 %	über 40 %
Bevorzugte geografische Lage	ohne Bedeutung	Städte über 100 000 Einwoh.	mittlere u. kleinere Städte	ländliche Gegend
Einstellung zur Nationalität	ich fühle mich als Deutscher	ich würde gern einer and. Nationalität angehör.	ich fühle mich als Weltbürger	ist für mich nicht relevant
Einstellung zur Kirche	positiv bejahend	ablehnend	kritisch, aber bejahend	gleichgültig
Wo liegen ihre persönlichen Leitbilder? (nur 1 Feld anzkreuzen)	Künstler, (Maler, Musiker, Dichter, Schauspieler)	Forscher, Denker, Naturwissenschaftler	Politiker, Feldherrn, Staatsmänner	Wirtschaftsführ., Sportler u. a. mod. Leitbilder
Leitbildtyp	väterlicher Typ (z. B. Bismarck, Einstein)	heldischer Typ (z. B. Richthofen Leonidas)	sachlicher Typ (z. B. Kant, Moltke)	idealist. Typ (z. B. Schiller, Nietzsche)
*** Vereinszugehörigkeit während der Jugendzeit**	keine	Pfadfinder oder ähnl. Organis.	Sportvereine od. ähnl. Gruppen	politische Organisationen
*** Vereinszugehörigkeit während des Studiums/Ausbildung**	keine	studentische Verbindungen	ASTA od. and. Hochschulgr.	politische Organisationen
*** Aktive Vereinszugehörigkeit heute**	keine	berufliche Interessengr.	Freizeit/Sportgruppen (Clubs)	politische Parteien
*** Passive Vereinszugehörigkeit heute**	keine	berufliche Interessengr.	Freizeit/Sportgruppen (Clubs)	politische Parteien
Freizeitbevorzugung	Sport, Tanz, Gesellschaften	Kino, TV, Zirkus, Shows u. a.	Foto, Film, Sammeln von Gegenständen	Schach, Karten, u. a. Spiele
Bevorzugte Musik (klassisch)	keine	Klass. u. Romant. (Beeth., Wagner, Liszt, Dvor. u. a.)	Barock (Bach, Telemann etc)	Mod. Klassik (Stravinski, Schönberg u. a.)
Bevorzugte leichte Musik	keine	Operet., Walz., allg. Schlager	Beat, Jazz, Fox, Underground	Südamerikan. Musik (Tango, Rumba u. a.)
Was schätzen Sie am beruflichen Erfolg am meisten?	Sicherheit und mat. Vorteile	gesellschaftliches Ansehen	Macht und Einflußnahme	Verantwortungen u. Aufgaben

*** Hier können mehrere Felder angekreuzt werden.**

Unternehmensberater, weil sie mit dem Mann, den sie in eine Führungsposition einschleusen, nicht nur die Weichen für die künftige geschäftliche Entwicklung dieses Unternehmens stellen, sondern auch in den deutschen Unternehmen für eine ganz bestimmte personelle Ausrichtung der oberen und mittleren Führungsebene sorgen.

Managerschulen – Schaumschlägerei oder doch mehr?

Die Zahl der Schulungskurse für Manager ist in der Bundesrepublik inzwischen auf fast 100 angewachsen. Seit 1955 haben – dies hat das Wirtschaftsmagazin »Capital« festgestellt – 400 000 Führungskräfte an etwa 16 000 Lehrgängen teilgenommen, die von Verbänden, Kammern, Universitäten und gewieften Geschäftsleuten veranstaltet worden sind.

Zu den bekanntesten Managerschulen gehört die »Akademie für Führungskräfte der Wirtschaft« in Bad Harzburg, die bisher von rund 140 000 Führungskräften der Wirtschaft besucht wurde[1].

Hochgeschätzt ist auch das von der Pariser Industrie- und Handelskammer in Fontainebleau errichtete »Europäische In-

1 Der Leiter der Akademie, Prof. Dr. Höhn, will mit seinem »Harzburger Modell« eine Systematisierung im Verhältnis von Führung und Mitarbeitern erreichen. Grundlage ist das Prinzip der Delegation von Verantwortung, das sich in folgenden 6 Punkten zusammenfassen läßt:

1. Betriebliche Entscheidungen werden nicht mehr von einem oder wenigen Männern an der Spitze eines Unternehmens getroffen, sondern von den Mitarbeitern auf den Ebenen, zu denen sie ihrem Wesen nach gehören.
2. Die Mitarbeiter werden nicht durch Einzelaufträge geführt, sondern müssen innerhalb eines festumrissenen Bereichs selbständig tätig werden.
3. Die Vorgesetzten treffen in den ihnen unterstellten Bereichen nur noch in den Fällen, die die Kompetenz der Mitarbeiter übersteigt, Entscheidungen. Sie haben diese Bereiche mit Dienstaufsicht und Erfolgskonto zu führen.
4. Das Verbot der Rückdelegation von Verantwortung seitens der Mitarbeiter macht dieses Führungsprinzip erst brauchbar.
5. Eine allgemeine Führungsanweisung erklärt die führungstechnischen Grundprinzipien für das gesamte Unternehmen für verbindlich.
6. Stellenbeschreibungen legen die Einzelaufgabe fest, die der Stelleninhaber zu erfüllen hat.

stitut für Unternehmerfragen« (INSEAD), das seit seiner Gründung im Jahre 1958 mehr als 1300 Teilnehmer aus 40 Ländern zu »internationalen Managern« ausgebildet hat. Der 9 Monate dauernde Kurs hat jeweils etwa 200 Teilnehmer, die über ein abgeschlossenes Hochschulstudium verfügen müssen, und kostet rund 10 000 Mark. Unterrichtsschwerpunkte sind Finanzen, Marketing, Industriepsychologie, Unternehmenspolitik und Operations-Research. Das INSEAD-Diplom bringt, wie man hört, ein Aufgeld zum Anfangsgehalt bis zu tausend Mark im Monat ein.

Mehr als 40 solcher und ähnlicher Fortbildungsinstitutionen sind im sogenannten »Wuppertaler Kreis« zusammengefaßt, in dem unter der Leitung von Glanzstoff-Chef Ludwig Vaubel die Aufgaben dieser Institutionen aufeinander abgestimmt und miteinander koordiniert werden sollen. Auch die deutschen Universitäten sind seit neuestem dabei, die deutschen Manager auf Hochtouren zu bringen. Der Mannheimer Professor Dr. Ludwig Pack pflegt auf seinen Unternehmerseminaren aus Amerika importierte Methoden mit Planspielen und Fallstudien. Auf dem Universitätsseminar der Wirtschaft (USW), das seit 1969 im Kloster St. Augustin bei Siegburg Semesterkurse über Unternehmensführung für Manager veranstaltet, ist der Bonner Professor Dr. Horst Albach zusammen mit anderen Lehrkräften aus dem In- und Ausland bemüht, die Managerschulung in Deutschland auf das Niveau der amerikanischen Harvard Business School zu heben [1]. Das amerikanische May-

1 Die Harvard Business School bildet ihre Studenten nur für 3 Positionen aus: für einen stellvertretenden Vorstand, den Vorstand und den Vorsitzenden des Aufsichtsrates. Sie ist darauf abgestellt, eine Klasse von Spitzenmanagern heranzuziehen, Leute, die nach Abschluß ihres Studiums »eben mal durch das von ihnen auserwählte Unternehmen geschleust werden, dann ein Büro nebst Sekretärin und Beschäftigung erhalten, und darauf warten, bis eine der drei Topstellen frei wird«. Robert Townsend meint allerdings, daß dieser Elite einige höchst fundamentale Voraussetzungen zum Erfolg fehlen, nämlich Bescheidenheit, Respekt für Mitarbeiter, ein tieferes Verständnis für das Wesen des Geschäfts und ein Auge für Mitarbeiter, die Freude daran haben, das Unternehmen weiterzubringen, die in der Betriebshierarchie Respekt genießen und die außer Courage und Fleiß, Urteilsvermögen und Fairneß, Loyalität nach unten und Aufrichtigkeit auch unter Streß unter Beweis gestellt haben. – Er könnte mit dieser Meinung recht haben.

Management-Kurse

Termine 1971	Themen	Institute
1.–3. Sept.	SIB-Führungsmodell I, Regelkreis der Unternehmensführung	Schweizerisches Institut für höhere kaufmännische Bildung, Zürich
1.–4. Sept.	Marketing-Seminar	Bundesverband Junger Unternehmer, Bonn-Bad Godesberg
3. Sept.	Erfolgskontrolle im Einkauf	Technische Akademie, Wuppertal-Elberfeld
5.–10. Sept.	Weiterbildungsseminar	C. Rudolf Poensgen-Stiftung, Düsseldorf
6. Sept. – 15. Okt.	General Management	Urwick Management Centre, Baylis House, Slough, Buckinghamshire
12.–17. Sept.	Financial Management and Control	The Touche Ross Institute of Management, Brüssel
12.–24. Sept.	Works Management	Sundridge Park Management Centre, Bromley
13.–17. Sept.	Rhetorik und Verhandlungsführung	Institut für Unternehmensführung, Wien
13.–18. Sept.	Anglo-Amerikanische Wirtschaftsterminologie	Management-Institut, Neckargemünd
17. Sept.	Gleitende Arbeitszeit – Grundlagen und Praxis	Deutsche Gesellschaft für Betriebswirtschaft, Berlin
20.–24. Sept.	Marketing Management Course	Management Centre Europe, Brüssel
23.–25. Sept.	Management und Organisation im Handel	Gottlieb Duttweiler Institut, Rüschlikon bei Zürich
24. Sept.	Die Verkaufsstrategie als Mittel der Gewinnverbesserung	Technische Akademie, Wuppertal-Elberfeld
27. Sept. – 1. Okt.	Menschenführung im Unternehmen	Verkaufsleiterakademie, Frankfurt

27. Sept. – 2. Okt.	Gruppendynamik I, – Grundlagen und Voraussetzungen der erfolgreichen Teamarbeit	Rationalisierungs-Kuratorium, Düsseldorf
7.–8. Okt.	Das Neueste im Lohnsteuerrecht	Berliner Institut für Betriebsführung, Berlin
12.–14. Okt.	SIB-Führungsmodell IV, Marktbezogene Unternehmensführung	Schweizerisches Institut für höhere kaufmännische Bildung, Zürich
14.–15. Okt.	Einkaufs-Management	Technische Akademie, Wuppertal-Elberfeld
14.–16. Okt.	Psychologie	Institut für Wirtschaft und Wort, Bad Wörishofen
17.–22. Okt.	Die kybernetische Führungslehre	Rationalisierungs-Kuratorium, Düsseldorf
18.–20. Okt.	Aufbau eines integrierten Einkaufs-Informationssystems	Gesellschaft für elektronische Systemforschung, Bühl
18.–22. Okt.	Finanz- und Rechnungswesen	Akademie Meersburg, Meersburg
18.–22. Okt.	Kepner/Tregoe-Training	Kepner, Tregoe, Wiesbaden
24.–29. Okt.	Financial Management of Multinational Companies	Europäisches Institut für Unternehmensführung, Fontainebleau
25.–29. Okt.	Gruppendyn. Innovations-Praktikum	Rationalisierungs-Kuratorium, Düsseldorf
31. Okt. – 4./5. Nov.	Leadership in Management	Sundridge Park Management Centre, Bromley
4.–5. Nov.	Kostenplanung und Kostenkontrolle	Berliner Institut für Betriebsführung, Berlin
7.–10. Nov.	Rhetorik für Manager	Arbeitsgemeinschaft für wirtschaftliche Betriebsforschung, Heidelberg
8.–12. Nov.	Production Management	Akademie Meersburg, Meersburg
8.–12. Nov.	Führungstechnik im Verkauf	Alwin M. Seitz & Co., Zürich
8.–12. Nov.	Rechnungswesen als Grundlage des Managements	Betriebswissenschaftliches Institut der Eidgenössischen Technischen Hochschule, Zürich

14. Nov.	Computer and Decision Making for Managers	Europäisches Institut für Unternehmensführung, Fontainebleau
14.–19. Nov.	Praktikum für die innerbetriebliche Information	Bundesverband junger Unternehmer, Bonn-Bad Godesberg
14.–19. Nov.	General Management: Decision Making and Techniques	The Touche Ross Institute of Management, Brüssel
15.–26. Nov.	Systemanalyse und Systementwurf für Fortgeschrittene	Management Science Training, Frankfurt
21. Nov. – 3. Dez.	Die Teilbereiche und ihr Zusammenwirken	Technische Akademie, Wuppertal-Elberfeld

nard-Institut in Düsseldorf verbindet interne Schulungsprogramme mit externen Seminaren. In 40 Seminartagen und 150 internen Arbeitsstunden, die sich auf 6 bis 8 Monate verteilten, sollen Deutschlands Manager fit gemacht werden. Nicht vergessen werden dürfen in diesem Zusammenhang die Baden-Badener Gespräche, bei denen die Bosse von heute mit ihren potentiellen Nachfolgern von morgen zusammengebracht werden sollen. Aber das scheint im allgemeinen doch die Ausnahme zu sein. An den Schulungskursen nehmen hauptsächlich Angehörige der zweiten und dritten Garnitur teil.

Die Meinungen über Sinn und Unsinn dieser Managerschulen sind geteilt. Man schwankt zwischen zwei Extremen. Die einen halten die spezielle Managerausbildung für baren Unsinn und meinen, der Effekt dieser Ausbildung stehe in keinem Verhältnis zu den dafür aufgewandten Kosten. Die anderen vertreten die Auffassung, daß durchaus in Kursen und Seminaren geschult werden kann, was sich normalerweise auf der freien Wildbahn des harten Konkurrenzkampfes entwickelt. Wo die Wahrheit liegt und wie groß die tatsächliche Effizienz der Managerschulungen ist, ist schwer festzustellen. In dieser Hinsicht ähneln die Managerschulungen der Werbung, von der man auch nie genau weiß, was und wieviel sie eigentlich zustande bringt. Zum Teil sind die Managerschulungen zweifellos nichts anderes als ein gutes Geschäft für einige geschickte Leute, die die wachsende Unruhe innerhalb des Managements erkannt haben und daraus beachtliche Gewinne schlagen. Sie beweisen damit auf jeden Fall, daß sie selbst gute Manager sind. Die Gefahr liegt hier wie überall in der Schematisierung eines Vorgangs, der nicht zu schematisieren ist. Die Fähigkeit, richtige Entscheidungen zu fällen, kann weder gelehrt noch gelernt werden. Sie ruht auf der fundierten Kenntnis der Dinge, mit denen man es zu tun hat, auf dem richtigen Erfassen der bestehenden Zusammenhänge und der richtigen Einschätzung der Folgen, die sich aus diesen Tatbeständen und Zusammenhängen ergeben.

Das sozialwissenschaftliche Zentrum an der Universität Erlangen-Nürnberg hat versucht, im Rahmen eines vom Bayerischen Kultusministerium erteilten Forschungsauftrag zu klären, welche Qualitätsanforderungen Führungskräfte in Wirtschaftsunternehmen zu erfüllen hätten. Dabei wurden über 2000 Führungskräfte aus 40 nach dem Zufallsprinzip ausgewählten Wirtschaftsunternehmen im süddeutschen Raum interviewt und einer Reihe von Tests unterworfen. Das Forschungsteam kam zu der Schlußfolgerung, daß Eigenschaften nach Art der »Führerpersönlichkeiten« kaum etwas zur Erklärung von Karriereerfolgen beitragen können. Um Karriere zu machen, erwies sich die »Einstellung« der Führungskräfte zum Vorgesetzten, zum Unternehmen, zur Arbeitssituation und zum Wirtschaftssystem als weitaus wichtiger. Eine positive Einstellung zum Vorgesetzten und zur Organisation brachte nachweislich bereits zum Beginn der Tätigkeit größere Aufstiegserfolge, was leider bedeuten würde, daß Konformität belohnt und Karriere am sichersten durch Liebedienerei gemacht wird.

Unter diesen Gesichtspunkten scheinen Managerschulen allerdings entbehrlich zu sein.

Arbeitnehmer unter der Lupe

Aber die Welt der Arbeit wird nicht nur von Managern bestimmt. Über die Frage, wie produktiv oder unproduktiv die deutsche Industrie arbeitet, wird auch an jedem ihrer Arbeitsplätze entschieden. Es liegt ja auf der Hand: Die Arbeitsproduktivität ist sicher erfreulich groß, wenn rationell organisierte und zweckmäßig eingerichtete Arbeitsplätze von arbeitswilligen, leistungsbereiten Leuten besetzt sind. Die Produktivität ist sicher erheblich kleiner, wenn an den gleichen Arbeitsplätzen arbeitsunlustige, bequeme Leute eingesetzt sind, und sie ist sicher miserabel, wenn diese arbeitsunlustigen und bequemen Leute zu allem Überfluß auch noch an Arbeitsplätzen beschäftigt werden, die schlecht organisiert und unzweckmäßig eingerichtet sind. Wie groß oder wie klein die Arbeitsproduktivität ist, hängt also nicht nur von der Organisation der Arbeitsplätze ab, die in die Kompetenz des Managements fällt. Sie ist gleichermaßen abhängig von der Arbeitsmentalität, die an diesen Arbeitsplätzen herrscht, von der subjektiven Einstellung der einzelnen zur Arbeit.

Was diese Einstellung betrifft, zerfallen die Belegschaften großer und mittlerer Unternehmen im allgemeinen in drei Gruppen.

Da ist einmal die Gruppe der Aktivisten, jener Angestellten und Arbeiter, die sich mit dem Unternehmen und seinen Zielen identifizieren, sich persönlich engagieren und voll und ganz für das Unternehmen einsetzen. Dann gibt es die Gruppe von Mitarbeitern, die man als »Zeittarifler« bezeichnen könnte, weil sie genau nur das tun, was sie – im Sinne ihres Dienst- oder Arbeitsvertrages – tun sollen, darüber hinaus aber keinen Finger für das Unternehmen krumm machen. Die dritte Gruppe schließlich setzt sich aus Leuten zusammen, die man »Anwesenheitsverkäufer« nennen könnte. Ihre hauptsächliche Tätigkeit besteht nämlich darin, da zu sein und sich dafür bezahlen zu lassen.

Häufig ist die Kombination von Gruppe 1 und Gruppe 2: man engagiert sich für ein, zwei Wochen, um dann in dem Gefühl, genug getan zu haben, ein Vierteljahr die ruhige Kugel zu schieben. Die Reihenfolge der Gruppen ist keinesfalls identisch mit der hierarchischen Ordnung in dem Unternehmen. Man findet jede dieser Gruppen auf jeder Stufe der Betriebshierarchie. Wie sich die Gruppen auf die einzelnen Stufen verteilen, steht sogar nicht selten in direktem Gegensatz zu dem Wert, den sie für das Unternehmen haben. So werden manchmal gerade »Anwesenheitsverkäufer« zu herausgehobenen Funktionären bestellt, weil sie in ihrer mehr oder minder großen Passivität niemandem weh tun und deshalb allseits beliebt sind. Logischerweise werden aus dem gleichen Grund, nur in umgekehrtem Sinn, Aktivisten nicht besonders gefördert, weil sie sich durch ihre Aktivität bei vielen unbeliebt machen und deshalb lieber an Stellen gesehen werden, wo sie nicht viel zu sagen haben.

Obgleich die Verhältnisse in den Betrieben sehr unterschiedlich gelagert und daher schwer auf einen gemeinsamen Nenner zu bringen sind, wird es im allgemeinen nur zu einem recht geringen Teil von der Unternehmensführung, ihrem Organisationsgeschick und der Art ihrer Menschenführung abhängen, ob die Gruppe der Aktivisten oder die der Anwesenheitsverkäufer relativ klein oder relativ groß ist. Da zur Gruppe der Aktivisten Leute gehören, die sich dem allgemeinen Trend zur größtmöglichen Bequemlichkeit bei möglichst geringem Aufwand an manueller oder intellektueller Arbeit entziehen und sozusagen gegen den Strom schwimmen, wird diese Gruppe in jedem Unternehmen verhältnismäßig klein sein. In der Schar der Anwesenheitsverkäufer repräsentiert sich jene Einstellung zur Arbeit, die jedem Leistungsanspruch mit absoluter Ignoranz begegnet und jedem Leistungsdruck auf jede nur mögliche Weise auszuweichen versucht. Da sich in dieser Gruppe eine weitverbreitete Grundstimmung widerspiegelt, ist sie in allen Unternehmen sicher verhältnismäßig groß. Wenn zu ihr nicht mehr als die Hälfte der Belegschaft gehört, kann sich das betreffende Unternehmen glücklich schätzen [1].

Zweifellos liegen aber gerade in dieser Gruppe die relativ größten Möglichkeiten einer Leistungssteigerung. Wenn bei nur 50 Prozent der Belegschaft durch bessere Motivationen eine Leistungssteigerung um 10 Prozent erzielt würde, dann bedeutet das für den ganzen Betrieb eine Leistungssteigerung um 5

1 Diese Gruppe ist es sicher auch, die am erfolgreichsten dazu beiträgt, daß inzwischen ständig fast 8 Prozent der Beschäftigten in der Bundesrepublik krank gemeldet sind. Obwohl es heute nicht überall notwendig ist, krank zu sein, um nichts tun zu müssen, wächst offensichtlich mit zunehmender Arbeitsunlust auch die Neigung, sich auf dem Weg von Krankheitsbescheinigungen zusätzliche Freizeiten zu verschaffen. Krankheiten dieser Art haben die gleichermaßen merkwürdige wie erfreuliche Eigenschaft, daß sie auf Wochenenden und Feiertage gebührende Rücksicht nehmen. Wie aus einem der Bundesregierung vorgelegten Erfahrungsbericht der Bundesvereinigung der deutschen Arbeitgeberverbände über die Auswirkungen des Lohnfortzahlungsgesetzes hervorgeht, gilt gut ein Drittel der ausgestellten Arbeitsunfähigkeitsbescheinigungen für 6 Tage, gut ein Fünftel für 8–9 Tage und nur rund ein Zehntel für mehr als 14 Tage. Das Ende der Arbeitsunfähigkeit trifft dabei in bemerkenswert vielen Fällen mit dem Wochenende zusammen, wie überhaupt der Trend erkennbar ist, die voraussichtliche Dauer der Arbeitsunfähigkeit nach ganzen Wochen zu bemessen. Mit dieser Beobachtung harmonisiert, wie eine Erhebung des Bundesverbandes der Heizungs- und Klimaindustrie nachweist, die Feststellung, daß in den Sommer- und Urlaubsmonaten der niedrigste Krankenstand erreicht wird. Wer wird aber auch schon gern im Urlaub krank!

Prozent. Auf die gesamte Volkswirtschaft bezogen, würde eine ähnliche Leistungssteigerung bei nur der Hälfte aller Beschäftigten zur Folge haben, daß bei gleichzeitiger Zunahme des erwirtschafteten Sozialprodukts um 5 Prozent mindestens zwei Millionen Arbeitskräfte freigesetzt würden und für produktivere Tätigkeiten zur Verfügung stünden.

In den letzten 10 Jahren ist die Produktivität im Produktionsbereich um 83 Prozent, im Verwaltungsbereich nur um 4 Prozent gewachsen. Dieser unterschiedlichen Steigerung entspricht die unterschiedliche technische Ausrüstung dieser beiden Arbeitsbereiche. Im deutschen Maschinenbau zum Beispiel waren im Jahre 1970 in einen Arbeitsplatz der Produktion durchschnittlich etwa 50 000 DM investiert, in einen Arbeitsplatz der Verwaltung durchschnittlich knapp 1000 DM. Fallstudien haben zutage gebracht, daß die Arbeitsauslastung in den meisten Angestelltenbereichen weniger als 50 Prozent beträgt. Mit dieser Feststellung deckt sich auch die Beobachtung eines wirtschaftswissenschaftlichen Forschungsinstituts, nach der in sehr vielen Fällen 75 Prozent der anfallenden Arbeit von 25 Prozent der Beschäftigten geleistet wird.

Die Konzernverwaltung eines großen deutschen Unternehmens hat folgende Berechnung angestellt:

Von den insgesamt 980 Angestellten des Betriebes saßen 158 an – wie es der Ergebnisbericht etwas merkwürdig aber doch recht plastisch ausdrückt – »Arbeitsplätzen mit Schreibmaschinen«. Eine Analyse der Arbeiten und der Arbeitszeiten dieser Kräfte ergab, daß 44 Prozent der Arbeitszeit auf Schreibarbeiten und unmittelbar damit zusammenhängende Arbeiten verwandt wurden. Zur Bewältigung aller in der Konzernverwaltung anfallenden Schreibarbeiten waren also, wenn man die gesamte Arbeitszeit der Angestellten zugrunde legt, 70 Angestellte ausschließlich mit Schreibarbeit beschäftigt, das heißt 7 Prozent der Gesamtbelegschaft.

Wie eine weitere Untersuchung erwies, konnten von diesen 70 Arbeitskräften eingespart werden:

- 21 Arbeitskräfte durch Zentralisierung der Schreibarbeiten und Einführung von Leistungsprämien,

- 9 Arbeitskräfte durch Intensivierung des Arbeitseinsatzes, zum Beispiel durch Anschaffung von Diktiergeräten,
- 6 Arbeitskräfte durch Verminderung des Schreibumfangs auf Grund einer Vielzahl von Einzelmaßnahmen und
- 3 Arbeitskräfte durch die Neugestaltung von Formblättern, die bis dahin relativ unzweckmäßig gestaltet waren.

Insgesamt konnten also durch eine einzige Rationalisierungsmaßnahme 39 Arbeitskräfte gleich 4 Prozent aller in der Konzernverwaltung beschäftigten Arbeitskräfte eingespart werden.

Man kann mit einiger Sicherheit annehmen, daß es in den Verwaltungen vieler deutscher Unternehmen so ähnlich aussieht, wie in der Verwaltung des Konzerns, der diese Untersuchung durchgeführt hat. Wenn man daher diese Modellrechnung auf die 2 Millionen Schreibdamen umlegt, die zur Zeit in den privaten und öffentlichen Büros tätig sind, und dabei auch berücksichtigt, daß Rationalisierungsmaßnahmen, wie sie besagter Konzern durchgeführt und beschrieben hat, in kleinen und kleineren Mittelbetrieben überhaupt nicht oder nur in geringerem Ausmaß realisierbar sind, dann kommt man zu dem schockierenden Ergebnis, daß allein durch eine Rationalisierung der Schreibarbeiten im Getriebe der Wirtschaft mindestens 400 000 Arbeitskräfte eingespart und an anderen Arbeitsplätzen produktiv eingesetzt werden könnten.

Das ungelöste Problem – die Rationalisierung der Büroarbeit

Daß die Kapazitätsausnutzung des Verwaltungspersonals so niedrig ist, hat seine Gründe.

Während in der Produktion die Leistungsorganisation dominiert und Arbeitsvorbereitung und Arbeitsführung ständig am Werk sind, die Fertigung an der Leistung zu orientieren, ist die Meinung, daß der Arbeitsablauf im Büro nicht zu rationalisieren sei, scheinbar unausrottbar. In den wenigsten deutschen Industriefirmen ist die Tätigkeit der Verwaltungsangestellten nach Leistungsmerkmalen definiert, sind die Ziele und

Aufgaben der einzelnen Mitarbeiter in der Verwaltung konkret festgelegt, die Arbeitsanforderungen, die Belastungen und die Verantwortung genau fixiert. Von einem rationellen Personaleinsatz kann unter diesen Umständen ebensowenig die Rede sein wie von einer rationellen Personalplanung. Die oft geradezu dilettantische Organisation der Büroarbeit und des Arbeitsflusses läuft vielmehr praktisch darauf hinaus, daß mehr Angestellte beschäftigt als gebraucht werden, und daß der Arbeitsanfall an den einzelnen Arbeitsplätzen äußerst unterschiedlich ist[1]. Das in jeder Verwaltungsorganisation bestehende Arbeitsgefälle wird dadurch noch verstärkt, daß die Masse der Verwaltungsangestellten auf eng abgegrenzten Arbeitsbereichen eingesetzt wird, und diese Überspezialisierung führt dazu, daß sich die einzelnen Arbeitsbereiche zu wahren Domänen ihrer Inhaber auswachsen. Jeder verteidigt seine Domäne mit Händen und Füßen, um sich in seinem Arbeitsbereich, so klein er auch immer sein mag, möglichst unentbehrlich zu machen. Er verhindert damit nicht nur, daß ein anderer in seine Domäne eindringt, sondern bleibt auch davon verschont, in der Domäne eines anderen eingesetzt zu werden, wenn es in seiner eigenen wenig zu tun gibt. Nur so können viele sicher sein, ihren Arbeitsplatz als Stätte sanft dahin plätschernder Arbeit oder stundenlangen Nichtstuns zu erhalten.

Ein Rädchen greift hier ins andere.

Da das Leistungsverhalten des einzelnen gewöhnlich überhaupt nicht oder nicht systematisch analysiert wird, fördert die nicht an Leistungskriterien orientierte Verwaltungsorganisation nicht nur den allgemeinen Leistungsunwillen, indem sie es denen, die nicht viel arbeiten wollen, leicht macht, nicht viel arbeiten zu müssen. Es gelingt ihr auch mühelos, Leute, die durchaus bereit wären, fleißig zu sein, in träge, jeder intensiven Arbeit abgeneigte Mitarbeiter zu verwandeln. Es ist grotesk, aber

1 In einigen Fällen ist eine solche unterschiedliche Auslastung der einzelnen Mitarbeiter unvermeidlich. Es läßt sich z. B. nichts daran ändern, daß ein Buchhalter heute 80 und morgen vielleicht nur 40 Vorgänge zu bearbeiten hat, und auch auf den sogenannten passiven Arbeitsplätzen, wie etwa beim Telefondienst, herrscht oft ein ständiger Wechsel zwischen starkem und schwachem Arbeitsanfall.

wahr: Die unrationelle Verwaltungsorganisation zwingt Leute zur Faulheit, die gar nicht faul sein wollen und ohne weiteres bereit wären, mehr zu leisten. Der Kreis derjenigen, die von vornherein mit dem geringsten Arbeitseinsatz und schwächsten Leistungswillen auszukommen trachten, erfährt auf diese Weise höchst unerwünschten Zuzug. In umgekehrter Richtung hilft die so geförderte, zum Teil durch das System sogar bedingte Faulheit kräftig mit, die Ineffizienz der Verwaltungsarbeit zu erhöhen. Diese Ineffizienz ist schon allein auf Grund der unrationellen Arbeitsorganisation groß genug. Sie wird dadurch noch größer, daß selbst der vom Arbeitssystem gesteckte dürftige Rahmen nicht voll ausgeschöpft wird und an vielen Arbeitsplätzen noch weniger getan wird, als das wenige, das die Arbeitsorganisation verlangt.

In den Vereinigten Staaten beginnen Methoden zur Leistungsmessung, wie sie bisher nur in Industriebetrieben üblich waren, auch in die Bürostuben vorzudringen. Nach einer Schätzung von Robert Nollan, dem Vizepräsidenten von Birn & Co., wurden vor 10 Jahren höchstens 2 Prozent aller Angestellten in den USA auf ihre Leistung hin gemessen, heute sind es schon 10, in Regierungsbüros sogar 25 Prozent. Für das Jahr 1980, so sagt Nollan voraus, werden sich die Hälfte aller amerikanischen Büroangestellten unter Meßkontrolle befinden.

In Deutschland ist man von einer solchen Entwicklung noch meilenweit entfernt, auch wenn sich hier und da Ansätze zeigen. Man begnügt sich hier weiterhin damit, die Büroarbeit mehr oder weniger unverbindlich und immer wieder nur von Fall zu Fall zu organisieren und zu rationalisieren, und betreibt damit eine Rationalisierung, die im Grunde ihres Wesens unrationell ist. Denn die Erfolge, die man erzielt, verlaufen erfahrungsgemäß im Sande, da kein Regelsystem dafür sorgt, daß sie in Stellenplänen und Budget festgeschrieben werden.

Nun darf man allerdings auch nicht verkennen, welche Schwierigkeiten der Aufbau einer Büroorganisation auf der rationellen Grundlage von Leistungskontrollen bereitet. Die Methoden der Zeitstudien, besonders die Zeitstudien nach

REFA, eignen sich kaum für die besonderen Verhältnisse der Angestelltenbereiche. Vor allem das Kernstück dieser Zeitstudien, das Schätzen des Leistungsgrads mit seinen Kriterien Bewegungsgeschwindigkeit, Anstrengung und Wirksamkeit ist nur bei überwiegend körperlichen Arbeiten zu gebrauchen.

Damit ist aber nicht gesagt, daß Meßverfahren in der Büroarbeit überhaupt nicht anwendbar seien. Wie die Praxis gezeigt hat, würde es in vielen Fällen schon genügen, die Häufigkeit der ausgeführten Arbeiten zu erfassen und ihren zeitlichen Anfall über eine bestimmte Zeit hindurch zu verfolgen, um wenigstens eine grobe Steuerung des Personalbedarfs zu erreichen. Typisch dafür ist die Tätigkeitenliste eines Boten für die Hauspost, die der Organisator Grillo aufgestellt hat. Die Berechnung des Personalchefs wäre dann schon nicht mehr meinungs-, sondern faktenorientiert.

Tätigkeitenliste eines Boten für die Hauspost

– nach Grillo –

Tätigkeitsnummer	Aufgaben	Menge	Std./Tag
1	Öffnen und Sortieren der Eingangspost	2000	1 Std.
2	Verteilen der Post	....	45 Min.
3	Bereitlegen der Säcke für die Ausgangspost	8	15 Min.
4	Öffnen, Lesen und Sortieren von Briefen, deren Empfänger aus dem Umschlag nicht zu ersehen ist	200	1 Std.
5	Mittagspause	....	1 Std.
6	Einsammeln der internen Post	600	30 Min.
7	Sortieren der internen und der Eingangspost	1000	30 Min.
8	Verteilen der Post	....	45 Min.
9	Zählen und Einpacken ausgehender Pakete und Briefe	1200	45 Min.
10	Einsammeln der Post	700	30 Min.
11	Sortieren der internen Post	500	15 Min.
12	Zählen und Einpacken ausgehender Pakete und Briefe	2000	1 Std.
13	Befördern der Post zum Postamt	....	15 Min.
Gesamtstunden			8 Std. 30 Min.

Quelle: Scholz-Schaffer, »Richt-, Ziel- und Standardzeiten für Angestellten-Tätigkeiten«. Köln 1972

Tätigkeitenlisten eines Lagersachbearbeiters

Tätig-keits-nummer	Aufgaben	Volumen pro 100 Vorgänge	Durch-schnitts-minuten pro Vor-gang	Gesamt-aufwand in Minuten pro 100 Vorgänge
1	Entgegennehmen der Post	1	1,0	1
2	Öffnen und Sortieren der Post	100	0,2	20
3	Weitergabe der Post mit Ausnahme der Aufträge	1	1,0	1
4	Vergleichen der Aufträge mit den Kundenkonten	100	1,0	100
5	Vergleichen der guten Aufträge mit der Lagerkartei	95	0,75	71,25
6	Ausstellen von Anforderungen, wenn kein Lagerbestand mehr vorhanden	5	1,6	8
7	Ausschreiben der Bestellformularsätze	90	2,5	225
8	Trennen der Bestellformularsätze	90	0,25	22,5
9	Weitergaben durch Boten an das Lager	90	0,011	1
	Gesamt			449,30
	Gesamtzahl der Vorgänge			100
	Durchschnittsminuten pro Vorgang			4,49

Quelle: Scholz-Schaffer, »Richt-, Ziel- und Standardzeiten für Angestellten-Tätigkeiten«, Köln 1972

Ein weiterer Schritt vorwärts wäre die Probezeit-Ermittlung mit Hilfe von Tätigkeitskatalogen, die von den Mitarbeitern ausgefüllt werden und Mengen- und Zeitangaben enthalten. Damit können Soll-Zeiten errechnet, dem Ist-Zeitbedarf gegenübergestellt und so eine, wenn auch gleichfalls noch sehr grobe, in vielen Fällen aber ausreichende Planung und Steuerung der Kapazität ermöglicht werden.

Mit der weiteren Verfeinerung der Zeit-Ermittlung ist es dann schon eine besondere Sache. Sie ist sehr aufwendig und kommt nur für homogene Massentätigkeiten, wie Schreiben, Lochen, Vervielfältigen usw. in Frage. Die sogenannte Kleinstzeitmethode (MTM), die von der deutschen MTM-Vereinigung und einigen, insbesondere amerikanischen Beratern entwickelt worden ist, besteht darin, genau zu ermitteln, wieviel Zeiteinheiten ein Büroangestellter zur Bewältigung bestimmter methodisch klassifizierbarer Grundbewegungen benötigt, in die bestimmte Arbeitsgänge zerlegt werden. Diese Grundbewegungen werden optimal gestaltet und nach dem geringstmöglichen Zeitaufwand festgelegt. Jeder Grundbewegung ist ein bestimmter Zeitwert zugeordnet, dessen Höhe von der Art und den Bedingungen abhängt, unter denen die Bewegung ausgeführt wird.

Genormtes Sitzen

Maßeinheiten:

1 TMU (Time Measurement Unit)	= 0,00001 Stunde
	= 0,0006 Minuten
	= 0,036 Sekunden
1 Stunde	= 100 000 TMU.

Anzahl der TMUs für einige einfache Bewegungen:

	TMU
Hinsetzen	34,7
Aufstehen	43,4
Gehen (pro Schritt)	15,0
Greifen (beliebiger, mit einer Hand greifbarer Gegenstand)	2,0
Fallenlassen (durch bloßes Öffnen der Finger einer Hand)	2,0
Auge scharf einstellen	7,3

Quelle: MTM-Vereinigung

Wenn man sich allerdings ansieht, was alles und wie es genormt wird (vom »Sitzen« angefangen bis hin zum »Ergreifen eines Füllers«), könnten einen gewisse Zweifel beschleichen, ob es wirklich sinnvoll ist, alle Büroleistungen in dieser Form zu erfassen. Am Ende dieser Entwicklung könnten leicht die unerfreulichen Erscheinungen moderner Bürosklaven stehen. Auch die eifrigsten Verfechter von Leistungskontrollen in der Verwaltung müssen im übrigen einräumen, daß sich kreative Arbeit weder messen noch kontrollieren läßt, und daß es darüber hinaus Arbeitsplätze gibt, die sich, wie zum Beispiel im Fall der Chefsekretärin, durch ihre Besonderheit nur schwer von einem generellen Kontrollsystem einfangen lassen.

Dennoch läßt allein der Gedanke an Leistungsmessungen das Verwaltungspersonal gewöhnlich erst einmal »die Wände hochgehen«, wie es James O'Brien ausdrückte. Die Angestellten haben eine ausgeprägte Abneigung gegen die Anwendung von Arbeitszeit- und Zeitstudienmethoden in ihrem Arbeitsbereich und reagieren auf jeden Versuch in dieser Richtung äußerst allergisch. Sie fürchten, schlicht gesagt, um ihre Jobs und sind außerdem empört, daß es jemand wagt, den Grad ihres Arbeitseinsatzes und ihrer Fähigkeiten an objektiven Beurteilungsmerkmalen messen zu wollen. Die Bemühungen, die Büroarbeit zu rationalisieren, scheitern daher vielfach bereits am Widerstand des Personals, das darin auch von den Gewerkschaften unterstützt wird. Diese lehnen Leistungskontrollen in der Verwaltung ab, weil sie ein »Mittel zu billiger Rationalisierung durch Arbeitsverdichtung und erhöhten Leistungsdruck« seien. Diese Reaktion ist unverständlich und nicht haltbar. Die Rationalisierung legt weder den im Büro arbeitenden Menschen unzumutbare Belastungen auf, noch erfordert sie große Investitionen. Sie würde außerdem gerade auf jenen Arbeitsplätzen beträchtliche Reserven mobilisieren, die zu besetzen seit Jahren immer schwieriger wird.

Aber vermutlich regen sich Verwaltungsangestellte und Gewerkschaften umsonst auf. Denn wenn nicht alles täuscht, wird in den Büros und Verwaltungen der deutschen Industrie noch lange alles beim alten bleiben. Die Verwaltungsexplosion wird daher sehr rasch alarmierende Ausmaße annehmen. Nach Prognosen des Instituts für Arbeitswissenschaft der Technischen Hochschule Berlin wird das Verhältnis zwischen den Beschäftigten in der Verwaltung zu den Beschäftigten in der Produktion von derzeit zwischen 1 : 3 bis 1 : 4 im Jahre 1980 auf 1 : 1 angestiegen sein und sich in den darauffolgenden Jahrzehnten auf 4 : 1 umkehren. Im Zuge dieser Entwicklung steigt der Verwaltungsaufwand in allen Bereichen schon heute überproportional an und verhindert in immer stärkerem Ausmaß produktive Investitionen im Bereich der Fertigung. Aber das industrielle Wachstum beruht nun einmal auf der Leistungsorganisation der Produktion. Wenn der Anteil der Produktion immer kleiner wird, und schließlich nur noch einen Bruchteil der Verwaltung beträgt, reichen die Produktivitätsfortschritte in der Produktion nicht mehr aus, um die überproportional steigenden Verwaltungskosten aufzufangen. Hinzu kommt, daß auch der Anteil der indirekten Fertigung (Werkzeugbau, Instandhaltung, Lager, Transport usw.) überproportional ansteigt und auch diese Bereiche alles andere als leistungsorientiert sind.

Forciert durch das Unvermögen, die Büroarbeit zu rationalisieren, und kräftig gefördert durch die Mentalität ständig abnehmender Leistungsbereitschaft, wird die Büroarbeit und mit ihr die Unproduktivität weiter Arbeitsbereiche schließlich solche Ausmaße annehmen, daß die Produktivität der Fertigungsbereiche völlig paralysiert wird. Man braucht kein Prophet zu sein, um zu erkennen, was am Ende dieser Entwicklung steht: der Stillstand zunächst einmal des industriellen Wachstums und dann des gesamtwirtschaftlichen Wachstums überhaupt.

Subventioniert in alle Ewigkeit

Auf dem Agrarmarkt ist nichts normal · Nicht Mangel droht, sondern Überfluß · Geht es den deutschen Bauern wirklich so schlecht? · Das Ende vom Lied – Staatsrentner in alle Ewigkeit

Gott gebe mir die Gelassenheit, Dinge hinzunehmen, die ich nicht ändern kann, den Mut, Dinge zu ändern, die ich ändern kann, und die Weisheit, das eine von dem anderen zu unterscheiden.

(Christoph Friedrich Oetinger, 19. Jahrhundert)

Auf dem Agrarmarkt ist nichts normal

Von der Weisheit, unterscheiden zu können, welche Dinge sich verändern lassen und welche nicht, ist in der Agrarpolitik so wenig zu spüren wie vom Mut, Dinge zu ändern, die falsch sind und daher geändert werden müßten. Groß ist nur die Gelassenheit, die Dinge hinzunehmen wie sie sind. So treibt der Widersinn des Agrarmarktes unablässig neue Blüten, dreht sich der Teufelskreis, in den er geraten ist, unablässig von einem falsch gesetzten Fixpunkt zum anderen, vervielfachen sich Irrtümer und Fehler zu einer riesenhaften Verschleuderung des Volksvermögens, und – auf Kosten von Millionen Menschen – zu einem ungeheueren Verschleiß produktiver Kräfte.

Die Bauern trifft dafür wahrscheinlich die geringste Schuld. Sie sind das Objekt einer Entwicklung, die von anderen Mächten stärker beeinflußt worden ist als von ihnen. Was man ihnen vorwerfen könnte, ist die Bereitwilligkeit, mit der sie sich zum Objekt machen ließen, ist die mangelnde Einsicht in die Notwendigkeit, zur Sicherung der Zukunft Nachteile des Augenblicks in Kauf zu nehmen oder auf Vorteile des Augenblicks zu verzichten. Was man ihnen vorwerfen könnte, ist das Unvermögen, sich von überholten Leitbildern freizumachen und neue Leitbilder zu schaffen. Man hat den Bauern vor dem Krieg zum nationalen Erfüllungsgehilfen des Staates abgestempelt, ihn mit schönen Worten davon zu überzeugen versucht, daß er der »Urquell« des Volkes ist und daß ohne ihn Volk und Staat zum Untergang verurteilt sind. Als er nach dem Krieg seiner ideologischen Embleme beraubt und einem wirtschaftlichen Wettbewerb ausgesetzt wurde, wie er ihn noch nie erlebt hatte, vermochte er nicht sich rechtzeitig auf die veränderten Verhältnisse umzustellen und versäumte dadurch die Chance, sich aus eigener Kraft einen entsprechenden Anteil an den Früchten des »Wirtschaftswunders« zu sichern. Das Debakel wurde komplett, als mit der Eingliederung des deutschen Agrarmarktes in den Gemeinsamen Markt erneut politische Gesichtspunkte die Oberhand über ökonomische Prinzipien erhielten.

Die Zahl der landwirtschaftlichen Betriebe in der Bundesrepublik ist von 1,9 Millionen im Jahre 1949 auf 1,1 Millionen im Jahre 1972, also um fast die Hälfte, gesunken, die Zahl der in der Landwirtschaft beschäftigten Familienarbeitskräfte ging in der gleichen Zeit von 5,1 Millionen auf 1,5 Millionen, die der Lohnarbeitskräfte von 750 000 auf 190 000 zurück. Die Bedeutung des Bauerntums als einer politisch geschlossenen Gruppe verringerte sich in dem gleichen Ausmaß, in dem der Anteil der in der Landwirtschaft beschäftigten Erwerbspersonen an der gesamten Erwerbsbevölkerung schrumpfte (er beträgt jetzt 7,6 Prozent gegenüber 15 Prozent Anfang der 50er Jahre). Immer schwerer ließen sich auch die wichtigsten agrarpolitischen Ziele und Aufgaben auf einen gemeinsamen Nenner bringen. Indem man die landwirtschaftlichen Sozialfunktionen zu erhalten und den Landwirten ein gerechtes Einkommen zu sichern suchte, war man zunächst gezwungen, das Gleichgewicht des Agrarmarktes zu zerstören, und sah sich dann genötigt, enorme öffentliche Mittel nur dafür einzusetzen, um die Marktunordnungen zu beseitigen, die von angeblichen »Marktordnungen« verursacht worden waren.

Wenn irgendwo, so wird in der Landwirtschaft das System der Marktwirtschaft auf den Kopf gestellt. Dieses System funktioniert normalerweise in der Form, daß die Preise steigen, wenn die Nachfrage größer als das Angebot ist, und daß sie fallen, wenn die Nachfrage vom Angebot übertroffen wird. Normalerweise wird daher auch mehr produziert, wenn der Bedarf wächst und es wird weniger produziert, wenn der Bedarf kleiner wird.

Auf dem Agrarmarkt ist das alles anders – und alles anders als normal. Hier steigen die Preise, auch wenn die Güter in Überfülle vorhanden sind, und hier wird unverdrossen mehr produziert, auch wenn die Produkte nicht abgesetzt werden können. Der wirtschaftliche Unsinn, der sich in diesem Vorgang ausdrückt, hat – so kompliziert er erscheint – einen einfachen Grund. Er liegt in der Verpflichtung des Staates, dem Bauern für wesentliche Schlüsselprodukte Preise und Absatz zu garantieren, wobei die Preise nicht an den Durchschnittskosten, sondern an den Bedingungen der Grenzerzeuger orientiert werden. Das heißt, maßgeblich für die Höhe der Preise ist nicht die Kosten- und Ertragslage rentabel arbeitender landwirtschaftlicher Betriebe, sondern die Soziallage von Landwirten, die keine Erträge aus ihren Betrieben erwirtschaften und ihre Betriebe stillegen müßten, wenn es nach den Gesetzen der Marktwirtschaft ginge, an deren Verbleiben in der Landwirtschaft aber trotzdem Interesse besteht.

Diese Marktpolitik hat zweierlei Folgen, von denen keine erfreulich ist.

Sie gewährt erstens allen Landwirten, die rentabel produzieren, und daher auf die vom Staat garantierten Preise wenig oder gar nicht angewiesen sind, den größten Nutzen, und sie animiert zweitens dazu, die Produktion ständig auszuweiten, da angesichts der vom Staat eingegangenen Verpflichtung, diese Produktion zu festen Preisen und unter allen Umständen abzunehmen, jede Ausweitung der Produktion ein sicherer Weg zu höheren Einkommen ist. Es kommt dadurch zu einer lawinenartig anschwellenden Überproduktion, die wiederum den Staat zwingt, erhebliche finanzielle Mittel aufzuwenden, um durch die Beseitigung der überschüssigen Produkte das verlorengegangene Marktgleichgewicht wiederherzustellen.

Wie das geschieht und welche Formen es annimmt, zeigt als klassisches Beispiel die seit 1957 praktizierte Milchpolitik.[1]

Bis 1967 wurden von den für die Landwirte bereitgestellten Bundes- und Ländermitteln jährlich bis zu 1,2 Milliarden Mark als Milchpfennige an die deutschen Bauern verteilt, um vor allem den Futterbaubetrieben, denen es am schlechtesten ging, zu helfen. Diese Subventionspolitik führte dazu, daß Kühe, die ohne Förderungszuschläge wegen mangelnder Wirtschaftlichkeit abgeschafft worden wären, behalten wurden, und dadurch die Strukturanpassung in der Milchviehhaltung zehn Jahre lang kräftig gebremst wurde. 1966/67 wurden die Milchpfennige abgebaut, aber nur um einem System Platz zu machen, das noch mehr finanzielle Mittel verschlingt. Die nationale Milch-

1 Dargestellt nach Gisbert Vogel in einem Vortrag über »Agrarpolitische Probleme und Strukturwandel der Landwirtschaft«. Hamburg-Harburg 1970.

preispolitik wurde durch eine EWG-Verordnung abgelöst, die sich mit ihrer Interventionsgarantie für Butter und Magermilch inzwischen zur teuersten EWG-Ordnung aller Zeiten entwikkelt hat. Das geniale Kernstück dieser Ordnung, die den EWG-Fonds jährlich mit mindestens 5 Milliarden Mark belastet, besteht darin, daß unverkäufliche Milch zu unverkäuflicher Butter veredelt wird. Ein relativ billiges Rohprodukt wird, weil es nicht lagerfähig ist, durch zusätzliche Kosten in ein verteuertes Rohprodukt umgewandelt, das zwar lagerfähig ist, für das man aber gleichfalls weder im Zeitpunkt der Veredelung noch am Ende der Lagerdauer Verwendung hat.

Butter- und Magermilchpulverbestände in der EWG und in der Bundesrepublik

Bestand am	Butter		Magermilchpulver	
	EWG	BRD	EWG	BRD
	1000 t		1000 t	
1. Juli 1969	371	119	320	82
1. Juli 1970	285	122	210	125
1. Juli 1971	117	47	41	37
31. Dezember 1971	106	36	22	20
1. Juli 1972	246	93	13	10
31. Dezember 1972	303	111	49	30

Quelle: Agrarbericht 1973 der Bundesregierung.

Die Milchmarktkosten der EWG können für 1970/71 mit 5,7 Milliarden Mark veranschlagt werden. Die überschüssige Milchproduktion betrug im gleichen Zeitraum 7 Milliarden Kilogramm. Wenn den Milchproduzenten dafür 40 Pfennig pro kg bezahlt und die überschüssige Milch weggegossen worden wäre, hätte dies 2,8 Milliarden Mark gekostet, also um gut die Hälfte weniger als die Veredelung der Milch zu Butter und die Lagerhaltung der Butter. Der Weisheit letzter Schluß wäre ein solches Verfahren natürlich auch nicht. Aber es wäre nicht sinnloser, nur billiger als die heute geübte Praxis. Das Geld, das angeblich dazu dienen soll, in Form von einkommenswirksamen Subventionen die Einkommensverhältnisse der Bauern zu verbessern, kommt überdies – und das krönt den Widersinn dieses Systems – nicht nur den Bauern zugute. Soweit es gebraucht wird, um die künstlich produzierten Überschüsse loszuwerden, fließt es in Form von Denaturierungs- und Lagerhaltungskosten in die Tasche von Geschäftsleuten, die mit der Landwirtschaft nicht das mindeste zu tun haben, und denen auf diese Weise Steuergelder zu zusätzlichen Gewinnen verhelfen.

Das alles ist aber nur ein Akt des trüben Schauspiels, das sich Jahr für Jahr auf dem deutschen und dem Agrarmarkt der EWG abspielt. Was der deutsche Bauer den deutschen Bundesbürger insgesamt kostet, zeigt die folgende Zusammenstellung (sie fußt auf Berechnungen von Günther Wegge und Dr. Alexander Schaub aus dem Referat »Agrar- und Ernährungspolitik des Bundeswirtschaftsministeriums« und auf Zahlen, die teils dem Agrarbericht, teils dem Subventionsbericht der Bundesregierung entnommen wurden).

Agrarkosten in der Bundesrepublik

(in Milliarden DM)

	1968	1969	1970	1971
Einkommenswirksame Hilfen aus öffentlichen Haushalten				
Direkte Finanzhilfen des Bundes [1]	2,1	2,3	3,6	3,8
Direkte Finanzhilfen der Länder [2]	0,9	0,8	1,2	1,3
Steuervergünstigungen des Bundes und der Länder [1]	1,1	1,1	1,9	1,9
Systemkosten zu Lasten der öffentlichen Haushalte				
Kosten der Preisstützungen im Rahmen der EWG – Marktordnungen [3]	0,5	0,9	1,5	1,3
Nettozuschüsse an EAGFL [4] zur Finanzierung der übrigen EWG-Landwirtschaften [5]	0,9	1,2	0,3	1,0
Summe	5,6	6,5	8,7	9,5

1 Lt. Subventionsberichten der Bundesregierung. 2 Lt. Agrarberichten der Bundesregierung. 3 Lt. Unterlagen des Bundesministeriums für Wirtschaft und Finanzen. 4 EAGFL = Europäischer Ausrichtungs- und Garantiefonds. 5 Lt. Bundeshaushaltsplänen.

Quelle: Berechnungen von Wegge und Schaub vom Referat für Agrar- und Ernährungspolitik im Bundeswirtschaftsministerium.

Zusammen mit den Zuschüssen, die zur Finanzierung der übrigen EWG-Landwirtschaft an den EG-Haushalt abgeführt wurden, sind die Beträge, die der geduldige Bundesbürger Jahr für Jahr aufbringen mußte, um die sogenannte Agrarordnung zu finanzieren, von 5,6 Milliarden Mark im Jahr 1968 auf 9,5 Milliarden Mark im Jahre 1971 gestiegen. Sie haben sich in knapp 4 Jahren fast verdoppelt.

Nicht Mangel droht, sondern Überfluß

Womit rechtfertigt man nun eigentlich dieses kostspielige System, das jeder wirtschaftlichen Vernunft widerspricht und einer bestimmten gesellschaftlichen Gruppe auf Kosten aller anderen dauernde finanzielle Vorteile verschafft?

Auf die kürzeste Formel gebracht, gehen seine Erfinder und Verfechter erstens davon aus, daß auch im Zeichen internationaler Verflechtungen die nationale Versorgung mit Nahrungsmitteln sichergestellt werden müsse. Dem Bauern falle daher eine besondere, im nationalen Interesse liegende Aufgabe zu, die entsprechend honoriert werden müsse[1]. Da die Landwirtschaft – und das ist das zweite wesentliche Argument, das ins Treffen geführt wird – mit dem allgemeinen wirtschaftlichen Wachstum nicht Schritt gehalten habe und das Einkommen der Landwirte weit hinter dem vergleichbaren Einkommen der übrigen Erwerbsbevölkerung zurückgeblieben sei, habe der Bauer Anspruch auf staatliche Hilfe und der Staat die Verpflichtung, diese Hilfe zu gewähren.

Was das Argument von der besonderen Stellung des Bauern in der Gesellschaft betrifft: Es ist zweifellos richtig, daß die Abhängigkeit speziell in der Versorgung mit Nahrungsmitteln auch dann möglichst klein sein sollte, wenn die wechselseitigen Abhängigkeiten unter den Völkern verhältnismäßig groß geworden und die Voraussetzungen für ein friedliches Zusam-

1 Angesichts des wachsenden Bedarfs an Erholung und sinnvoller Freizeit müßten außerdem »Eigenart, Vielfalt und Schönheit der Landschaft« – so der Agrarbericht 1973 – erhalten und diese vom Bauern bisher kostenlos erbrachte Sozialleistung künftig von der Gesellschaft honoriert werden.

menleben der Völker damit besser geworden sind. Ein Staat, der sich einen Verteidigungshaushalt leistet, um einen Krieg zu verhindern, muß sich auch einen Agrarhaushalt leisten können, um Hunger zu verhindern. Die Frage ist allerdings, ob das tatsächlich nur über Milliardensubventionen oder ob es nicht rationeller erreicht werden kann.

Die Hektarerträge sind in den letzten 15 Jahren auch in der Bundesrepublik gewaltig gestiegen. Bei Getreide wuchsen sie von 25,5 dz je ha im Durchschnitt der Jahre 1951–1955 auf 34,8 dz je ha im Durchschnitt der Jahre 1966–1970, bei Kartoffeln im gleichen Zeitraum von 212 dz je ha auf 279 dz je ha und bei Zuckerrüben von 342 dz je ha auf 448 dz je ha. Der Ertrag der gesamten Brutto-Bodenproduktion[1] konnte von 33,0 dz Getreideeinheiten je ha im Jahre 1952 auf 41,6 dz je ha gesteigert werden.

Die Reserven, die in der deutschen Landwirtschaft liegen, sind aber damit nicht ausgeschöpft. Die Leistungen der heutigen Spitzenbetriebe können vielmehr »in absehbarer Zeit als die Durchschnittsleistungen für große Produktionsgebiete angesehen werden, in denen sich dann wieder die Spitzenreiter mit erneuten Rekordleistungen herausheben werden«[2]. Die von der französischen Regierung eingesetzte VEDEL-Kommission erwartet für Frankreich, daß die Ernte an Weizen, Gerste und Mais bis 1985 verdoppelt und die Ernte an Zuckerrüben um 20 bis 30 Prozent erhöht werden können. Noch weiter geht D. Bergmann, der Direktor der französischen Zentralen Forschungsstelle für Agrarökonomie und Agrarsoziologie. Er nimmt an, daß die Durchschnittserträge bei Getreide auf 90 dz je ha, bei Kartoffeln auf 400 dz je ha und bei Zuckerrüben auf 650 dz je ha gesteigert werden können. Und das US-Landwirt-

1 Die Brutto-Bodenproduktion erfaßt die Gesamtmenge der pflanzlichen Erzeugung auf der landwirtschaftlich genutzten Fläche unabhängig davon, ob sie unmittelbar oder über das Ernährungsgewerbe der menschlichen Ernährung zugeführt oder verfüttert wird bzw. ob sie für Saat- und Einstreuzwecke verwertet wird oder als Schwund der Nutzung verlorengeht.

2 R. Plate: Voraussichtliche Entwicklung der Nachfrage nach Agrarprodukten sowie der Produktion, des Aufwandes und der Wertschöpfung in der Landwirtschaft in der Bundesrepublik bis 1980 (Öffentliche Anhörung im Deutschen Bundestag, Februar 1971).

schaftsministerium rechnet damit, daß die Hektarerträge in den Vereinigten Staaten »ganz allgemein« bis zum Jahre 2000 verdoppelt und verdreifacht werden.

Die amtlichen deutschen Schätzungen nehmen sich demgegenüber zwar bescheidener aus (so wird im »Agrarbericht 1971 der Bundesregierung«, der die letzte amtliche in Deutschland veröffentliche langfristige Vorausschätzung enthält, die Ertragsteigerung je Hektar bis 1980 bei Getreide nur mit 2,2 Prozent jährlich und bei Zuckerrüben mit 0,3 Prozent jährlich angenommen). Aber diese Bescheidenheit ist nicht recht glaubwürdig. Sie steht in zu deutlichem Gegensatz zu den Erwartungen, die sich an den Fortschritt der landwirtschaftlichen Produktionstechnik und ihrer besseren und breiteren Anwendung knüpfen.

Die Versorgungslage in der EWG im allgemeinen und in der Bundesrepublik im besonderen war bisher durch folgende Zahlen gekennzeichnet:

Versorgungslage mit Nahrungsmitteln in der EWG und in der Bundesrepublik Deutschland

(in Mill. Getreideeinheiten *)

	1958/ 1959	1966/ 1967	1967/ 1968	1968/ 1969[1]
Europ. Wirtschaftsgemeinschaft				
Erzeugung (Enderzeugung)[2]	169	216	232	236
Inlandsverwendung[3]	186	229	237	246
Versorgungssaldo	– 17	– 13	– 5	– 10
Grad der Selbstversorgung (vH)	91	94	98	96
B. R. Deutschland				
Erzeugung (Enderzeugung)[2]	45,4	56,2	60,8	62,4
Inlandsversorgung[3]	57,7	70,9	72,7	74,4
Versorgungssaldo	–12,3	–14,7	–11,9	–12,0
Grad der Selbstversorgung (vH)	79	79	84	84

1 1958/59 = Ø 1956/57–60/61. – 1966/67 = Ø 1965/66–67/68
2 Bereinigt um Doppelzählungen (Futter, Saatgut, Bruteier)
3 Nahrung und Industrie
* Eine Getreideeinheit entspricht dem Nährwert von 1 Dz Getreide.

Quelle: G. Thiede, Die Versorgungslage der EWG mit landwirtschaftlichen Erzeugnissen, in »Berichte über Landwirtschaft«, Hamburg und Berlin 1970.

Wenn die landwirtschaftliche Erzeugung in der Bundesrepublik jährlich – was nicht viel wäre – nur um 3 Prozent zunehmen würde, ergäbe sich für den Beginn der 80er Jahre eine Brutto-Bodenproduktion von mehr als 80 Millionen Tonnen Getreideeinheiten. Der Inlandsverbrauch an Nahrungsmitteln dürfte sich dagegen kaum noch erhöhen, da die Bevölkerung in der Bundesrepublik verhältnismäßig schwach zunimmt und sich auch die Essensgewohnheiten nicht mehr spürbar verändern dürften. Selbst wenn dies aber der Fall wäre, und der Inlandsverbrauch an Nahrungsmitteln infolge eines erheblich verstärkten Fleischverzehrs fast in dem gleichen Grad steigen würde, wie die landwirtschaftliche Produktion, würde der Grad der Selbstversorgung weiter wachsen. Es ergäbe sich dann nämlich folgendes Bild:

	Der Inlandsverbrauch steigt um ... %		
	1,0 %	1,5 %	2,0 %
Die Erzeugung ist um ... Mio t GE größer/kleiner als der Verbrauch			
Erzeugung steigt um 2,5 %	−3,8	−7,8	−11,9
Erzeugung steigt um 3,0 %	± 0	−4,0	− 8,1
Erzeugung steigt um 3,5 %	+3,0	−1,0	− 5,1
Selbstversorgungsgrad [1]			
Erzeugung steigt um 2,5 %	95	89	81
Erzeugung steigt um 3,0 %	100	95	91
Erzeugung steigt um 3,5 %	104	99	95

Für die gesamte EWG sieht eine ähnliche Berechnung folgendermaßen aus:

	Der Inlandsverbrauch steigt um ... %	
	1,0 %	1,5 %
Die Erzeugung ist um ... Mio t GE größer als der Verbrauch		
Erzeugung steigt um 2,5 %	+39	+23
Erzeugung steigt um 3,0 %	+58	+42
Erzeugung steigt um 3,5 %	+79	+63
Selbstversorgungsgrad [1]		
Erzeugung steigt um 2,5 %	114	108
Erzeugung steigt um 3,0 %	121	114
Erzeugung steigt um 3,5 %	128	121

1 100 = Volle Selbstversorgung erreicht (114 = Die Erzeugung liegt um 14 % über dem Inlandsverbrauch).

Quelle: Günther Thiede in »Landbewirtschaftung ohne Agrarproduktion?«, Schriftenreihe für ländliche Sozialfragen, Hannover 1971.

Für die Bundesrepublik heißt das, daß die Versorgung mit Nahrungsmitteln in wenigen Jahren fast zur Gänze aus dem eigenen Land gedeckt werden kann, möglicherweise aber die Eigenproduktion sogar größer ist als der eigene Bedarf. Und für den gesamten EWG-Raum heißt das, daß die EWG-Erzeugung, die im Jahre 1968 noch um 10 Millionen Tonnen Getreideeinheiten kleiner war als der EWG-Verbrauch, in wenigen Jahren bedeutend größer sein wird als der Verbrauch, nämlich um 23 bis 79 Millionen Tonnen Getreideeinheiten.

Angesichts solcher Entwicklungsmöglichkeiten gewinnt die den Bauern vom Staat gestellte Aufgabe, die Versorgung der Bevölkerung mit Nahrungsmitteln sicherzustellen, andere Dimensionen, als ihr von der amtlichen Agrarpolitik zugeschrieben werden. Diese Versorgung läuft wahrhaftig nicht Gefahr, in eine zu große und damit vielleicht gefährliche Abhängigkeit von anderen Völkern zu geraten. Im Gegenteil: Es droht eher Überfluß als Mangel. Wenn dies aber der Fall ist, löst sich die spezifisch-nationale Aufgabe des Bauern, die besonders honoriert werden muß, in eine normale wirtschaftliche Funktion auf, die zwar nicht unwichtiger, aber auch nicht wichtiger als viele andere wirtschaftliche Funktionen im Geflecht der Volkswirtschaft und die daher auch mit den gleichen Maßstäben zu messen ist wie diese. Und sowie die Versorgung mit lebenswichtigen Nahrungsmitteln und die damit verbundene Wahrung wichtiger Sozialfunktionen im Rahmen normaler wirtschaftlicher Funktionen erfüllt werden können, ist auch nicht einzusehen, warum die Gesellschaft bereit sein sollte, dafür noch einen Extrabonus auszuschütten. Eine Fürsorgepflicht des Staates gegenüber dem Bauern besteht dann nur in dem gleichen Ausmaß wie allen anderen gesellschaftlichen Gruppen gegenüber. Jedes Mehr ist von Übel, weil es die einseitige Bevorzugung einer einzelnen gesellschaftlichen Gruppe bedeutet.

Geht es den deutschen Bauern wirklich so schlecht?

Bleibt das Argument von der »Disparität« der landwirtschaftlichen Einkommen, von dem Zurückbleiben der landwirtschaftlichen Einkommen hinter den vergleichbaren Einkommen von Angestellten und Arbeitern?

Auch dieses Argument ist nicht stichhaltig wie wir sogleich sehen werden. Denn es geht den deutschen Bauern gar nicht so schlecht, wie immer behauptet und von den Deutschen im allgemeinen auch geglaubt wird.

Während im Durchschnitt aller privaten Haushalte in der Bundesrepublik nur 18 Prozent ein monatliches Nettoeinkommen zwischen 1500 und 2000 Mark, 9 Prozent zwischen 2000 und 2500 Mark und 8 Prozent zwischen 2500 und 5000 Mark haben, verdienen 27 Prozent der Bauern monatlich zwischen 1500 und 2000 Mark, 18 Prozent zwischen 2000 und 2500 Mark und 17 Prozent zwischen 2500 und 5000 Mark. Gegenüber einem Viertel aller privaten Haushalte kamen also fast zwei Drittel der landwirtschaftlichen Haushalte auf ein monatliches Nettoeinkommen von mehr als 1500 Mark und gar ein gutes Drittel auf ein Einkommen von mehr als 2000 Mark. Das entspricht ziemlich genau den Einkommensverhältnissen der Beamten, von denen niemand behaupten kann, daß es ihnen schlecht geht, und liegt zum Teil erheblich über dem Einkommensniveau der Angestellten, von dem der Arbeiter ganz zu schweigen. In der Einkommensklasse von 1500 bis 2500 Mark übertrumpfen die Bauern sogar die Selbständigen in Industrie und Handel, und das will schon etwas heißen. Umgekehrt müssen nur 13 Prozent der Landwirte mit weniger als 1000 Mark im Monat auskommen, während es bei den Angestellten 15 Prozent und bei den Arbeitern 26 Prozent sind.[1]

1 Nicht unerheblich sind bekanntlich auch die Gewinne, die von Bauern beim Verkauf von Bauland erzielt werden. Jährlich werden etwa 35 000 ha landwirtschaftliche Nutzfläche als Bauland abgegeben. Bei einem Durchschnittspreis von 20 DM pro Quadratmeter nach das zur Zeit runde 7 Milliarden Mark aus, die als zusätzliche Einnahmen in die Taschen deutscher Bauern fließen.

Einkommensschichtung der privaten Haushalte[1]

Monatliches Nettoeinkommen von ... bis unter ... DM	Private Haushalte (in 1000) insge-samt	Selb-stän-dige[2]	Land-wirte	Be-amte	Ange-stellte	Ar-beiter	Nicht-er-werbs-tätige
	20540	1568	765	1229	3576	6323	7079
	Einkommensschichtung in %						
unter 600	14,6	2,3	4,2	0,4	1,2	3,3	37,9
600 bis 800	10,0	3,6	3,0	0,5	4,8	8,2	18,1
800 bis 1 000	11,7	4,5	5,8	4,5	8,6	15,3	13,4
1 000 bis 1 200	12,5	6,4	11,4	10,8	11,4	19,2	8,9
1 200 bis 1 500	16,5	10,1	13,1	20,0	19,4	24,9	8,6
1 500 bis 2 000	17,5	19,0	27,2	28,7	26,1	20,0	7,5
2 000 bis 2 500	8,6	15,9	18,1	18,8	15,1	6,3	3,0
2 500 bis 5 000	7,7	30,2	16,7	16,4	12,6	2,5	2,4
5 000 bis 10 000	0,8	7,9	0,3	0,1	0,7	0,0	0,1

1 Ergebnisse der Einkommens- und Verbrauchsstichprobe 1969
2 ohne Landwirte

Quelle: Statistisches Bundesamt, Wiesbaden

Das freundliche Bild, das man auf diese Weise von den Einkommensverhältnissen der Bauern gewinnt, bestätigt sich, wenn man erfährt, wie die bäuerlichen Haushalte im Vergleich zu den übrigen deutschen Haushalten mit langlebigen Gebrauchsgütern ausgestattet sind.

Was den Besitz von Tiefkühltruhen und elektrischen Küchengeräten betrifft, liegen die landwirtschaftlichen Haushalte weit an der Spitze aller deutschen Haushalte, und auch an Personenkraftwagen leiden die deutschen Bauern keinen Mangel: An je 100 Haushalten gemessen, haben sie davon mehr als die Beamten und Angestellten und fast ebenso viel wie die Selbständigen in Industrie und Handel. Ihre Ausstattung mit Geschirrspülmaschinen ist ebenso reichlich wie bei den Angestellten und weitaus üppiger als bei den Arbeitern, und wenn sie weniger Kühlschränke im Haus haben als die anderen, so liegt das sicher daran, daß sie dafür um so mehr Tiefkühltruhen besitzen. Sie sehen nur weniger fern als die anderen und telefonieren auch weniger. Aber das hängt wahrscheinlich eher mit persönlichen Neigungen als mit der Unmöglichkeit zusammen, Fernseher und Telefon anzuschaffen, wenn man sie haben will.

Ausstattung der privaten Haushalte in der Bundesrepublik mit langlebigen Gebrauchsgütern

Von je 100 Haushalten verfügten im Jahre 1970

über	Landwirte	Selbständige	Beamte	Angestellte	Arbeiter
Personenkraftwagen	71	74	70	61	49
Fernseher	61	76	68	74	81
Kühlschrank	71	90	94	92	89
Tiefkühltruhe	65	22	13	11	16
Geschirrspülmaschine	3	12	4	3	1
El. Küchenmaschine	41	38	39	35	26
El. Waschmaschine					
Automat. mit Schleuder	48	57	53	47	43
ohne Schleuder	34	18	22	20	29
Telefon	34	79	48	48	13

Quelle: Statistisches Bundesamt, Reihe 18, Preise, Löhne, Wirtschaftsrechnungen

Trotz ihrer vorzüglichen Ausstattung mit Gütern, die des Bundesdeutschen Herz erfreuen, kommen die bäuerlichen Haushalte überdies in den Genuß von Vorteilen, wie sie sonst keinem anderen vergönnt sind. Was jeder andere Bundesbürger aus eigener Tasche bezahlen muß – der Bauer bekommt es zum Teil aus Steuermitteln ersetzt. Im Rahmen der Maßnahmen zur Verbesserung der Agrarstruktur fördert das Bundesministerium für Ernährung, Landwirtschaft und Forsten seit 1960 auch die »Verbesserung der arbeitswirtschaftlichen und hygienischen Bedingungen in den Wohnhäusern landwirtschaftlicher Betriebe«. Seitdem erhielten 225 000 landwirtschaftliche Haushalte staatliche Zuschüsse in Höhe von 280 Millionen Mark, um Heizungs- und Warmwasseranlagen zu installieren, Bäder, Duschen, Spülbecken, Toiletten und Handwaschbecken einzurichten oder zu verbessern sowie Anschlüsse an elektrischen Strom, Gas, Wasser und Kanalisation herzustellen. Die Zuschüsse betrugen im Einzelfall bis zu 30 Prozent der zuschußfähigen Kosten (mit einer Obergrenze von 1600 Mark für die einzelne Installation), in von »Natur benachteiligten Gebieten« bis zu 40 Prozent der zuschußfähigen Kosten (mit einer entsprechenden Obergrenze von 2000 Mark). Für Darlehen, die der Landwirt in Zusammenhang mit solchen Installationsarbeiten in seinem Haus aufnimmt, werden ihm darüber hinaus Zinsverbilligungen gewährt.

Wenn man trotz aller dieser Tatsachen weiterhin davon ausgeht, daß der Lebensstandard der Bauern weit niedriger ist als der anderer gesellschaftlicher Gruppen in der Bundesrepublik, dann geht man von einer Prämisse aus, die vor einigen Jahren noch zugetroffen haben mag, heute aber falsch ist. Es entfällt damit auch der zweite Grund, mit dem man die üppigen Subventionen an die Landwirtschaft zu rechtfertigen sucht, und zwar zumindest in dem Ausmaß, in dem diese Subventionen nicht auf die Herstellung einer vernünftigen Agrarstruktur und eine damit verbundene Steigerung der landwirtschaftlichen Produktivität hinzielen, sondern sich allein in einkommenswirksamen Geldübertragungen erschöpfen.

Das Ende vom Lied – Staatsrentner in alle Ewigkeit

Der deutsche Bundesbürger subventionierte, wie wir gesehen haben, seine Bauern mit Beträgen, die in den letzten Jahren von 5,6 Milliarden Mark (1968) auf 9,5 Milliarden Mark (1971) gestiegen sind. Der Beitrag der Landwirtschaft zum Bruttosozialprodukt erhöhte sich im gleichen Zeitraum nur von 18,5 Milliarden Mark (1968) auf 20,0 Milliarden Mark (1971); er war zuletzt nur noch doppelt so groß wie der Anspruch der Landwirtschaft an das Bruttosozialprodukt.

Und während im Jahre 1968 eine Vollarbeitskraft in der Landwirtschaft immerhin noch zwei Drittel ihres Einkommens selbst erarbeitete, bekam sie im Jahre 1971 bereits fast zwei Drittel ihres Einkommens von der Gesellschaft geschenkt. Wenn dieser Trend anhält – zu diesem Schluß kommen daher auch Wegge und Schaub –, dann »ist der Zeitpunkt absehbar, von dem ab die fiskalischen Kosten der Landwirtschaft das erwirtschaftete Einkommen der Landwirtschaft übersteigen«. Schon heute ist die Wertschöpfung der Landwirtschaft kleiner

Beitrag der Landwirtschaft[1] zum Bruttoinlandsprodukt und Wertschöpfung in der Bundesrepublik Deutschland

in Millionen DM

	1966/67	1967/68	1969/70	1970/71	1971/72[2]	1972/73[3]
Produktionswert[4]	33 411	33 149	37 134	36 785	39 674	(43 680)
Vorleistungen	14 833	17 608	20 153	18 647	21 472	(23 815)
Beitrag zum Bruttoinlandsprodukt	18 578	15 541	16 981	18 138	18 202	(19 865)
indirekte Steuern	3 170	3 315	3 840	4 290	4 700	(5 150)
Subventionen[4]	1 003	1 017	1 066	1 080	1 070	(1 070)
Wertschöpfung	1 569	2 058	1 842	2 615	2 316	(2 100)
Abschreibungen	15 974	15 334	17 089	15 892	18 018	(19 695)

1 ohne Forstwirtschaft und Fischerei
2 vorläufig
3 Vorschätzung – Stand: 31. Januar 1973
4 Der Produktionswert enthält im Gegensatz zur Darstellung im Agrarbericht 1972 den Aufwertungsteilausgleich über die MWSt. Dieser Ausgleich ist dementsprechend in der Position Subventionen nicht enthalten.
Quelle: Agrarbericht 1973

als ihre Ansprüche an das Sozialprodukt, wenn man zu den 9 Milliarden Direktkosten, die der Deutsche für sie zu tragen hat, die Belastung hinzurechnet, die dem Verbraucher in der Bundesrepublik durch die manipulierten Agrarpreise aufgebürdet werden[1].

Was sich als Honorierung lebenswichtiger Dienste für die Allgemeinheit ausgibt, läuft damit praktisch darauf hinaus, aus den Bauern Staatsrentner zu machen, die allein aus der Tatsache, daß sie Bauern bleiben wollen, den ständigen Anspruch auf eine immerwährende Fürsorge durch den Staat ableiten. Weil ihnen auch ohne besondere Leistungen eine sichere Existenz garantiert wird, und zwar gar keine so schlechte, wie wir gesehen haben, holen viele von ihnen aus ihren Betrieben

1 Diese Belastung wird im Vergleich zum Weltmarkt-Preisniveau für das Jahr 1971 auf 10,9 Milliarden Mark geschätzt. Sie ergibt sich aus einem Vergleich der tatsächlich erzielten Verkaufserlöse der deutschen Inlandsproduktion mit den hypothetischen Verkaufserlösen bei einer Bewertung zu Weltmarktpreisen.

gerade nur das heraus, was den geringsten Einsatz von Arbeit und Leistung beansprucht. Mit der Unproduktivität, die dieses System im Gefolge hat, finden sie sich mit der gleichen erstaunlichen Gelassenheit ab wie mit der Tatsache, daß sie zeit ihres Lebens ganz oder großteils von den Früchten der Arbeit anderer leben. Sie bringen dabei das Kunststück fertig, die Rolle von Almosenempfängern, zu denen sie die Gesellschaft degradiert, abzulehnen und sich gleichzeitig in ihr recht wohl zu fühlen. Denn sie klagen zwar ständig über das bittere Schicksal, ein Bauer zu sein, tun aber wenig dazu, dieses Schicksal zu ändern oder sich ihm zu entziehen. Sie betrachten es als sozialen Abstieg, wenn sie – freiwillig oder gezwungen – einen anderen Beruf ergreifen, halten es aber nicht unter ihrer sozialen Würde, sich lebenslang von der Gesellschaft alimentieren zu lassen.

Der Aufstand der Faulen

Utopien und Gefahren der Bildungsreform · Der unheilvolle Drang zum Höheren · Praktische Qualifikationen sind unbeliebt · Die deutschen Hochschulen im Dschungel von Gremien und Kompetenzen · Leistungsabbau ist Trumpf · Rot – röter – am rötesten oder das Bündnis zwischen Radikalen und Faulen

Unerwartet griff Hoppe ein und erklärte: »Nur die unmenschlichen Arbeitsbedingungen in der Bundesrepublik treiben die Jugendlichen in die Sucht.« Das jugendliche Publikum applaudierte.

(Aus einem Gerichtsbericht vom 25. 5. 1972 über den Prozeß gegen Werner Hoppe vor dem Schwurgericht in Hamburg)

Utopien und Gefahren der Bildungsreform

Es gibt Strömungen, die mit der Zeit solche Gewalt gewinnen, daß sich ihnen niemand widersetzen kann, ohne in den Verdacht zu kommen, die Zeichen der Zeit nicht zu verstehen. Schlagworte entwickeln sich zu Glaubenssätzen, kaum beweisbare Behauptungen zu unumstößlichen Vorstellungen. Man entfernt sich, ohne es zu merken oder merken zu wollen, immer mehr von der Wirklichkeit, und was ursprünglich eine gute, aus richtigen Erkenntnissen geborene Sache war, beginnt sich zu einem utopischen Unternehmen auszuwachsen, das der Gesellschaft, die es betreibt, mehr schadet als nützt.

Ein solches, in seiner Zielsetzung gleichermaßen utopisches wie in seinen Auswirkungen gefährliches Unternehmen ist langsam aber sicher die Bildungsreform und alles, was in ihrem Gefolge geschieht. Es war ein Verdienst, das nicht hoch genug eingeschätzt werden kann, die Notwendigkeit einer Bildungsreform in den Mittelpunkt der gesellschaftlichen Auseinandersetzung und des öffentlichen Interesses gerückt zu haben. Leider haben jedoch diese Reformbestrebungen entgegen aller guten Absichten und unbeschadet des richtigen Prinzips, von dem sie ausgehen, eine Entwicklung genommen, die weit an dem angestrebten Ziel vorbeiführt. Der Weg, den diese Entwicklung eingeschlagen hat, kann kaum noch in eine vernünftige Reform der in der Bundesrepublik herrschenden gesellschaftlichen Verhältnisse münden. An seinem Ende steht eine ernsthafte Bedrohung der Grundlagen, auf denen unsere wirtschaftliche Effizienz und damit ein Gutteil unserer gesellschaftlichen Ordnung beruhen.

Wenn alle Bildungspläne, über die seit Jahr und Tag und in allen Tonlagen diskutiert wird, durchgeführt werden, dann werden wir nicht nur bald ein Volk von Abiturienten sein, mit denen niemand etwas anfangen kann, sondern wir werden dafür auch einen Preis zu zahlen haben, der selbst dann über unsere Verhältnisse ginge, wenn die Deutschen noch so fleißig und produktiv wären wie in den fünfziger Jahren.

Der Bildungs- und Wissenschaftsrat, dessen Vorstellungen

die Bundesregierung in ihrem »Bildungsbericht 1970« weitgehend folgt, schätzt den jährlichen Gesamtbedarf für Schulen und Hochschulen, für Wissenschaft und Forschung ab 1980 auf mindestens 100 Milliarden Mark, eine Zahl, bei der selbst denjenigen Bildungspolitikern unwohl werden dürfte, die ihre großartigen Bildungspläne ohne kleinliche Rücksicht darauf entwickeln, ob und wie sie finanziert werden können. Die gemeinsame Planungskommission, die alle bisher formulierten und diskutierten Bildungspläne des Bildungsrats, des Wissenschaftsrats und der Bundesregierung unter einen Hut bringen sollte, hat zwar die Ziele etwas niedriger gesteckt. Der Prognosezeitraum und damit das Bildungsprogramm wurden bis 1985 gestreckt, und man hat, um die Nerven der bildungsbeflissenen Bundesbürger zu schonen, auch davon abgesehen, die prognostizierten Kosten in jeweiligen Preisen, also unter Einschluß einer allgemeinen Inflationsrate, anzugeben. Allzuviel macht das aber nicht aus, denn auch in diesem Fall müßte zur Verwirklichung der Reformen der Anteil der öffentlichen Bildungsausgaben am Bruttosozialprodukt von 3,9 Prozent, den sie im Jahre 1970 hatten, über 5,3 Prozent im Jahre 1975 und 6,7 Prozent im Jahre 1980 auf 7,5 Prozent im Jahre 1985 gesteigert werden. Auf den Staatshaushalt bezogen, müßten die Ausgaben für Bildung, Wissenschaft und Forschung in der Zeit von 1970 bis 1985 jährlich um durchschnittlich 10 Prozent steigen, während die Ausgaben in den übrigen Bereichen nur um 5 Prozent wachsen dürften.

Danach wären im Jahre 1975 fast 700 000 und im Jahre 1980 rund 1 Million Studenten an den deutschen Hochschulen eingeschrieben. Der Anteil der Studenten am jeweiligen Altersjahrgang, der bis 1960 etwa 5 Prozent ausgemacht hat und der in den letzten Jahren auf 15 Prozent gestiegen ist, würde sich im Jahre 1980 auf 25 Prozent erhöhen. Unter vier jungen Leuten, die dem Arbeitsmarkt neu zur Verfügung stünden, gäbe es dann jeweils einen Akademiker. Und da auf diese Weise im Zeitraum bis 1975 etwa 300 000 und von 1976 bis 1980 rund 400 000 deutsche Hochschulabsolventen zu erwarten wären, würde die Zahl der Erwerbstätigen mit Hochschulexamen, die

Deutsche Hochschulabsolventen
in 1000 Personen

Fachrichtung	1971–1975			1976–1980		
				BLK		
	BLK	SAB	Battelle	Alternative I	Alternative II	SAB
Kulturwissenschaften	124,9	121,3	122,0	156,4	153,3	164,2
davon						
vierjähriges Studium	13,1	29,5	26,7	18,3	15,5	38,6
Lehramtsstudium insgesamt	111,8	91,8	95,3	138,1	137,8	125,6
davon						
dreijähriges Studium	80,8	71,1	77,0	95,5	95,5	101,8
vierjähriges Studium	31,0	20,7	18,3	42,6	42,3	23,8
Natur- und Ingenieurwissenschaften	102,7	85,5	80,4	153,3	151,7	124,2
davon						
Naturwissenschaften						
vierjähriges Studium	35,2	33,3	27,0	53,2	53,2	50,0
Lehramtsstudium insgesamt	42,0	34,6	35,3	66,0	64,6	53,0
davon						
dreijähriges Studium	23,0	23,7	25,7	31,4	31,4	33,9
vierjähriges Studium	19,0	10,9	9,6	34,6	33,2	19,1
Ingenieurwissenschaften						
vierjähriges Studium	25,5	17,6	18,1	34,1	33,9	21,2
Rechts-, Wirtschafts- und Sozialwissenschaften						
vierjähriges Studium	51,2	46,5	55,6	74,3	72,1	60,8
Medizin						
ärztliches und zahnärztliches Studium	21,9	26,3	28,3	27,1	27,1	34,4
Insgesamt	300,7	279,6	286,3	411,1	404,2	383,6
nicht berücksichtigte Studiengänge	120,7	–	–	180,5	179,4	–

BLK = Bericht der Bund-Länder-Kommission für Bildungsplanung, Vierter Entwurf für den Bildungsgesamtplan und ein Bildungsbudget, Bonn 1971
SAB = Untersuchung des Instituts für sozioökonomische Strukturforschung, Prognose des Angebots und des Bedarfs an hochqualifizierten Arbeitskräften in der Bundesrepublik, Köln 1971
Battelle = Untersuchung des Battelle-Instituts, Quantitative und qualitative Vorausschau auf den Arbeitsmarkt der Bundesrepublik Deutschland, Frankfurt 1969

Quelle: Deutsches Institut für Wirtschaftsforschung

Erwerbspersonen mit Hochschulausbildung
in 1000 Personen

Fachrichtung	VBZ	Bat-telle	Widmaier		Riese[1] (Ziel-wert)	SAB	
	1961	1976	1975	1980	1981	1976	1981
Kulturwissenschaften	320,6	534,6	365,7	379,7	700,8	532,8	681,2
Natur- und Ingenieurwissenschaften	199,7	230,5	360,1	443,3	347,2	251,2	292,1
davon:							
Naturwissenschaft	81,8	103,5	136,3	166,4	148,9	118,7	152,8
Ingenieurwissenschaft	99,4	110,7	203,3	254,6	171,7	116,2	123,2
Land- und Forstwirtschaft	18,5	16,3	20,5	22,3	26,6	16,3	16,1
Rechts-, Wirtschafts- u. Sozialwissenschaften	141,1	202,2	315,5	387,4	210,4	201,0	240,9
Medizin	110,8	127,4	176,8	203,7	145,4	137,0	153,6
Sonstige	0,5	4,1	6,6	6,5	–	1,1	2,2
Absolventen ohne Examen		*281,0*					
Insgesamt	772,7	1098,8	1224,7	1420,6	1403,8	1123,1	1370,0

1 Riese hat außerdem noch eine Mittelwertprognose durchgeführt, bei der er zu 1,25 Mill. Personen mit Hochschulabschluß kommt. Die Differenzen liegen fast ausschließlich im Bereich der Kulturwissenschaften und hier insbesondere bei den Lehrern.
VBZ = Volks- und Berufszählung von 1961
Battelle = Untersuchung des Battelle-Instituts, Frankfurt 1969
Widmaier = Studie von Prof. H. P. Widmaier, Regensburg 1971
Riese = Studie von H. Riese, »Die Entwicklung des Bedarfs an Hochschulabsolventen«, Wiesbaden
SAB = Untersuchung des Instituts für sozioökonomische Strukturforschung, »Prognose des Angebots und des Bedarfs an hochqualifizierten Arbeitskräften in der Bundesrepublik«, Köln 1971

Quelle: Deutsches Institut für Wirtschaftsforschung

1971 insgesamt 770 000 betrug, im Jahre 1980 bei 1,4 Millionen liegen. Daß diese Zahl in Wirklichkeit noch erheblich größer sein dürfte, zeigen neueste Berechnungen aus einzelnen Bundesländern. An den Universitäten von Nordrhein-Westfalen zum Beispiel werden bis 1975 etwa 27 000 mehr Studienplätze benötigt als bisher angenommen wurde, und bis 1980 wird der voraussichtliche Bedarf an Studienplätzen die ursprüngliche Schätzung um 13 000 übersteigen. Wenn diese Projektionen stimmen, dann wird sich allein an Rhein und Ruhr die Zahl der Studenten in der Zeit zwischen 1972 und 1975 um glatt 40 Prozent und bis 1980 um 65 Prozent erhöhen. Bei einer »optimalen« Hochschulgröße von 15 000 Studenten je Hochschule müßten im Hinblick auf diese Entwicklung bereits 1975 drei neue Hochschulen voll ausgebaut sein.

Der unheilvolle Drang zum Höheren

Der Drang zu Höherem, der sich in allen diesen Zahlen dokumentiert, wäre bewundernswert, wenn man wüßte, daß er sich – abgesehen davon, ob er überhaupt bezahlt werden kann – letzten Endes auch bezahlt macht. Gerade das ist allerdings mehr als fraglich.

In einigen Bereichen ist es verhältnismäßig leicht, den künftigen Bedarf an Akademikern recht präzise vorauszuschätzen. Das ist zum Beispiel dort der Fall, wo man sich an Einstellungsprogramme von staatlichen Behörden halten oder an Relationen orientieren kann, die sich aus der Bevölkerungsentwicklung ergeben. So kann man in etwa sagen, wieviel Lehrer für eine bestimmte Anzahl von Schülern notwendig sind und wieviel Ärzte pro Tausend der Bevölkerung vorhanden sein sollten, um die ärztliche Versorgung der Bevölkerung sicherzustellen. Im allgemeinen gibt es aber wenig methodisch einwandfreie Prognosen auf diesem Gebiet, und wo sie unternommen wurden, sind die Aussichten, die sie dem akademischen Nachwuchs eröffnen, nicht gerade rosig. Der Verband angestellter Akademiker der chemischen Industrie (VAA) hat beispielsweise errechnet, daß das Angebot an Chemiestudenten, das in den Jahren zwischen 1960 und 1970 um jährlich etwa 3 Prozent gewachsen ist, im Jahre 1970 mit 730 Hochschulabsolventen so groß war wie der Bedarf. Wer bis zu diesem Zeitpunkt sein Chemiestudium abschloß, konnte also mit einiger Sicherheit erwarten, in der Industrie, in staatlichen oder kommunalen Behörden oder an den Hochschulen selbst eine Stellung zu finden, die seiner akademischen Ausbildung entsprach, und dieser Ausbildung gemäß dotiert zu werden. Da sich der Bedarf der Industrie, der Wissenschaft und der öffentlichen Hand an diplomierten Chemikern in den nächsten Jahren um jährlich 4 Prozent erhöhen dürfte, wird die Zahl der Hochschulabsolventen, die jährlich in dieser Fachrichtung benötigt werden, von 860 im Jahre 1975 auf 1000 im Jahre 1980 steigen. Bei unveränderter Erfolgsquote (57 Prozent der Erstsemestrigen aus dem Jahre 1961 schlossen im Jahre 1970 ihr Studium erfolgreich ab) und bei unverkürzter Studiendauer werden, gemessen an den entsprechenden Erstsemesterzahlen, im Jahre 1975 mindestens 950 und im Jahre 1980 mindestens 1400 Chemieabsolventen die Hochschule verlassen. Da sich aber das Studium wahrscheinlich um ein bis zwei Semester verkürzen und die Erfolgsquote, dem bisherigen Trend nach zu schließen, auf 65 bis 70 Prozent erhöhen dürfte, werden im Jahre 1975 voraussichtlich 1100 und im Jahre 1980 voraussichtlich 1800 Chemieabsolventen dem Arbeitsmarkt zur Verfügung stehen. Das wären 1975 um etwa 25 Prozent und 1980 um 70 Prozent mehr als wahrscheinlich gebraucht werden, und es werden noch mehr sein, wenn sich die bereits heute deutlich erkennbare Tendenz fortsetzt, Stellen, die bislang traditionell und ausschließlich Diplomchemikern vorbehalten waren, mit Chemieingenieuren zu besetzen.

Unbekümmert um solche und ähnliche Aspekte in anderen Studienfächern glauben die amtlichen Hüter der deutschen Bildungspolitik trotzdem unentwegt daran, daß die Bundesrepublik noch bis zum Jahre 1980 unter einem Mangel an Akademikern leiden wird. Bei der Erstellung ihrer Prognosen operieren sie dabei allerdings manchmal erstaunlich naiv. Weil zum Beispiel in den letzten Jahren der Anteil der in Wissenschaft und Forschung Beschäftigten in der Industrie erheblich zugenommen hat (er dürfte heute bei etwa 5 Prozent liegen), schließt man in einer Art hypnotischen Glaubens an einen wissenschaftlichen Beschleunigungsprozeß ohne Ende, daß er in den nächsten 20 Jahren auf 15 bis 20 Prozent steigen wird, ohne sich im geringsten darum zu kümmern, daß bei einem solchen Prozentsatz gar nicht mehr genügend Leute übrigblieben, die das, was die Wissenschaftler erforschen, herstellen und dem allgemeinen Nutzen zuführen könnten. Theorie und Praxis klaffen jedenfalls weit auseinander. So schätzt, um bei unserem Beispiel zu bleiben, das Bundeswissenschaftsministerium den Bedarf an Akademikern in der chemischen Industrie im Jahre 1975 auf 44 000 und im Jahre 1980 auf 54 000, während die chemische Industrie annimmt, daß sie im Jahre 1975 bestenfalls 15 000 und im Jahre 1980 etwa 17 000 bis 18 000 Diplomchemiker benötigen wird. Der Gesamtbedarf an Diplomchemikern in Wirtschaft, Wissenschaft und öffentlicher Hand wird nach ihrer Auffassung im Jahre 1980 bei 30 000 liegen, also niedriger sein als der Bedarf, den das Bundeswissenschaftsministerium für die Chemische Industrie allein annimmt.

Selbst die fanatischsten Bildungspropheten müssen allerdings einräumen, daß es Fachzweige gibt, in denen es schon in Kürze zu einem spürbaren Überangebot an akademischen Kräften kommen wird. Dies gilt vor allem für die Wirtschafts- und Sozialwissenschaften, wo das Angebot an Jungakademikern den Bedarf im Jahre 1975 voraussichtlich um 8000 und im Jahre 1980 um fast 20 000 überschießen wird, für die Fachrichtungen des höheren Lehramtes und der Geisteswissenschaften, wo der Bedarf an Akademikern im Jahre 1980 um mindestens 8000 niedriger sein dürfte als das Angebot, und für die Volks- und Realschullehrer, von denen es im Jahre 1980 rund 41 000 mehr geben wird als gebraucht werden.

Wie man sieht, hat durch die von der Bildungsreform genährten Vorstellungen über besonders chancenreiche akademische Berufe gerade zu den klassischen Formen gehobener Bildung ein solcher Andrang eingesetzt, daß es in nicht allzu langer Zeit schwierig, wenn nicht gar unmöglich sein wird, für diese Schwemme akademischer Qualifikationen entsprechende Verwendung zu finden. Vielleicht wird es, wenn die Lage dazu zwingt, möglich sein, auch diese Leute halbwegs vernünftig zu beschäftigen. Aber sie werden dann für ihre Arbeit nur einen Bruchteil der Ausbildung brauchen, die sie genossen haben. In krassem Gegensatz zu dem anschwellendem Strom geisteswissenschaftlich ausgebildeter Akademiker steht die für eine Industriegesellschaft reichlich merkwürdige Tatsache, daß die Immatrikulationszahlen an den technischen Hochschulen beziehungsweise Universitäten zurückgehen. Wie der Verband deutscher Elektrotechniker in einer Studie feststellt, hatten Anfang der zwanziger Jahre über 20 Prozent der Studienanfänger ein ingenieurwissenschaftliches Studium begonnen. 1958 waren es 16 Prozent und 1968 nur noch 8 Prozent. 1960 gab es in der Bundesrepublik rund 11 000 Maschinenbau-Studenten, 1970 nur noch 8000. Und wenn die Entwicklung so weiter geht, könnte es trotz der Millionen Studenten, die sich an den deutschen Hochschulen tummeln, dazu kommen, daß gerade in wichtigen technischen Fachbereichen ein effektiver Fehlbedarf an akademisch ausgebildeten Arbeitskräften entsteht oder sich ein bereits heute bestehender Fehlbestand noch vergrößert, und daß auch in einem so bedeutsamen Bereich wie der Medizin im Verlauf des nächsten Jahrzehnts weniger Studenten ausgebildet als effektiv gebraucht werden.

Diese Diskrepanz zwischen Angebot und Bedarf an akademischen Kräften ist, das muß einmal mit aller Klarheit gesagt werden, kein Kind des Zufalls. Sie ist die schlichte Folge davon, daß die Bildungsreform von Anfang an ein von den wirtschaftlichen Realitäten weitgehend losgelöstes Dasein geführt hat. Unter den bildungspolitischen Überlegungen, die von der Heerschar unserer offiziellen und inoffiziellen Bildungspolitiker in hundertfachen Variationen angestellt werden, spielt die Frage, wie groß nun eigentlich wirklich der Bedarf an Akademikern in Zukunft sein wird, die geringste Rolle. Und unter allen Aspekten, die immer wieder von allen Seiten geprüft und durchleuchtet werden, interessiert der Gesichtspunkt, wie viele Akademiker in fünf, zehn oder zwanzig Jahren wirklich gebraucht werden, offenbar am allerwenigsten. Man versucht erst gar nicht, die angestrebte quantitative Ausweitung unseres Bildungswesens mit dem Bedarf der industriellen Gesellschaft an akademischen Berufen in Einklang zu bringen. Das einzige Motiv für die Bildungsreform bleibt die Forderung des Grundgesetzes nach gleichen Bildungschancen für alle. Man kann sich dabei auf die Tatsache stützen, daß diese Bildungschancen in Deutschland auch heute noch höchst ungleich verteilt sind, weil fast genauso wie vor hundert Jahren weniger Begabung und Fähigkeit als die Zugehörigkeit zu einer bestimmten sozialen Schicht über die Ausbildung Jugendlicher entscheidet. Leistungs- und Intelligenzkriterien haben, wie Untersuchungen über die Auslesemechanismen in den Volksschulen gezeigt haben, auch heute noch bei weitem kein so großes Gewicht, um die Schranken niederreißen zu können, die einer überwiegenden Mehrheit der Bevölkerung Zugang zu weiterführenden Schulen und zur Hochschule versperren, während einer kleinen Minderheit der Besuch dieser Schulen allein auf Grund ihrer sozialen Herkunft von vornherein offensteht. Da es unter den Jugendlichen, denen auf diese Weise das Studium einer Hochschule verwehrt wird, fraglos ebenso viele intelligente, aktive und begabte gibt wie unter denen, die das Glück haben, studieren zu können, ist die Bildungsreform prinzipiell ebenso richtig wie wichtig. Mit einem Prinzip, das im luftleeren Raum schwebt, ist aber nicht viel anzufangen, besonders dann nicht, wenn es sich trotz aller angeblichen Modernität mit Vorstellungen verbindet, die aus dem vorigen Jahrhundert stammen. Eine solche antiquierte Vorstellung ist es nämlich, wenn man die Verwirklichung des Rechts auf Bildung allein darin sieht, daß die bisherigen Formen der bürgerlichen Bildung – höhere Schule und Hochschule – möglichst breiten Bevölkerungskreisen zugänglich gemacht werden, und man damit eine spezifische Form der Bildung, die im 19. Jahrhundert für eine kleine herrschende Gruppe eingerichtet wurde, zur allgemeinen Erziehungsform und zum Normalfall für alle Mitglieder der Gesellschaft erhebt. Man übernimmt auch unbesehen die These, daß das Einkommen, das jemand beanspruchen kann, um so höher ist, je länger er eine Schule besucht und je länger er, statt zu arbeiten, auf Kosten der Gesellschaft gelebt hat, und das ist gewiß eine These, die alles andere als demokratisch ist. Aber das stört niemanden. Jeder, der eine praktische Arbeit zu leisten bereit ist, soll brav und bescheiden wie eh und je auch weiterhin in Kauf nehmen, daß ihm diese Bereitschaft mit niedrigerem Einkommen und mit geringerem sozialem Ansehen vergolten wird.

Weil an der Tatsache, daß akademische Ausbildung automatisch den Anspruch auf eine weit über dem Durchschnitt liegende Bezahlung vermittelt, auch durch die Bildungsreform nichts geändert wird, ist in der Tat nicht einzusehen, was die Jugendlichen davon abhalten sollte, in hellen Scharen das Abitur zu machen und auf die Hochschulen zu strömen. Bei der derzeitigen Struktur der Volks- und Oberschulen sind 40 Prozent der Jugendlichen eines Jahrgangs mühelos in der Lage, die Eingangsvoraussetzungen zum Besuch einer Hochschule zu erfüllen. Dieser Prozentsatz wird natürlich noch beträchtlich höher werden, wenn die Bildungsreform jedem, der einigermaßen das Zeug und die Lust dazu hat, das Abitur und den Zugang zur Hochschule ermöglicht. Da der vielberufene Unterschied zwischen praktischer und theoretischer Begabung nicht viel mehr als ein Aberglaube ist, und es auch nachweislich nicht zutrifft, daß die einen infolge der praktischen Begabung einen praktischen Beruf auswählen und die anderen infolge ihrer theoretischen Begabung dazu neigen, auf die Hochschule zu gehen, wird sich der Zustrom auf die Hochschulen auch nicht auf eine sozusagen natürliche Weise regulieren. Solange selbst der dümmste Akademiker mit einem um mindestens 50 Prozent höheren Einkommen rechnen kann als der intelligenteste Facharbeiter, wären die Jugendlichen ja auch wirklich töricht, wenn sie auf die Chance verzichten würden, ein von der Gesellschaft von vornherein garantiertes höheres Lebensniveau anzustreben und sich damit ein größeres soziales Ansehen zu verschaffen. Sie werden den Weg einer akademischen Ausbildung um so lieber wählen, als ihnen damit auch erspart bleibt, schon in einem Lebensalter in einem Beruf stehen zu müssen, in dem sich die berufliche Tätigkeit mit einer praktischen Qualifikation von selbst versteht.

Die Folgen dieser Entwicklung liegen auf der Hand.

Die Bildungsreform wird zunächst für ein wachsendes Überangebot an akademischen Nachwuchskräften sorgen, und dann zwangsläufig dazu führen, daß viele der zukünftigen Hochschulabsolventen immer schwerer in Positionen Verwendung finden, für die sie ausgebildet worden sind und auf die sie einen von der Gesellschaft beglaubigten Anspruch erheben. Das Hochschulstudium wird, was heute als selbstverständlich hingenommen wird, plötzlich keine Garantie mehr für gut bezahlte Stellungen und gesicherte Aufstiegs-Chancen sein. Denn während das Bildungssystem eine immer größere Zahl von Menschen hervorbringt, die sich auf Grund ihres Bildungsgangs für berechtigt halten, Elitepositionen in der Gesellschaft einzunehmen, wird diese Gesellschaft weder genügend solcher Positionen zur Verfügung haben, noch bereit sein, alle Akademiker ihrem »erworbenen« Anspruch entsprechend zu honorieren, so daß die Statuserwartungen zahlreicher Hochschulabsolventen unerfüllt bleiben müssen. Wenn man geneigt wäre, aus den Erfahrungen anderer zu lernen, müßte man eigentlich wissen, wie rasch sich gerade im Bereich der Hochschulbildung hochgespannte Pläne als Illusionen erweisen können. In den Vereinigten Staaten von Amerika, wo noch vor wenigen Jahren das Stellenangebot für Akademiker in der Wirtschaft erheblich größer war als das vorhandene Potential an qualifizierten Kräften, ist es seit 1968 gerade umgekehrt. Kennedys Prophezeiung von 1962, daß »der Bedarf an höher gebildeten Ingenieuren, Mathematikern und Naturwissenschaftlern schnell unsere Fähigkeiten überholen wird, sie zu produzieren«, hat sich bald selbst als überholt herausgestellt. Unter den zahlreichen arbeitslosen Akademikern sind es speziell akademisch gebildete Ingenieure, Mathematiker und Naturwissenschaftler, die keine Beschäftigung finden oder sich mit untergeordneten Jobs zufriedengeben müssen. Einer ähnlichen Illusion wie Kennedy vor zehn Jahren unterliegt heute die Heerschar unserer Bildungspolitiker.

Praktische Qualifikationen sind unbeliebt

Außer zum Überangebot an akademischen Qualifikationen kommt es im Gefolge der Bildungsreform noch zu einem anderen, nicht weniger schwerwiegenden Phänomen.

Die Bildungsreform wird, wenn der Strukturplan des deutschen Bildungsrates verwirklicht wird, einen Typ von Qualifikationen zerstören, der unersetzbar ist. Es ist der Typ der praktischen Qualifikationen, den die Industriefacharbeiter und Fachangestellten repräsentieren. Die an und für sich höchst bedauerliche Tatsache, daß in der Vergangenheit der Zugang zu höheren Schulen nur ganz bestimmten und sehr kleinen gesellschaftlichen Gruppen leicht gemacht wurde, hatte für die Wirtschaft eine außerordentlich positive Seite. Unter den Hunderttausenden Kindern von Arbeitern und kleinen Angestellten, denen der Besuch von Hochschulen durch soziale Mechanismen versperrt wurde, befanden sich sehr viele, die überdurchschnittlich intelligent, überdurchschnittlich begabt und überdurchschnittlich leistungsmotiviert waren. Aus diesem großen Reservoir von begabten und leistungswilligen Jugendlichen aus sozial schwächeren Schichten rekrutierte die Industrie ihre Facharbeiter, stiegen die Leistungsstärksten zu Meistern, Technikern und Fachschulingenieuren auf. Die Industrie ist mit ihrer ganzen Beschäftigungsstruktur auf diese Versorgung mit Nachwuchskräften ebenso eingespielt wie angewiesen. Es muß daher zu erheblichen Störungen kommen, wenn das bisher einigermaßen funktionierende Gleichgewicht zwischen Bildungs- und Beschäftigungssystem verlorengeht. Bereits heute können dort, wo das Angebot an weiterführenden Schulen besonders forciert wurde, nicht mehr alle Ausbildungsplätze für Facharbeiter besetzt werden, obwohl die Betriebe ihre früher einmal sehr hohen Anstellungsforderungen für Lehrlinge ständig herabgesetzt haben. Da künftig viele Jugendliche, statt sich zu Facharbeitern, Technikern und Fachschulingenieuren ausbilden zu lassen, auf der höheren Schule bleiben und anschließend eine Hochschule besuchen werden, wird sich innerhalb weniger Jahre das Verhältnis weiter zuungunsten der praktischen Qualifikationen verschieben. Der Nachwuchs, der dann der Wirtschaft zur Verfügung stehen wird, wird sich so gründlich von dem der vergangenen Jahrzehnte unterscheiden, daß die Betriebe mit den vom Bildungssystem angebotenen Arbeitskräften nicht mehr funktionieren können wie heute. Sicher kann sich – dafür gibt es einige Anzeichen – ein Beschäftigungssystem im Laufe einer gewissen Zeit an eine veränderte, qualitative Versorgungslage mit Nachwuchskräften anpassen, und es ist sogar denkbar, »daß auf dem Weg einer solchen Anpassung eine nicht unbeachtliche Steigerung der Rentabilität des Kapitals Mensch erreicht werden kann«[1]. Die Ausblutung der praktischen Qualifikationen, die das renovierte Bildungssystem mit sich bringt, hat jedoch eine so gewaltige Umstrukturierung der heute bestehenden Bildungs- und Ausbildungswege und der von ihnen vermittelten Abschlußqualifikationen zur Folge, daß eine Anpassung des Beschäftigungssystems an diese veränderte Angebotsstruktur von Nachwuchskräften undenkbar ist.

Von den etwa 600 000 bis 700 000 Jugendlichen, die pro Jahr ins Erwerbsleben eintraten, hatte im Durchschnitt der Nachkriegsjahre knapp die Hälfte keine Ausbildung oder eine Ausbildung in Berufen, die auf die Dauer nicht verwertbar war, wie zum Beispiel bei einem großen Teil der Handwerksgesellen. An diesem Zustand hatte sich bis in die Mitte der sechziger Jahre nicht viel geändert. Nach einer Feststellung des Instituts für Arbeitsmarkt- und Berufsforschung waren im Jahre 1964 – neuere Zahlen sind nicht verfügbar – 52 Prozent der Erwerbstätigen formell nicht für die Tätigkeit ausgebildet, die sie ausübten. Ein Drittel der Erwerbstätigen besaß überhaupt keine Ausbildung und ein Fünftel wurde betrieblich eingearbeitet, ohne je zu einem schulischen Ausbildungsabschluß oder zu einer abschließenden Lehrausbildung zu kommen. Nur ein Drittel der Erwerbstätigen hatte eine Lehre oder eine Anlernausbildung durchlaufen.

1 Prof. Dr. Burkhart Lutz, Direktor des Sozialwissenschaftlichen Instituts in München, der zu den eindringlichsten Warnern vor der drohenden Diskrepanz zwischen Ausbildungs- und Beschäftigungssystem gehört.

Man kann angesichts dieser Zahlen mit bestem Willen nicht behaupten, daß es in der Bundesrepublik zu viele Jugendliche gäbe, die auf zu hohem Niveau ausgebildet werden, auch wenn sich die Verhältnisse seit 1964 verbessert haben. Daß die großzügigen Unterstützungsmöglichkeiten, die das im Jahre 1969 verabschiedete Arbeitsförderungsgesetz anbot, von vielen ausgenützt wurden, ist unter diesen Umständen begreiflich. Die Zahlen dieser Bildungswilligen stieg von knapp 90 000 im September 1970 auf 133 291 im September 1971, im Oktober 1971 lagen der Bundesanstalt für Arbeit bereits mehr als 400 000 und gegen Ende 1972 mehr als eine halbe Million Weiterbildungsanträge vor. Da schon die 1,5 Millionen Mark, die im Jahre 1970 im Rahmen des Arbeitsförderungsgesetzes ausgegeben wurden, die finanziellen Kräfte der Bundesanstalt überstiegen, mußten die Bestimmungen über die individuelle Förderung der beruflichen Fortbildung und Umschulung geändert werden. Jeder, der sich weiterbilden will, muß jetzt einen Teil seiner Ausbildung selbst tragen. Ein kaufmännischer Angestellter zum Beispiel, der sich zum EDV-Organisator fortbilden möchte, hat für den Besuch der Bundesfachschule für maschinelle Datenverarbeitung rund 5000 DM selbst aufzubringen, einer Stenotypistin kostet der Besuch einer Sekretärinnenschule etwa 600,– DM, und ein Facharbeiter, der sich zum Techniker umschulen läßt, muß dafür mindestens 1400 DM aus der eigenen Tasche bezahlen. Zweifellos wird diese neue Regelung zur Folge haben, daß die Zahl derjenigen, die sich weiterbilden wollen, eingedämmt wird, und sie dürfte auch die Zahl der Institute verringern, die die blendende Gelegenheit, sich durch den Weiterbildungsboom auf öffentliche Kosten bereichern zu können, kräftig ausgenützt haben und wie Pilze aus dem Boden geschossen sind. Die Bundesanstalt für Arbeit rechnet damit, daß über kurz oder lang ein Drittel dieser Institute ihre Pforten schließen wird.

Angesichts des verhältnismäßig niedrigen Ausbildungsniveaus, das noch vor kurzem für die Bundesrepublik charakteristisch war, hätte man aber wenigstens annehmen können, daß die deutsche Wirtschaft die Massierung von höheren Qualifikationen, wie sie durch das Fortbildungsprogramm erzeugt wird, verkraften würde. Wie die Praxis zeigt, ist das jedoch nicht der Fall. Die Betriebe haben für die vielen Techniker, zu denen sich zahlreiche Facharbeiter gemausert haben, und für die vielen Betriebswirte, die sich ihnen jetzt zusätzlich anbieten, oft gar keine Verwendung. Sie haben Techniker und Betriebswirte genug. Was sie brauchen, sind Facharbeiter und Ingenieure. Manche Angestellte und Arbeiter finden sich daher nach dem Abschluß ihrer Fortbildung in genau den gleichen Arbeitspositionen wieder, die sie vorher hatten, und das müssen nicht nur umgeschulte Techniker und fortgebildete Ingenieure erfahren. Kenntnisse, die in monatelangen, mit Eifer und Ehrgeiz betriebenen Studien erworben wurden, können praktisch nicht verwertet werden und machen sich daher auch nicht bezahlt.

Hier zeigt sich also wieder, daß die gebotenen Ausbildungsmöglichkeiten an den Realitäten des tatsächlichen Bedarfs vorbeigehen. Auch hier wird die höhere theoretische Ausbildung maßlos überschätzt und die praktische Qualifikation maßlos unterschätzt. Es ist reichlich merkwürdig und widersprüchlich: alle Welt spricht davon, daß der technische Fortschritt den Bedarf an Facharbeitern erhöht, weil viele ungelernte Arbeitskräfte durch qualifizierte Fachkräfte ersetzt werden müssen, um die hochtechnisierten oder automatischen Anlagen in Ordnung halten zu können. Nur die Bildungsplanung tut so, als wenn sie das alles nichts anginge. Sie sorgt sich auch auf dieser Ebene nicht einen Deut um das Gleichgewicht zwischen Bildungs- und Berufsbereich und legt alles darauf an, zuviel Qualifikationen zu produzieren, die nicht gebraucht werden, und zu wenig, die gebraucht werden. Auch hier haben sich damit ursprünglich gute und richtige Überlegungen zu gefährlichen Illusionen entwickelt, weil sie sich von der Lebenswirklichkeit, für die sie angeblich bestimmt sind, meilenweit entfernen.

Was geschehen wird, wenn sich diese Tendenz in der Bildungsreform fortsetzt, ist nicht schwer vorauszusehen. Unsere Gesellschaft wird auf der einen Seite mit dem erheblichen Überangebot an akademischen Qualifikationen berufliche Qualifikationen geliefert bekommen, für die sie keine Verwendung hat und die sie daher auch nicht vernünftig einzusetzen vermag. Und sie wird auf der anderen Seite infolge der systematischen Aushöhlung der praktischen Qualifikationen auf berufliche Qualifikationen verzichten müssen, die für die Erhaltung ihrer wirtschaftlichen Substanz unentbehrlich sind. Während die Zahl der Studenten von Jahr zu Jahr munter um 6 bis 8 Prozent und mehr zunehmen wird, werden sich die Basisqualifikationen unserer Industriegesellschaft immer stärker lichten.

Als Modernisierung unseres Bildungssystems hoch gepriesen, entpuppt sich damit die Bildungsreform im Effekt als geradezu hervorragend geeignetes Instrument, wesentliche Grundlagen, auf denen die Produktivität unserer industriellen Gesellschaft beruht, zu zerstören und wesentliche Voraussetzungen für ein weiteres industrielles Wachstum kurzerhand zu beseitigen.

Die deutsche Wirtschaft steht dieser Entwicklung mehr oder minder machtlos gegenüber. Ihr bleibt nichts anderes übrig als bewegte Klage über die wachsende Kluft zu führen, die sich zwischen Nachfrage- und Angebotsstruktur bei den Nachwuchskräften auftut. Ihr bleibt nichts anders übrig, als davor zu warnen, das deutsche Bildungssystem zu kopflastig zu machen und die notwendige Breite auf der mittleren Ebene der praktischen Qualifikationen nicht zu vernachlässigen. Sie muß resigniert zusehen, wie sich Schulen und Universitäten immer mehr von der wirtschaftlichen Wirklichkeit lösen und die Aus- und Weiterbildungsmöglichkeiten trotz der in den letzten Jahren rapid gesteigerten Ausgaben für das Schul- und Bildungswesen immer weniger die effektiven Bedürfnisse der Wirtschaft befriedigen.

Die deutschen Hochschulen im Dschungel von Gremien und Kompetenzen

Das gefährdete Gleichgewicht zwischen Bildungs- und Beschäftigungssystem ist jedoch nur eine Seite der Medaille. Die andere besteht in dem Leistungsabbau, der sich seit Jahren systematisch an den deutschen Schulen und Hochschulen vollzieht. Ist das eine ein vorwiegend quantitatives, so ist das andere ein vorwiegend qualitatives Problem.

43 Professoren der Frankfurter Johann-Wolfgang-Goethe-Universität haben in einem Schreiben an die Mitglieder der Hessischen Landesregierung und des Landtags aus eigenen Erfahrungen die Bedingungen geschildert, unter denen sie und mit ihnen eine große Anzahl von Hochschullehrern an anderen deutschen Hochschulen ihrer täglichen Arbeit nachgehen. In den Schreiben heißt es:

1. Sie (die Hochschullehrer) arbeiten jahraus, jahrein in einer verdreckten, mit politischen oder obszönen Parolen verschmierten Arbeitsstätte.
2. Sie müssen jeden Tag damit rechnen, daß ihre Tätigkeit durch massive Störungen unterbrochen oder unmöglich gemacht wird. Schutz ihrer Tätigkeit und Person durch den Staat wird ihnen nicht gewährt. Es wird ihnen lediglich empfohlen, bei Störungen ihrer Arbeit oder bei Angriffen gegen ihre Person ihre Tätigkeit vorübergehend einzustellen.
3. Wenn sie als Fachmann zu einem Sachproblem sprechen wollen, dessen genaue Kenntnis langjährige Arbeit und Erfahrung voraussetzt, so müssen sie es sich gefallen lassen, daß ein Zwanzigjähriger sie darüber belehrt, nach welcher Methode und unter welchen Gesichtspunkten sie das tun sollen. Hinweise auf ihre Fachkenntnisse, die sie sich allenfalls erlauben, werden als Fachidiotie abgetan.
4. Wenn sie auf Grund ihres Amtes Prüfungen abzuhalten haben, so wird ihnen der Vorwurf eines unerträglichen Leistungsdrucks gemacht, beziehungsweise sie werden dazu aufgefordert, ihre »nur der Repression dienenden« Anforde-

rungen drastisch zu senken, und zwar ohne Rücksicht auf die dadurch entstehenden Folgen für Staat und Gesellschaft. Außerdem verlangt man von ihnen in Seminaren, Zeugnisse über eine individuelle Leistung auszustellen, obwohl diese Leistung als Kollektivleistung einer ganzen Gruppe zustandegekommen ist.

5. Es hat ihnen gleichgültig zu sein, daß ihre Fähigkeiten durch sinnlose Zeitverschwendung in vielfach ergebnislosen und endlosen Sitzungen vergeudet wird.

Der Universitätsdozent an der Universität Tübingen Edwin Buchholz hat in einem Brief an Kultusminister Hahn erläutert, aus welchen Gründen er sein ursprüngliches Ziel aufgegeben hat, einen eigenen Lehrstuhl anzustreben. Er schreibt:

»Die Gesellschaft ahnt noch gar nicht, was sie da mit immer neuen Milliarden füttert, aber sie hat ein Recht es zu erfahren. Sage man es ihr also wie die Verhältnisse an den Universitäten sind: stagnierende Forschung, politisierte Lehre, schikanierte Professoren, durch »Demokratisierung« zur Farce gewordene Selbstverwaltung, radikalisierte Studenten, Qualifikationsverzichte beim Hochschullehrernachwuchs und Ersatz durch politische Glaubensbekenntnisse. Es ist ein Skandal, in welchem Ausmaß Gesellschaft und Staat die Gelehrten unserer Universitäten und Hochschulen der maßlosen Willkür der linksradikalen Studentengruppen überläßt, und das auch noch hinter dem Feigenblatt von Reformen. Nicht selbstbewußte Forscher und Lehrer wirken mehr an unseren Universitäten, sondern tausendfach gedemütigte, in ihrer Ehre als Wissenschaftler und Menschen zutiefst verletzte Kapitalisten-Lakaien verzehren sich physisch und psychisch dahin, allen haßerfüllten Anfeindungen und primitiven Gegenpositionen zum Trotz Lehrveranstaltungen von Niveau zu bieten, nicht müde zu werden in ihrem aussichtslosen Kampf gegen linke Obstruktionen, nicht zu verzweifeln und aufzugeben.«

Die 47 Professoren an der Frankfurter Goethe-Universität und der Dozent an der Universität Tübingen sind, wenn sie die

Verhältnisse an vielen deutschen Hochschulen so schildern, nicht sehr weit von der Wirklichkeit entfernt. Manches, was sie sagen, ist natürlich stark von persönlichen Erfahrungen geprägt. Es trifft aber zumindest den Kern der Sache. Die Art ihrer Reaktion macht allerdings auch klar, warum die Position der Professoren so schwach, ihr Kampf so hoffnungslos erscheint. Ihre mit einem gewissen Pathos vorgetragenen Anklagen können nicht darüber hinwegtäuschen, daß die gleichen Professoren, die jetzt die gegenwärtigen Zustände an den deutschen Hochschulen in Grund und Boden verdammen, sehr wenig dazu getan haben, diese Zustände zu verhindern, ja, durch ihr eigenes Verhalten zum Teil diese chaotische Entwicklung gefördert haben. Ihr Widerstreben gegen vernünftige Reformansätze, ihr Verharren in erstarrten hierarchischen Ordnungen in den ersten Phasen der Auseinandersetzung, ihr knieweiches Nachgeben in den darauffolgenden Phasen, ihre mangelnde Selbstsicherheit und Konzeptlosigkeit sind nicht zuletzt mit daran schuld, daß die deutschen Hochschulen zu Stätten geworden sind, auf denen mehr diskutiert als gelernt, mehr Selbstbehauptung geübt als gelehrt wird. Wenn Alexander Mitscherlich feststellt, daß die Professoren, »bis sie mit einschüchternden Maßnahmen angegriffen wurden, ihre privilegierte Stellung selbst nicht reflektiert haben«, so ist das sicherlich richtig. Und ebenso richtig und ebenso wenig schmeichelhaft für viele Professoren ist, daß sie sich zur Notwendigkeit von Reformen erst bekannten, als sie die Protestbewegung der Studenten dazu zwang.

Da sich die Zunft der Professoren auf diese Weise in eine Rolle drängen ließ, die kaum jemals aktiv, sondern fast immer passiv war, dürfen sich die Hochschullehrer jetzt auch nicht darüber wundern, daß die Entwicklung rasanter über sie hinweg- oder an ihnen vorbeigegangen ist, als man sich das noch vor kurzem vorstellen konnte. Es ist erst knapp drei Jahre her, daß die Präsidenten der Deutschen Forschungsgemeinschaft, der Max-Planck-Gesellschaft und der Westdeutschen Rektorenkonferenz die Regierungen und Parlamente der Länder und des Bundes sowie die Vorstände der politischen Parteien in einem gemeinsamen Appell beschworen, die Hochschulen nicht durch die Hochschulreform »aus den Angeln heben zu lassen«. Wer denkt heute noch an die Forderungen, die sie damals erhoben, an die Vorstellungen, die sie damals vertraten! Was sie als unabdingbar für die Funktionsfähigkeit der Universitäten als Bildungs- und Forschungsstätten bezeichneten, ist unbesehen zu den Akten gelegt und was sie bekämpften zu einer alltäglichen Erscheinung im Hochschulleben geworden. Über Forschung und Lehre bestimmen Assistenten und Studenten mit, die weder forschen noch lehren. Über die Einstellung und Entlassung wissenschaftlichen Personals befinden auch Leute, die keinerlei wissenschaftliche Qualifikationen besitzen. Und an der Entscheidung über Forschungsprogramme und Forschungsvorhaben nehmen Vertreter von Gruppen teil, die in der Forschung gar nicht tätig sind.

Wie sich dies und die damit verbundene Entmachtung der Professoren auf das wissenschaftliche Niveau der deutschen Hochschulen auswirkt oder schon ausgewirkt hat, kann heute noch niemand mit Bestimmtheit sagen. Das wird sich erst in einiger Zeit, dann allerdings intensiv und mit unmißverständlicher Klarheit herausstellen. Was man aber schon heute als Ergebnis der Hochschulreform feiern kann, ist die administrative Aufblähung des Hochschulapparates, ist das Auswuchern der Verwaltungstätigkeiten auf den Hochschulen in ungeahnte Dimensionen.

An der Technischen Hochschule in Berlin stieg die Zahl der Sitzungsstunden nach dem Inkrafttreten des neuen Berliner Universitätsgesetzes von rund 45 000 auf 170 000[1]. Vor der Einführung des neuen Modells waren in der Selbstverwaltung der Technischen Universität Berlin 231 Sitze zu besetzen, heute sind es 1243, davon 567 von Hochschullehrern, 280 von wissenschaftlichen Mitarbeitern, 273 von Studenten und 123 von anderen Dienstkräften der Universität. Da an der Technischen Universität nur etwa 400 Hochschullehrer tätig sind, müssen

1 Diese für viele Hochschulen beispielhafte Rechnung hat der Professor für Architektur in Berlin, Friedrich Wilhelm Krahe, aufgemacht.

diese zum Teil mehrere Mandate übernehmen. Gleichzeitig wuchsen die Kosten infolge der Vielzahl neu geschaffener Gremien und infolge der erhöhten Kompetenzen der zentralen Verwaltung enorm an. Allein die Mehraufwendungen für den Verwaltungsapparat betragen 1,2 Millionen Mark, der Bedarf für die Fachbereich-Vorsitzenden wird mit rund einer halben Million Mark veranschlagt und die vermehrten Stellen im zentralen Bereich erfordern einen zusätzlichen Etat von 1,1 Millionen. Zusammen mit den erhöhten Aufwendungen für die Sitzungsgelder ergeben sich daraus Mehrausgaben von 4,2 Millionen – gegenüber früher eine Steigerung auf das Fünffache. Noch eindrucksvoller demonstrieren die Zustände an der Freien Universität Berlin, zu welch groteskem Verwaltungsaufwand die Hochschulreform geführt hat. Dort werden mittlerweile ständig 348 Assistenten, 346 Studenten und 62 Dienstkräfte benötigt, die für die Dauer von mindestens 2 Semestern ihre Ausbildung oder hauptamtliche Tätigkeit zurückstellen müssen, nur um die in den zentralen Universitätsgremien vorgesehenen Sitze zu besetzen. Obwohl an der Freien Universität Berlin erheblich weniger Studenten eingeschrieben sind als etwa an der Kölner Universität, ist die Zahl der in der Zentralverwaltung der Universität beschäftigten Angestellten und Beamten an der Berliner Universität dreimal so groß wie an der Kölner, sind die Personalkosten der Berliner Universität mehr als doppelt so hoch wie in Köln.

Die Effizienz der Hochschulverwaltungen steht weder zum finanziellen noch zum personellen Aufwand in einem auch nur einigermaßen vernünftigen Verhältnis. Die Transparenz der Verwaltung ist durch den Kompetenzdschungel eher kleiner als größer geworden, Rivalitäten zwischen den zahlreichen Gremien und Kommissionen bremsen und komplizieren die Verwaltungsarbeit. Die Aufsplitterung der ehemaligen Fakultäten in zahllose Fachbereiche behindert eine vernünftige Kooperation, und da sich jeder Fachbereich, jedes Gremium und jede Kommission bemüßigt fühlen, Gott und die Welt ständig über sich und ihre Tätigkeit zu informieren, haben sich die Informationen in einem Maß gehäuft, daß kein Mensch mehr in der

Lage ist, sie aufzunehmen. Wachsendes Desinteresse und Informationsmangel sind die Folge.

Leistungsabbau ist Trumpf

Was die Bürokratisierung der Hochschulen den Staat und die Gesellschaft kostet, kann errechnet werden. Es macht – wir haben es an den Berliner Beispielen gesehen – Millionen Mark aus. Der Schaden, der dem Staat und der Gesellschaft durch die Politisierung und die Ideologisierung der Hochschulen entstehen, läßt sich in Zahlen kaum ausdrücken. Er geht in die Milliarden, wenn man allein an die Folgen denkt, die sich aus der systematischen Propagierung eines Anti-Leistungsideals und des damit Hand in Hand gehenden Leistungsabbaus an den deutschen Hochschulen ergeben.

Dieser Leistungsabbau, der teilweise in einen totalen Leistungsverzicht in den verschiedenen Stufen und Zweigen unseres Ausbildungssystems übergeht, gipfelt in der Forderung, es sei keinem jungen Menschen zuzumuten, einfach zu lernen, »wenn ihm nicht der Nutzen, der Sinn, die Notwendigkeit des Inhalts dieses Lernens möglichst für sein ganzes Berufsleben einsichtig gemacht werden kann«. Der Lernende will allein darüber entscheiden was er lernt. Weil er erst lernen muß, weiß er zwar nicht, was er zu lernen hat, um zu wissen, was er wissen muß. Ihm wird aber trotzdem das Recht eingeräumt, darüber zu entscheiden, welches Wissen für seinen künftigen Beruf nützlich und notwendig ist. Bei einer solchen widersinnigen Verwischung der Kompetenzen ist es nur konsequent, wenn politisch aktive Studentengruppen den eigentlichen Sinn einer jeden Studienreform vor allem darin sehen, daß jeder in jedem beliebigen Fach auf Grund eines möglichst leicht erreichbaren Reifezeugnisses ohne Leistungsnachweis beliebig lange studieren kann und sich das Studium, gleichgültig ob er dafür taugt oder nicht, von der Gesellschaft bezahlen läßt. Geduldig sieht diese Gesellschaft auch zu, wie dieses Prinzip in die Wirklichkeit umgesetzt wird.

Als sich der Universitätsdozent an der Universität Tübingen Dr. Edwin Buchholz weigerte, Übungsscheine ohne den gesetzlich vorgeschriebenen Leistungsnachweis zu vergeben, war der Druck, dem er durch die aufgebrachte Studentenschar ausgesetzt wurde, so stark, daß er die Universität Tübingen verlassen mußte. Als ein Dozent des historischen Seminars der Freien Universität Berlin auf einer Klausur als Leistungskontrolle bestand, besetzten Mitglieder der roten Zellen dieses Seminar und erzwangen, daß zusätzliche Klausuren nicht mehr stattfinden dürften und daß bei Differenzen zwischen dem Seminarleiter und den Studenten über die Benotung von Arbeiten ein »öffentliches wissenschaftliches Hearing« stattfinden müßte. Am Otto-Suhr-Institut können sich die Prüflinge für ihre Vordiplom-Prüfungen die Prüfungskommission weitgehend selbst wählen. Und der Fachbereichsrat politischer Wissenschaften an dem gleichen Institut hat auf Grund einer Resolution der sozialistischen Assistentenzelle (SAZ) eine Prüfungsordnung angenommen, die überhaupt keine Leistungskontrollen mehr vorsieht. Es sollen nur noch der Titel der Arbeit und die Unterschrift des Dozenten unter der Arbeit geprüft werden, nicht mehr hingegen der Inhalt, so daß jetzt von den Studenten inhaltlich gleichlautende Arbeiten vorgelegt werden können und die einzige Arbeit der Studenten nur noch darin besteht, für ihre Arbeit einen Titel zu finden und die Unterschrift des Dozenten einzuholen.

Wenn es nicht anders geht, ziehen Studenten auch bereits vor Gericht, um sich vor Belästigungen durch Leistungsnachweise zu schützen. Als die Studenten der Pädagogischen Hochschule in Berlin gegen eine geplante Verschärfung der Examensbedingungen streikten (sie sollten von vier Prüfern nicht wie bisher zwei, sondern nur noch einen vorschlagen können, und die beiden staatlichen Prüfer in der Prüfungskommission sollten das materielle Prüfungsrecht erhalten), und als das wissenschaftliche Landesprüfungsamt daraufhin die Zulassung zum ersten Staatsexamen von einer Bestätigung über die Arbeiten im vergangenen Semester abhängig machte, reichten hundert Studenten gegen diese Forderung Klage beim Verwaltungsgericht ein.

Sie hatten damit auch Erfolg. Prompt wurde ihnen vom Gericht bescheinigt, daß sie im Recht waren, als sie sich weigerten, dem Prüfungsamt vor der Ablegung des Examens ein ordnungsgemäßes Studium nachzuweisen.

In der DDR, in der die linksradikalen Gruppen an den bundesdeutschen Universitäten ihre Vorstellungen von Demokratie und Sozialismus verwirklicht sehen, verläuft die Entwicklung bekanntlich gerade entgegengesetzt. Dort sind die Zulassungsbestimmungen zum Studium an den Universitäten und Hochschulen verschärft und die Gültigkeit des Leistungsprinzips für das Studium ausdrücklich bestätigt worden. In einer Verordnung des Ostberliner Ministeriums für Hoch- und Fachschulwesen heißt es wörtlich, daß die Zulassung zum Studium »nach dem Leistungsprinzip unter Berücksichtigung der Sozialstruktur der Bevölkerung und auf der Grundlage der aus dem Volkswirtschaftsplan festgelegten Ausbildungskapazitäten erfolgen muß«. Vor Beginn seines Studiums muß jeder Studienbewerber eine Erklärung unterschreiben, daß er seinen »Studienauftrag« erfüllen wird[1]. Wenn er diesen »Auftrag«, der mit extremen Leistungsanforderungen und gesellschaftlichen Verpflichtungen verbunden ist, nicht erfüllt, muß er die Hochschule verlassen.

Ebenso paradox, nur mit umgekehrten Vorzeichen, sind die Zustände an den Hochschulen der Bundesrepublik.

Auf der einen Seite soll es in der Bundesrepublik keine Ausbildungsinstitutionen mehr geben, die eine Leistungselite heranzüchten, weil das undemokratisch ist. Auf der anderen Seite sind die gleichen Bildungspolitiker, die den Willen zur Leistung offensichtlich als ein Krebsübel der Menschheit betrachten, emsig dabei, eine leistungslose Elite, eine »Nichtleistungselite«,

1 Nach den neuesten Richtlinien, die im DDR-Gesetzblatt veröffentlicht wurden, gilt außerdem als Voraussetzung zum Studium »die aktive Mitwirkung einer Gestaltung der sozialistischen Gesellschaft und die Bereitschaft zur Aktivverteidigung des Sozialismus«. Von den Studenten wird verlangt, daß sie »alle Forderungen der sozialistischen Gesellschaft« erfüllen, und um reine Lippenbekenntnisse auf ein Minimum zu beschränken, müssen die Bewerber um einen Studienplatz eine politische »Einschätzung ihrer Gesamtpersönlichkeit« durch Schule, Betrieb und FDJ oder FDGB vorlegen.

wie sie Helmut Schoeck nennt, heranzuziehen, indem jedem, der gerade die Lust dazu verspürt, gestattet wird, bis zu seinem 30. Lebensjahr und auch darüber hinaus auf Kosten des Steuerzahlers zu leben, ohne den geringsten Nachweis dafür liefern zu müssen, daß er dafür, wofür er vom Steuerzahler viele Jahre hindurch alimentiert wird, auch geeignet ist.

Die deutsche Wirtschaft hat diese Entwicklung geraume Zeit hindurch mit angesehen, ohne sich dagegen zur Wehr zu setzen. Erst als die Unternehmen ihrerseits merkten, daß Können und Leistungswille der Hochschulabsolventen immer mehr zu wünschen übrigließen, sind sie zu der Erkenntnis gekommen, daß die Ideologisierung und Politisierung der Universitäten die wissenschaftliche Ausbildung und wissenschaftliche Forschung beeinträchtigen. In einem vom Präsidialarbeitskreis für Forschungspolitik erarbeiteten Memorandum wandte sich der Bundesverband der deutschen Industrie scharf gegen alle Forderungen, das Leistungsprinzip an den Hochschulen aufzuheben oder abzuschwächen und bezeichnete es als künftige Aufgabe der deutschen Wirtschaft, sich »stärker mit der Entwicklung an den Hochschulen und deren allgemeinen gesellschaftlichen Auswirkungen zu befassen. Der Erfolg der Lehrveranstaltungen und die Effizienz der Forschung dürfen nicht durch leistungsfeindliche oder ideologische Einstellung einzelner kleiner Kreise innerhalb der Hochschulen gefährdet werden.«

Aber fast scheint es so, als ob die Forderung nach einem höheren wissenschaftlichen Niveau und nach einer Sicherung des Leistungsprinzips an den Hochschulen unter den gegebenen Umständen von der Wirtschaft selbst nur als mehr oder weniger frommer Wunsch empfunden wird. Die Unternehmen neigen in steigendem Maß dazu, sich ihren Nachwuchs durch innerbetriebliche Bildungsprogramme zu sichern, wobei sie alle Positionen bis hin zur obersten Führungsebene miteinbeziehen. Die Siemens AG beispielsweise hat ein solches Gesamtbildungskonzept entwickelt, das u. a. die Anpassung bestehender Berufsbilder an die veränderten Gegebenheiten, neue Kooperationsformen mit den öffentlichen Berufsschulen und die Entwicklung neuer Berufe umfaßt. Im Rahmen dieses Bildungskonzepts nehmen jährlich etwa 40 000 Siemens-Mitarbeiter an der beruflichen Weiterbildung teil. Ihr Unterrichtsvolumen läßt sich ohne weiteres mit dem Vorlesungs- und Übungsbetrieb einer mittelgroßen Universität vergleichen.

So wirkungsvoll solche und ähnliche Maßnahmen in Einzelfällen sein mögen, sie stellen kaum mehr als eine Notlösung dar und beweisen nur, daß sich die Bildungsreform selbst ad absurdum führt, wenn die deutsche Wirtschaft gezwungen wird, sich ihren akademischen Nachwuchs selbst heranzuziehen. Die Firma Siemens AG besetzt jährlich allein im oberen Führungskreis (Jahresgehalt ab 45 000 Mark) mehr als 100 Stellen, für die ihr der Arbeitsmarkt keine geeigneten Kräfte anbieten kann, mit Leuten aus den eigenen Reihen. Was Siemens kann, ist sicher auch anderen Großunternehmen möglich. Aber auch nur ihnen.

Die meisten Unternehmen, vor allem die kleinen und mittleren, sind jetzt und künftig darauf angewiesen, an akademischen Führungskräften anzustellen, was ihnen die Universitäten ins Haus liefern. Sie müssen nehmen, was ihnen die Hochschulen anbieten, und können höchstens versuchen, die Hochschulabsolventen nach gewissen Gesichtspunkten auszusortieren. Das geschieht zum Beispiel in der Weise, daß Bewerber, die von bestimmten Fakultäten und Hochschulen kommen, von vornherein abgelehnt werden[1]. Selbst dieser relativ bescheidene Ausleseprozeß wird aber, wenn die Entwicklung in den bisherigen Gleisen weiterläuft, immer schwieriger werden. Wenn das, was der Wirtschaft an akademischen Nachwuchskräften angeboten wird, schon heute oft als »zu theoretisch«, »in der Praxis kaum brauchbar«, »zu alt und zu teuer für Anfängerfunktionen« und als »falsch programmiert« bewertet wird[2], dann kann es nicht mehr lange dauern,

1 Dies trifft zur Zeit vor allem Soziologen und Politologen, die es immer schwerer haben, in der Wirtschaft unterzukommen. Viele suchen daher in der öffentlichen Verwaltung Zuflucht, was – nebenbei bemerkt – sicher nicht ohne Folgen für das Verhältnis zwischen Staat und Wirtschaft bleiben wird.

2 Nach einer Umfrage des Allensbacher Instituts für Meinungsforschung, 1972.

bis in diesem Zeugnis noch die Note »auch im theoretischen miserabel ausgebildet« stehen wird. Und wenn schon heute darüber geklagt wird, daß die politischen Ansichten der Hochschulabsolventen oft wenig »marktkonform« seien, dann ist nicht schwer vorauszusehen, mit welcher »Konformität« der akademische Nachwuchs in den nächsten Jahren auf dem Markt erscheinen wird. Denn an manchen deutschen Universitäten unterscheiden sich die Lehrstoffe kaum mehr von denen einer DDR-Universität. Vorlesungen über »Monopolkapitalismus und Krisentheorie« oder über die »Praxis und Theorie der politischen Ökonomie des Sozialismus« gehören ebenso dazu wie Vorlesungen über die »Theorie des staatsmonopolistischen Kapitalismus« oder über die »gesellschaftlichen Bedingungen für Ideologieproduktionen im System des Spätkapitalismus«. Es fehlt dabei nicht einmal an Lehraufträgen, die sich mit »Theorien des Guerilla«, mit »Problemen der Rätetheorie« und mit »Ausgewählten Texten zur Deutschlandpolitik der SED« befassen.

Rot – röter – am rötesten oder das Bündnis zwischen Radikalen und Faulen

Im Verband Deutscher Studentenschaften (VDS) hat sich das Schwergewicht zwischen den verschiedenen linken Gruppen eindeutig zugunsten des sozialdemokratischen Hochschulbundes (SHB) und des marxistischen Studentenbundes (MSB) Spartakus verlagert. Dem dreiköpfigen Vorstand, der auf der außerordentlichen Mitgliederversammlung im Mai 1972 von den Delegierten der 86 Mitgliedshochschulen gewählt wurde, gehören jetzt zwei Angehörige des SHB und ein Vertreter des MSB-Spartakus an.

An mindestens 6 von 9 Universitäten in Baden-Württemberg besaßen im Jahre 1972 linke Studentengruppen die absolute Mehrheit in den Selbstverwaltungsorganen. An der Heidelberger Universität wurde der Allgemeine Studentenausschuß (ASTA) ausschließlich von der »Kommunistischen Hochschulgruppe Neues rotes Forum« gestellt. In Freiburg erreichte die radikale Linke eine Zweidrittelmehrheit und an der Universität Stuttgart-Hohenheim hatte der MSB-Spartakus im ASTA 3 von 8 Sitzen inne, ein Mitglied des ASTA war Sympathiesant der Marxisten-Leninisten und 3 standen den Jusos nahe. An der Universität Karlsruhe entfielen 5 Sitze auf den MSB-Spartakus, der Stuttgarter ASTA wurde von einer Koalition beherrscht, die aus Marxisten-Leninisten und den linken Fachschaftsorganisationen bestand. An der Universität München wurde der ASTA ausschließlich von Angehörigen der »Roten Zellen« gestellt und dem sechsköpfigen ASTA der Technischen Universität München gehörten 4 Spartakusmitglieder an. Auch der Regensburger ASTA wurde ausschließlich von linken Gruppen gestellt. An der Bonner Universität wurde der ASTA von SHB und Spartakus geführt, an der Universität Düsseldorf hatten 3 Fakultätslisten, die den Juso-Kurs steuerten, die absolute Mehrheit und stellten auch den ASTA, in Köln entfielen von 50 Sitzen im ASTA 12 auf Vertreter des SHB, 5 auf den Spartakusbund und 4 auf die kommunistische Hochschulgruppe. An der Frankfurter Universität bildeten die im Kommunistischen Studentenbund zusammengefaßten »Roten Zellen« zusammen mit dem Sozialdemokratischen Hochschulbund (SHB) den ASTA, in Marburg bauten der Spartakus, der SHB und linke Splittergruppen ihre führende Position im Studentenparlament zu einer Dreiviertelmehrheit aus und auch auf der Gesamthochschule Kassel bestand eine ASTA-Koalition von SHB und Roter Liste. Im Studentenparlament der Technischen Universität Hannover war die »Zentrale Organisationsgemeinschaft fortschrittlicher Fachschaften« (ZOFF) die stärkste Gruppe, die zusammen mit dem Spartakus auch den ASTA stellte. Der Göttinger ASTA bestand ausschließlich aus SHB-Vertretern und Repräsentanten des Kommunistischen Studentenbundes. Im Studentenrat der Technischen Universität Braunschweig spielte der »Sozialistische Bund« die führende Rolle. An der Hamburger Universität verfügten SHB und Spartakus zusammen über 68 der 80 Sitze des Studentenparlaments, und in Kiel setzte sich der ASTA nur aus Mitgliedern der »Roten Liste« zusammen, die sich als Marxisten-Leninisten betrachten. Von den 425 Sitzen, die in den Studentenparlamenten von überregionalen Studentengruppen gehalten wurden, entfielen mehr als 100 Sitze allein auf den MSB Spartakus.

Die deutschen Hochschulen, deren Studentenparlamente nicht von linkssozialistisch beziehungsweise kommunistisch geprägten Mehrheiten bestimmt werden, sind an einer Hand abzuzählen. Dazu gehören die Universität Mannheim, wo die der CDU nahestehenden »Demokraten 70« 83 Prozent der Parlamentssitze erreichten, oder die Technische Universität Clausthal, wo die sozialliberale deutsche Studentenunion die meisten Stimmen erhielt. Selbst der Ring Christlich-demokratischer Studenten (RCDS) kann sich dem überwältigenden Linksdrall an den deutschen Hochschulen nicht mehr entziehen. Auf einer Bundesdelegierten-Versammlung in Paderborn lehnten es die Delegierten schlichtweg ab, den VDS aufzufordern, »sich eindeutig zur freiheitlich-demokratischen Grundordnung, zum sozialen Rechtstaat und zur Ablehnung einer parteilichen Vorprogrammierung der Wissenschaft zu bekennen«. Ein solches Bekenntnis gehört auf den deutschen Hochschulen offenbar nicht mehr zum guten Ton, weil es nur dazu führt, Sympathien und Wahlstimmen zu verlieren. Um Anhänger zu gewinnen, muß man andere Thesen vertreten. Man muß, wie es der MSB Spartakus vorexerziert, zum Kampf gegen die »in der Bundesrepublik bestehende Herrschaft der Monopole und für die Veränderung der politischen Kräfteverhältnisse zugunsten der Arbeiterklasse« aufrufen und freimütig verkünden, daß »die bürgerliche Ideologie und deren Lehrmeister verschwinden« müssen.

An den deutschen Hochschulen sieht es, wenn man diese Verhältnisse bedenkt, in der Tat rot bis dunkelrot aus. Aber es sieht nur so aus. Wenn es unter den deutschen Studenten 20 Prozent mit bewußt linksradikaler Einstellung gibt, dann ist das schon viel (der »revolutionäre« Kader, der bereit ist, auch an gewaltsamen Aktionen teilzunehmen, ist sicherlich noch wesentlich kleiner). Der beherrschende Einfluß, den sich die linksradikalen Studentengruppen an den Hochschulen gesichert haben, beruht nicht darauf, daß sie die Mehrheit der Studenten hinter sich haben oder gar deren politische Auffassung repräsentieren. Er beruht vielmehr darauf, daß die verhältnismäßig kleine Gruppe der Linksradikalen eine unverhältnismäßig große Aktivität entfaltet, während die Masse der Studenten politisch indifferent, desinteressiert und politisch passiv ist. Diese Passivität ist so groß, daß es die meisten Studenten nicht einmal für nötig halten, sich an den Wahlen zu den Studentenparlamenten zu beteiligen (die Wahlbeteiligung bei den Studentenwahlen liegt im allgemeinen bei 40 Prozent).

Hinzu kommt allerdings noch ein weiterer Umstand, der nicht wenig zum Erfolg der Linksradikalen beiträgt. Es ist die Forderung der Linken nach einem systematischen Leistungsabbau und der von ihr propagierte Widerstand gegen Leistungskontrollen jedweder Art. Damit treffen sie genau den Punkt, für den viele Studenten ohne Rücksicht auf ihren politischen Standort außerordentlich empfänglich sind. Die private Neigung, das Studium mit einem möglichst geringen Aufwand an Arbeit und Energie hinter sich zu bringen, ist mindestens ebenso verbreitet wie die politische Lethargie, mit der die Studenten ihren ureigensten Angelegenheiten gegenüberstehen. Wer daher an die Trägheit und Bequemlichkeit unter den Studenten appelliert, kann von vornherein des Beifalls vieler sicher sein. Und wer den Unwillen zur Leistung oder zur Arbeit überhaupt als kaum verhülltes Leitbild auf sein Programm setzt, der kann damit rechnen, auch von denen Stimmen zu erhalten, die es politisch gar nicht so meinen.

Das Bündnis zwischen Radikalen und Faulen, das auf diese Weise zustande kommt, ist kein Zufall und ist auch nicht so unnatürlich, wie es auf den ersten Blick erscheint. Denn auch unter den Radikalen gibt es sehr viele, die ihren Radikalismus nur als bequemen Deckmantel für ihre Faulheit vor sich hertragen und diese Faulheit mit Schlagworten aus dem Vokabular des revolutionären Sozialismus tarnen. Es ist ein prächtiges Alibi für sie, auf der faulen Haut liegen und auf Kosten anderer leben zu können. Ihr revolutionärer Eifer kühlt sich sofort merklich ab, wenn für die Sache wirklich etwas getan werden muß.

Man muß sich auch, wenn man die Verhältnisse an den deutschen Hochschulen richtig beurteilen will, darüber im klaren sein, daß für viele der revolutionären Geister, die sich heute so ungeniert an Fakultäten und Forschungsinstituten tummeln, die »Revolution« sofort beendet ist, wenn ihnen die verfluchte kapitalistische Gesellschaft einen gut dotierten Job in den Schoß wirft, und daß auch denjenigen, die es mit ihren revolutionären Ideen ernster meinen, der revolutionäre Sturm und Drang sehr rasch vergehen würde, wenn er mit einem persönlichen Risiko verbunden wäre. Ein solches Risiko einzugehen, sind die wenigsten bereit. Sie rufen laut nach einer Veränderung der Gesellschaft, weil sie genau wissen, daß sie deswegen keine Nachteile befürchten müssen. Sie stellen sich provokant in einen offenen Gegensatz zu der Grundordnung der Gesellschaft, weil sie genau wissen, daß dies keinerlei Gefahren für sie bedeutet, und sie besetzen Hörsäle oder gehen auf die Straße, weil sie genau wissen, daß sie das höchstens ein paar Beulen kostet. Verwöhnt von einer Konsumgesellschaft, die sie zwar in Grund und Boden verdammen, deren Annehmlichkeiten sie aber bedenkenlos genießen, würden die wenigsten von ihnen eine harte Bewährungsprobe bestehen. Sie jubilieren vor Be-
nen das Unrecht aber nicht fassen, wenn sie selbst einen Schlag
geisterung, wenn Polizisten zusammengeschlagen werden, kön-
abbekommen. Sie wollen die Gesellschaft umstürzen, in der sie leben, beklagen sich aber bitter darüber, wenn sie diese Gesellschaft ins Gefängnis schickt und es versäumt, ihnen Farbfernseher in die Haftzellen zu stellen. Sie halten es für absolut selbstverständlich, daß sie vom Staat, den sie bekämpfen, für diesen Kampf auch noch bezahlt werden, und sind zutiefst empört, wenn ihnen die Zuschüsse aus Steuergeldern gesperrt werden. Am liebsten hätten sie es wahrscheinlich, daß ihnen die Gesellschaft, die sie zerstören wollen, auch noch einen Pensionsanspruch zubilligt, der sie aller materiellen Sorgen, auch um einen eventuellen schönen revolutionären Lebensabend, enthebt.

Man sollte sich also von dem dunkelsten Rot, das je an deutschen Hochschulen geherrscht hat, nicht täuschen lassen. Die Revolution an den deutschen Hochschulen lebt am allerwenigsten von einer eigenen revolutionären Substanz. Sie findet statt, weil man sie gestattet. Sie zehrt von der grenzenlosen Gleichgültigkeit, mit der ihr die deutsche Bevölkerung gegenübersteht, von der publizistischen Unterstützung, die sie durch einen Teil der deutschen Presse und des deutschen Fernsehens erfährt.

Nicht zuletzt sind auch die Unentschlossenheit und Zwiespältigkeit der maßgeblichen politischen Kreise in der Bundesrepublik daran schuld. Es wird beschwörend von der Gefährdung deutscher Hochschulen durch linksextreme Kräfte gesprochen – man nimmt sie also offensichtlich ernst –, und es wird gleichzeitig davor gewarnt, diese Sorge um die Hochschulen nicht zu einem »Verdächtigungsklischee« erstarren zu lassen, das unterschiedslos über alle Universitäten gestülpt wird. Man beklagt heftig, daß an so vielen Hochschulen der kommunistische Spartakusbund und der »rechtschaffen linke sozialdemokratische Hochschulbund« die Szenerie beherrschen, und hält es im gleichen Atemzug für richtig, daß die Hochschulen zu einer »unprätentiösen« pragmatischen Form der Zusammenarbeit mit den linken Gruppen finden, »weil ihnen gar nichts anderes übrigbleibt«. Man wirft dem Staat vor, mit Steuergeldern eine radikale Propaganda zu finanzieren, und warnt gleichzeitig die Universitäten eindringlich davor, ihren studentischen Mitarbeitern die für sie bestimmten staatlichen Zuschüsse nur deshalb zu sperren, weil sie extrem linke Auffassungen vertreten. Und man erklärt zwar, wie der Berliner Senat nach den Vorgängen um die Rote Zelle Germanistik an der Freien Universität Berlin im Oktober 1970, studentische Gruppen für verfassungswidrig, denkt jedoch nicht daran, sie zu verbieten. Man stellt zwar fest, daß »das vorgelegte sozialistische Studienprogramm sich in der Theorie auf die Zerstörung unserer verfassungsmäßigen Grundordnung richtet und daß die Durchführung dieses Programms eine verfassungsfeindliche Handlung darstellt«, läßt sich dann aber belehren, daß diese

Feststellung einen »extremen Eingriff der Staatsaufsicht in die Selbstverwaltung der Hochschulen« bedeutet, und zieht sich bestürzt zurück.

Was soll man dann noch dazu sagen, wenn im Bochumer Universitätsführer unverblümt gefordert wird, daß der Kampf der Studenten »notwendig ein antikapitalistischer sein muß, das heißt, daß er nicht demokratisch auf dem Boden unserer Verfassung sein kann, sondern von vornherein mit sozialistischer Perspektive geführt werden muß«, und wenn der gleiche Universitätsführer, dessen Text auch sonst von Hohn gegen den Staat, die politischen Parteien und die Wirtschaft nur so strotzt, mit Anzeigen der Industrie, der Banken und der Arbeitgeberverbände durchsetzt ist (auch die Christlich-Demokratische Union – »offen, fortschrittlich, dynamisch« – hat inseriert). Und was soll man davon halten, wenn im »Roten Echo«, dem Organ einer sozialistischen Basisgruppe in Köln, die Deutsche Bundespost mit dem Ruf »Suchen Sie sich was aus!« die Herren vom Anarcho-Syndikat zu einer erfolgreichen Karriere unter ihrem Patronat auffordert. »Wir haben eine Menge von verantwortlichen Positionen! Wer sonst als Deutschlands größter Arbeitgeber bietet so viel Aufstiegsmöglichkeiten?« Dies auf der Innenseite. Auf der Titelseite zertrümmert eine geballte Faust eine Kirche, daß die steinernen Kreuze nur so fliegen.

Die Schizophrenie, die sich in diesen und ähnlichen Erscheinungen an unseren Hochschulen ausdrückt, fügt sich nahtlos in das Bild, das die deutschen Hochschulen bieten. Von den falsch programmierten Ausbildungsgängen, der Überproduktion akademischer Nachwuchskräfte auf der einen und der sträflichen Vernachlässigung praktischer Qualifikationen auf der anderen Seite führt ein direkter Weg zu jener totalen Destruktion des Leistungswillens, die so überaus wohlwollend vom Staat geduldet wird. Eine Umfrage über »Jugend und Beruf«, die vom Institut für Jugendforschung in München durchgeführt wurde, kam zu dem Ergebnis, daß der Wille, im Beruf etwas zu leisten, bei den jungen Deutschen ausgeprägter ist als man allgemein annimmt. Denn die Mehrzahl der Jugendlichen findet es nach dieser Umfrage offenbar richtig, daß die Anforderungen in Schulen und Beruf hoch sind, und kaum einer der befragten jungen Leute wollte gerade nur so viel arbeiten, daß es zum Lebensunterhalt ausreicht. Um so unbegreiflicher wäre, wenn dies stimmt, die Unterwerfung unter die Zielvorstellungen einer Minderheit, die offen die »Überwindung« unserer Gesellschafts- und Wirtschaftsordnung auf ihre Fahnen geschrieben hat. Denn es kann kein Zweifel bestehen: von verschiedensten Ausgangspunkten und von unterschiedlichen Motiven her angetrieben, steuert die Entwicklung einem Stadium zu, in dem mit der Lähmung unserer Hochschulen als brauchbarer Ausbildungsstätte für den akademischen Nachwuchs auch die Lahmlegung der deutschen Wirtschaft und damit die Zerstörung des wichtigsten Stützpfeilers unserer Gesellschaftsordnung vorbereitet wird.

Die faule Gesellschaft – ein Nachwort

Was ist nun das Ergebnis unserer Betrachtung? Es ist, rundheraus gesagt, bestürzend, bestürzender, als man es sich eigentlich vorstellen konnte.

Die Erfahrungen, die jeder von uns tagtäglich darüber sammeln kann, wie heute die Deutschen arbeiten, haben zwar von vornherein erwarten lassen, daß sich das Bild vom legendären Fleiß der Deutschen und von der sagenhaften Effizienz der deutschen Wirschaft nicht mehr in so makellosem Glanz präsentieren würde, wie es sich noch vor zwanzig Jahren präsentierte. Wie unproduktiv hier aber in Wirklichkeit gearbeitet wird und wie ungerecht sich obendrein die Arbeit auf Faule und Fleißige verteilt, wie faul – mit einem Wort – unsere Gesellschaft und damit manches an ihr geworden ist, das hat sich erst bei näherer Betrachtung der Dinge in seinem ganzen traurigen Ausmaß herausgestellt.

Wir sehen täglich eine unaufhaltsame Aufblähung des öffentlichen Dienstes mit Hunderttausenden von Menschen, die mit nutzlosen und überflüssigen Arbeiten beschäftigt sind. Wir finden einen ähnlichen Vorgang in der Industrie, wo vor allem durch die explosionsartige Zunahme von Verwaltungstätigkeiten gleichfalls die Arbeitskraft von Hunderttausenden vergeudet wird. Wir sehen weitere Hunderttausende, die im volkswirtschaftlichen Verteilerapparat höchst überflüssigen Tätigkeiten nachgehen, und Unzählige auf Arbeitsplätzen beschäftigt, die nur durch gnädig gewährte Subventionen der Gesellschaft erhalten werden. Wir sehen diese Heerschar von millionen Menschen täglich zu einer Arbeit pilgern, die wenig oder überhaupt nichts zur gesamtwirtschaftlichen Leistung der Gesellschaft beiträgt. Wir sehen sie mit gänzlich sinnlosen oder mit Tätigkeiten beschäftigt, die rationeller und produktiver von anderen verrichtet werden könnten. Und wir sehen, wie nicht nur diese unproduktiven Tätigkeiten immer nachlässiger verrichtet werden und sich deren Unproduktivität damit noch erhöht, wir sehen auch, wie die produktiven Bereiche der Arbeit immer stärker von Faulheit und Bequemlichkeit durchsetzt werden und damit immer mehr an Kraft verlieren.

Man sagt zwar, daß der wirtschaftliche Fortschritt jeder Gesellschaft von der Leistungsmotivierung einer bestimmten Schicht abhängt. Aber selbst wenn das stimmt und alle anderen Schichten der Gesellschaft es sich leisten können, nicht annähernd so leistungsbezogen sein müssen, ohne daß dies dem Wohlergehen der Gesellschaft schadet –, bis zum Exzeß können leistungsorientierte und leistungsschwache Schichten nicht auseinanderklaffen. Der Konzentration von Leistungsbereitschaft und Leistungsvermögen auf immer weniger und immer kleinere Gruppen sind Grenzen gesetzt. Es können sich nicht unbeschränkt immer mehr Menschen ohne eigenes Leistungsaufbringen nur auf die Leistung anderer stützen.

Es ist merkwürdig, obwohl es offensichtlich als selbstverständlich empfunden wird: Jedermann regt sich fürchterlich darüber auf, wenn der Handwerker, den er bestellt hat, zunächst einmal überhaupt nicht kommt und dann, wenn er kommt, herumtrödelt. Jedermann beklagt sich bitter darüber, wenn beim Bau seines wunderschönen Eigenhäuschens von allen möglichen Leuten Pfuscharbeit geleistet worden ist und jedermann ist zutiefst empört, wenn sein geliebtes Fernsehgerät, das er reparieren ließ, nach der Reparatur ebenso miserabel funktioniert wie vorher. Der gleiche Jedermann findet aber nicht das geringste daran auszusetzen, wenn er an seinem eigenen Arbeitsplatz zu spät kommt und dort herumtrödelt, Pfuscharbeit am laufenden Band produziert und seine Arbeit so wenig ernst nimmt, daß ihr Ergebnis ebensowenig wert ist wie ein schlecht reparierter Fernsehapparat. Helmut Schoeck hat einmal festgestellt, daß jeder von uns inständig hofft, es sei ein leistungsbesessener Perfektionist am Werke, der die Düse des Jets wartet, in dem wir sitzen, oder die Naht näht, unter der unser Blinddarm lag. Es sei, so meinte er, naiv, wenn man den Teilabschied von der Leistungsgesellschaft predigt, aber glaubt, er findet immer nur dort statt, wo er keine Anforderungen an uns stellt. Offensichtlich sind aber die Deutschen so naiv und glauben, daß sie Leistungsansprüche hohen und höchsten Grades immer nur an andere stellen, Leistungsansprüche an sich selbst aber als unzumutbar empfinden und ablehnen können.

Noch dürfen sie das auch glauben. Denn der rationell eingesetzte Fleiß von millionen Deutschen erweist sich auch für alle jene Millionen als äußerst nützlich, die bei weitem nicht so fleißig und schon gar nicht so rationell eingesetzt sind wie sie. Je fleißiger und je produktiver die einen arbeiten, um so mehr verdienen automatisch auch diejenigen, die nicht einen Finger mehr rühren als früher und aus deren Tätigkeit auch nicht das geringste mehr herausspringt als ehedem.

Wenn die Frage, ob es lohnt, mehr zu arbeiten, immer häufiger verneint wird, so trägt daran allerdings auch der Staat ein gerütteltes Maß an Schuld, weil er den Menschen mit der linken Hand mehr wegnimmt, als er ihnen mit der rechten Hand gibt. Die Belastung der Arbeitnehmereinkommen durch Lohnsteuer- und Sozialversicherungsbeiträge hat einen Grad erreicht, von dem an jede mit dem Mehrverdienst verbundene zusätzliche Abgabelast hemmend auf den Leistungswillen wirken muß, vor allem dann, wenn sie an dem zusätzlich verbleibenden und nicht an dem gesamten Nettoverdienst gemessen wird. Die gesamte Durchschnittsbelastung der Bruttolöhne und -gehälter mit öffentlichen Abgaben ist von 1950 bis 1972 von 12,3 Prozent auf 25,2 Prozent gestiegen, sie hat sich also in zwei Jahrzehnten mehr als verdoppelt. Und während zwischen 1961 und 1971 der durchschnittliche Verdienst der Arbeitnehmer von 565 auf 1274 Mark gestiegen ist, wuchsen die Abzüge für Lohnsteuer und Arbeitnehmeranteil an der sozialen Versicherung auf mehr als das Dreifache (von 93 auf 306 Mark). Von den 31,2 Milliarden Mark, um die im Jahre 1972 die Bruttolöhne und -gehälter absolut zunahmen, kassierten allein Fiskus und Kirchen 12,3 Millarden an Abgaben (auf Steuern entfielen davon 7,5 Milliarden und auf Sozialversicherungsbeiträge 4,8 Milliarden). Von jeder im Jahre 1972 zusätzlich verdienten Mark mußte also jeder Lohn- und Gehaltsempfänger 40 Pfennige an den Staat und die Kirche abliefern.

Im Jahre 1973 dürfte die durchschnittliche Gesamtbelastung der Bruttolöhne und -gehälter mit öffentlichen Abgaben auf 28 Prozent ansteigen. Wir sind dann nicht mehr sehr weit von dem berauschenden Zustand entfernt, daß durchschnittlich fast ein Drittel des Lohnes und Gehaltes in die Kassen des Staates, der Kirchen und der gesetzlichen Versicherungsträger fließt. Da sich diese Aushöhlung des Arbeitseinkommens aller Voraussicht nach munter und unverdrossen fortsetzen wird, wird auch von dieser Seite her der Leistungswille systematisch untergraben.

Wir stehen damit an einem entscheidenden Punkt. Wenn es nicht gelingt, das Ausufern unproduktiver Tätigkeiten auf Kosten und zu Lasten produktiver Tätigkeiten einzudämmen, und wenn es nicht gelingt, zu verhindern, daß der Leistungsabbau in immer stärkerem Ausmaß auch auf jene Schichten übergreift, von deren Leistungswillen und Leistungsbereitschaft die gesamte Wirtschaft getragen wird, dann wird sehr bald ein Zustand erreicht sein, in dem die Deutschen nur noch von der Substanz leben, die sie in den vergangenen Jahrzehnten erarbeitet haben. An einen hohen Lebensstandard gewöhnt, werden sie weiter hohe Ansprüche an den Stil und das Volumen ihrer Lebensführung stellen, und sie werden gleichzeitig immer weniger in der Lage sein, diese Ansprüche aus eigenen Kräften zu befriedigen. Aus der immer weiter ausufernden Diskrepanz zwischen erhobenen und nicht erfüllten Ansprüchen muß und wird es zu einem wirtschaftlichen Kollaps kommen. Wir werden – es ist grotesk aber wahr – wirtschaftlich Schiffbruch erleiden, und zwar nicht, weil das wirtschaftliche System, dem wir uns verschrieben haben, Schiffbruch erlitten hat, sondern weil dieses System – im Gegenteil – so gut funktioniert und dem einzelnen so viele Vorteile verschafft, daß jeder glaubt, es müsse auch weiterhin und sozusagen automatisch auf Hochtouren laufen, ohne daß man selbst seinen Teil dazu beitragen muß.

Carlo Schmid hat einmal von der Bundesrepublik als einem Wischi-Waschi-Staat gesprochen, in dem jeder machen kann, was ihm gerade einfällt, ohne Rücksicht darauf, ob und wie es dem Ganzen bekommt. Wir sind, so meinte er, ein sehr bequemes, ein phlegmatisches Volk geworden, das sich aus Mangel an einer Staatsidee ganz dem Wohlstandsdenken verschrieben hat. Die bedauerliche Tatsache, daß wir zu bequem geworden sind, um staatstragende und staatserhaltende Ideen zu entwikkeln, hat uns aber zumindest nicht daran gehindert, wohlhabend zu werden. Wenn wir nun auch zu bequem werden, zu arbeiten, wird es allerdings auch bald mit unserem Wohlstand vorbei sein. Dieser Wohlstand ist – machen wir uns darüber nichts vor – die wichtigste, wenn nicht die einzige Klammer, die unsere Gesellschaft zusammenhält. Wenn diese Klammer zerbricht, ist mehr in Gefahr als Vollbeschäftigung und Urlaubsreisen nach Mallorca. Es ist das Gefüge unserer Gesellschaft in Gefahr – und damit eine Wirtschafts- und Gesellschaftsordnung, deren Vorzug nicht allein darin besteht, daß sie ihren Bürgern den reichlichen Besitz von Automobilen, Fernsehgeräten und Kühltruhen ermöglicht.

Unsere politische Führung verkennt entweder, wohin der Weg führt, wenn er so weiter geht wie bisher, oder sie hat nicht den Mut, dies offen heraus zu sagen. Sie läßt den Dingen ihren Lauf und sieht ruhig zu, wie der Leistungswille des Volkes systematisch degradiert, sein Leistungsvermögen ständig abgebaut wird. Um nicht an Popularität zu verlieren, ist sie zu jeder Konzession an die Faulheit und Bequemlichkeit bereit.

So müssen wir darauf bauen, daß die Deutschen durch Schaden wieder klug werden und können nur hoffen, daß dieser Schaden nicht zu groß wird, jedenfalls nicht so groß, daß er unser Gesellschaftssystem in seinen Grundfesten erschüttert. Wenn das Überwuchern der unproduktiven und faulen Kräfte langsam aber sicher die wirtschaftliche Potenz des Landes lähmt und es den Deutschen daher statt besser, wie sie es bisher gewohnt waren, immer schlechter geht, dann werden sie sich vielleicht wieder darauf besinnen, daß eine Gesellschafts- und Wirtschaftsordnung, die auf dem Prinzip der Leistung aufgebaut ist, nicht existieren kann, wenn dieses Prinzip über Bord geworfen wird.